U0683800

HR 技能提升系列

◎ 著

绩效

管理与量化考核

从入门到精通

第3版

人民邮电出版社
北京

图书在版编目（CIP）数据

绩效管理与量化考核从入门到精通 / 任康磊著.
3版. -- 北京 : 人民邮电出版社, 2025. --（HR技能提
升系列）. -- ISBN 978-7-115-66214-9

Ⅰ. F272.5

中国国家版本馆CIP数据核字第2025C8P113号

内 容 提 要

  本书把复杂的绩效管理理念转变成简单实用的工具和方法，并把这些工具和方法可视化、流程化、步骤化，让绩效管理变得简单、易操作，有效指导和帮助读者做好绩效管理的实务工作。

  本书分为10章，涵盖的主要内容包括对绩效管理的正确认识、绩效管理有效实施方法、绩效指标、绩效计划、绩效辅导、绩效评价、绩效反馈、绩效结果应用、VUCA时代绩效管理的方向和趋势、如何利用AI实施高效智能化的绩效管理。本书还包括常见岗位的量化绩效指标库（电子资源）。

  本书内容通俗易懂、案例丰富、实操性强，特别适合人力资源管理初学者、绩效管理岗位相关从业人员、各高校人力资源管理专业学生、企业管理者以及其他对绩效管理工作感兴趣的人员学习使用。

 ◆ 著　　　　　任康磊
  责任编辑　　刘　姿
  责任印制　　彭志环

 ◆ 人民邮电出版社出版发行　　北京市丰台区成寿寺路11号
  邮编　100164　　电子邮件　315@ptpress.com.cn
  网址　https://www.ptpress.com.cn
  天津千鹤文化传播有限公司印刷

 ◆ 开本：700×1000　1/16
  印张：19.25　　　　　　　　　2025年6月第3版
  字数：340千字　　　　　　　　2025年6月天津第1次印刷

定价：69.80元

读者服务热线：(010)81055296　印装质量热线：(010)81055316
反盗版热线：(010)81055315

实务技能锻造精英，务实品质助力前行

有人问我，人力资源（Human Resource，HR）从业者最重要的技能是什么？

我说，是贴近业务的实操工作能力。

如果人力资源从业者的职业生涯发展是建造一座大厦，人力资源管理的实操工作能力就是这座大厦的地基。想要大厦够高，地基就要足够深厚；想要大厦牢固，地基就要足够坚实。

没有深厚坚实的地基，再宏伟的大厦也只能是空中楼阁，难以抵御外部环境变化的侵袭，甚至一碰就倒，一触即溃。

有一次我去拜访由自己常年提供管理咨询顾问服务的公司，该公司总裁张三一见面就开始不停地向我诉苦。

事情是这样的：这家公司准备推进绩效管理，于是招聘了一位人力资源高级经理李四，分管绩效管理工作。

之前，李四在竞争对手公司工作多年，有丰富的相关从业经历。面试时，他也讲得头头是道，于是就被招了进来。

李四入职后不久，张三就要求李四深入业务一线，和业务部门管理者一起探讨，为业务部门制订切实有效的绩效管理策略。

然而，李四并没有按张三的要求亲临业务现场，而是发了一封邮件，要求业务部门上报绩效管理指标。根据业务部门上报的结果，李四再结合前从业公司的做法，自行调整修改后，想当然地制订了一套绩效管理方法。

这套绩效管理方法推行下去后，引发了业务部门的诸多抱怨和强烈不满。一位业务部门负责人说，这套方法不仅没帮自己做好管理，业绩没得到提升，效率

也没得到提高，反而给自己带来了不小的负担和麻烦。

过去，就算把全部工作时间都用于业务，时间仍不够用，如今还要去"应付"人力资源管理部门的额外工作，浪费大家不少的时间。绩效管理和业务工作成了不相关的"两层皮"，绩效管理显得多余且没有意义。

张三找到李四问责，李四却不认为有什么不妥。张三质疑李四，为什么不了解实际情况后再制订更有针对性的绩效管理方法？李四却信誓旦旦地说，别的公司能用，这家公司不能用，那就说明是本公司有问题，而不是方法有问题。

张三质疑李四，难道就不能用其他方法吗？李四狡辩说，自己从业这么多年，用的都是这套方法，之前也没出过问题。

最终，张三辞掉了李四，他为自己这次失败的用人感到懊悔。

天底下的绩效管理只有一套方法吗？当然不是！

关于如何实施绩效管理，我写了 3 本书：关于基础方法论的有《绩效管理与量化考核从入门到精通》；关于工具应用的有《绩效管理工具：OKR、KPI、KSF、MBO、BSC 应用方法与实战案例》；关于实战案例的有《薪酬绩效：考核与激励设计实战手册》。

3 本书总共有约 80 万字的干货解析，但我仍觉得远未涵盖全部。公司的不同类型、阶段和状态，岗位的不同设计、分工和目标，叠加不同的绩效管理工具、程序和方法，能衍生出成千上万种绩效管理的实施方法。

如果人力资源从业者的实务技能不强，又不懂脚踏实地、因地制宜，只会照搬过去的经验，那么用他对公司来说就是灾难。他自己的职业生涯，也将因此终结。

你有没有发现一个现象，随着市场环境的变化和组织机构的调整，中层管理者成了很多公司里非常"脆弱"的群体。公司要裁员，最先想到的往往就是裁掉一部分中层管理者。

为什么会这样呢？

因为很多人成为中层管理者之后，既没有高层的格局、眼光、信息和权力来做决策，又失去了基层的实务工作能力和务实品格，每天不接触实际工作，夹在中间，定位很尴尬。

这类人每天做得最多的事可能就是开会、写报告和做 PPT，把自己变成了高层和基层间的传话筒，守着自己固有的认知不思进取，不求有功，但求无过。

当经济形势好，公司规模较大、业绩较好的时候，也许容得下这样一群人。而当经济形势发生变化，或公司开始追求人力资源效能最大化的时候，这群人就危险了。

裁掉了这类中层管理者，从事实务工作的基层员工还是照常工作，而高层的命令可以直接传达给基层员工，实现了组织扁平化，效率反而更高了。

这类中层管理者被裁之后很难再找到合适的工作，因为一线的工作不愿干，或者长时间远离一线后已经不会干了；高层的事又没接触过，也没那个能力干；最后高不成低不就，迎来了所谓"中年危机"。

这种"中年危机"，究竟是社会造成的、公司造成的，还是他们自己造成的呢？

如果中层管理者可以做到将高层的战略决策、目标和愿景转化为具体的行动计划，传达给基层员工，以身作则，以自身较强的实务技能带出高技能的员工，不断为公司培养人才，同时又具备务实的态度，能保障计划执行、推进任务进度，打造出高绩效团队，这样的中层管理者，哪个公司不爱呢？

可如果像李四那样，人力资源管理的实操工作能力不强，又不思进取，不实践，又不学习，只见过一条路，且只想在这一条路上走到黑，那他迎来的就只会是被淘汰。

在日新月异的商业世界中，人力资源从业者作为连接组织业务与全体员工的重要桥梁，不仅要具备足够的理论知识，更要贴近实务，为公司创造实实在在的价值。千万不要"飘在空中"，自己把自己的职业道路堵上了。

人力资源管理是一门实践艺术。出版"HR技能提升系列"的目的就是为人力资源从业者提供实务技能的参考和指导。

这套书经过时间的检验，已经成为中国人力资源管理品类较为畅销的经典套系，成为各大公司人力资源从业者案头必备的工具书，并被选为许多高校的教材。

实务意味着贴近业务，拒绝空谈理论；务实意味着注重实际，反对华而不实。

一个拥有丰富的实务技能，同时又拥有务实品格的人力资源从业者能让自己立于不败之地，成为公司不可或缺的人才。

人工智能（Artificial Intelligence，AI）技术突飞猛进，并已经开始被应用在企业管理和人力资源管理的各个领域。在绩效管理方面，AI 也正在发挥着重要的作用。通过应用 AI 技术，绩效管理工作变得更加科学和智能。AI 可以利用数据和算法实现高效决策，从而帮助企业提高效率、降低成本并优化人才策略，这将大大提高企业的管理水平和市场竞争力。

AI 在绩效管理中的应用涵盖设定绩效目标、绩效管理过程中的监控和对绩效结果的评估，以及为不同员工制订更加个性化的激励方案等。AI 正在逐渐改变传统的绩效管理模式。

绩效管理是能够帮助企业成功的管理工具，然而要有效地实施绩效管理并不是一件容易的事。许多企业想要实施绩效管理却又不知道该从哪里入手。有的企业效仿其他企业的绩效管理模式，却发现在自己的企业里实施时变了味。

实务中，绩效管理的应用存在着各种各样的问题。

1. 把绩效考核当绩效管理

许多企业以为实施了绩效考核就等于有了绩效管理，强调绩效考核的判断性和权威性，甚至用考核成绩来代替日常的管理，没有通过绩效管理激发出员工的主动性和积极性，反而给员工带来了较大的不安全感，导致员工产生抵触情绪。

2. 运行流于形式

许多企业实施绩效管理时流程并不完整，如重视了绩效指标的分解，却没有重视绩效结果的应用；重视了绩效评价，却没有重视绩效的跟踪、辅导和改进；重视了管理过程，却没有重视沟通的过程，把绩效管理变成了一个挑毛病或者扣员工工资的工具。

3.参与程度较低

许多企业管理者认为绩效管理的工作就是人力资源部的工作，所以在运行绩效管理时，高层管理者不积极主动，中层管理者不愿意配合，基层管理者搞不清情况。整个企业仿佛只有人力资源部在做绩效管理这项工作。

4.指标设计不当

许多企业绩效指标的分解和设计缺乏科学性，与企业的战略目标完全脱节。企业的战略目标与员工的岗位绩效目标之间没有承接性和关联性。员工的绩效指标不是来源于企业的战略，而是来源于现在的工作内容，使得绩效评价变得没有意义。

5.没有能力提升

许多企业的绩效管理只强调用绩效评价结果给员工搞分配、分层级、发奖金、评先进，忽略了绩效管理的目的之一是提高员工的能力。一味强调绩效结果，容易让员工不择手段、不惜代价地达成结果，最终员工个人能力没有得到提升，还会损害企业的利益。

6.缺乏计划意识

许多企业把绩效管理变成了管理者和员工被动地等待企业分配目标，达成目标后，再被动地等待下一轮的目标的管理过程。从管理者到员工都没有主动制订行动目标、确定努力方向、实施改进计划和加强能力提升策略的意识和行动。

7.评价标准模糊

许多企业的绩效指标不规范，评价的标准非常模糊，没有针对具体岗位进行具体分析，凭感觉判断的绩效指标太多，结果造成了考核人在对被考核人实施评价的时候，大多以主观感觉或者个人印象为主，使得评价结果不客观、不公正。

针对当前许多企业绩效管理实施中认识不清、定位不准、实施不好、流于形式、没有计划、没有对策、员工参与程度低、绩效指标分解有问题、缺乏培训、没有指导思想和原则等常见问题，我总结了绩效管理实操层面的正确做法，结合大量的案例，编写了本书。同时，为顺应时代需要，在第3版中增加了"AI时代的绩效管理"的章节，期望通过介绍和解析AI在绩效管理中的应用和相关案例，帮助读者学习、理解和应用前沿科技。此外，因法律法规等更新、变化，在第3版修订中也对相关内容做了相应修改。同时还修正了个别排版错误和某些表述。

希望通过本书，读者能够快速了解绩效管理的原理和实操方法，更主要的是，读者能够快速掌握绩效管理的核心理念，快速运用绩效管理的工具和模板，更好地开展并完成企业的绩效管理工作。

最有效的学习是通过解决问题来学习。建议读者拿到本书后，不要马上从第一个字看到最后一个字，而是根据当前企业的具体情况，选择企业最薄弱的环节，先带着问题，查找本书中的操作方法，然后比对自己企业的状况，思考、制订、实施和复盘解决方案。

当具体的问题得到解决之后，读者可以由问题点切入，查找知识点；由知识点延伸，找到流程线；由流程线拓展，发现操作面；由操作面升华，从而全面掌握整个绩效管理体系的建设和实施方法。这时候再从整个体系的角度看问题点，就会有更新和更深的认识。

由于人力资源的法律法规等政策文件具有时效性，本书的一切内容都基于书稿完成时的相关政策规定。若政策有所变化，可能会带来某些模块或者操作方法的变化。届时，请读者朋友以最新的官方政策文件内容为准。

祝读者朋友能够学以致用，更好地学习和工作。

本书若有不足之处，欢迎读者朋友批评指正。

目 录

电子资源　常见岗位量化绩效指标库

第 **1** 章

如何应用绩效管理

　　绩效管理的过程是一个能够保证企业或个人波浪式持续改进、螺旋式持续上升的管理过程。绩效管理的目的是让我们在充分了解过去的前提下，能够认识现在，同时能够更好地规划未来。

1.1　如何认识绩效管理

随着经济的不断发展，市场环境的不断变化，越来越多的企业开始面临发展的不确定性，越来越多的企业希望通过绩效管理来促进自身发展。但是在这个过程中，许多企业对绩效管理的认识并不准确，对绩效管理的应用也存在问题。

1.1.1　什么是绩效

常见的绩效的含义有 3 种。

（1）绩效指的是完成的工作或任务结果。

案例

销售部门领导张总对下属销售人员小李说："小李啊，你上个月的绩效完成得不错呀，销售业绩指标超过了月初制订的预算值的 10%。我相信经过你的不懈努力，这个月你也能够很快达成绩效！"

上例中的"绩效"，单指完成的销售工作或任务。

（2）绩效中的"绩"指的是业绩，也就是工作的结果；"效"指的是行为，或者效率，也就是工作的过程。绩效指的是企业或员工在一定的条件下，为了完成某一项或多项任务，通过展示出来的各种工作行为而取得的工作结果。

案例

生产部门负责人刘总对分管安环工作的小马说："小马啊，咱们来看一下你上个月的绩效吧。我注意到，你上个月做了 10 场安全培训，共培训了 500 人次。可是为什么在上月的安全检查中，工人的违规数量却比前一个月上升了 5%？你觉得问题出在哪里呢？"

上例中的"绩效"，其含义是工作结果和行为过程的分开。

（3）绩效 = 有价值的成效 ÷ 行为代价。

这里"有价值的成效"，指的是工作或任务结果，可以理解为业绩。绩效的产生必然伴随着一定的行为代价。如果只看结果，不看可能为此付出的行为代价，那么几乎所有的业绩都能够实现。这里的绩效指的是投入和产出的比率。

有时候，企业想提高 1 元的销售额，很可能为此要付出 2 元的成本。从表面上看，业绩是增长了，但是企业为此付出的成本增加了。实际上，效率反而降低了，也就是投入和产出的比率降低了。

案例

曾经有个企业的领导层在绩效管理的大会上提出"从成本中要效益"的理念口号。这家企业某个基站产品的工程师响应企业绩效管理的号召，积极寻找降低成本的机会点。后来，这位工程师发现这个基站产品上面的一个元器件是个机会点。

虽然这个元器件的单价不是很高，但是使用量非常大。于是，这位工程师就更换了这个元器件。这个行为使得这个基站下一个批次产品的成本降低了 200 万元。但是没想到的是，这批次产品出厂后，因为产品质量问题引发的一系列的售后服务费用竟然高达 2 亿元。

要实现"从成本中要效益"的大目标，不一定是成本的绝对数降低。有时候可能成本降低了，效益反而下降了；有时候成本的绝对数增加了，但是效益增加的绝对数却可能比成本增加的绝对数还要大。所以，上例中的"绩效"，其含义就是有价值成效和行为代价的比值，也就是投入和产出的比率。

有时候企业或个人过分追求绩效结果的达成，倾尽一切资源、想尽一切办法实现关键绩效指标（Key Performance Index，KPI）。可当回过头来评估的时候，却发现并没有真正达到自己想要的结果，因为实际付出的可能远比得到的更多。只有当投入产出比提高，也就是效率提升时，才真正表明了绩效的提升。

1.1.2　什么是绩效考核

科学的企业管理和人力资源管理要求企业能够通过某种方式，本着客观、公平、积极的原则，对企业各级员工做出准确、系统、持续的评价。绩效考核，正是满足这一管理需求的有效工具。

绩效考核指的是企业在既定的战略目标下，运用特定的标准和指标，对员工的工作行为及取得的工作业绩进行评估，并运用评估的结果对员工将来的工作行为和工作业绩产生正面引导的过程和方法。绩效考核是绩效管理过程中的一环。

绩效考核也可以叫绩效评价、绩效评估或绩效考评，是企业将团队或个人对企业发展和战略实现的贡献情况转化成一整套标准的，可实施、可执行的绩效水平衡量体系，并在一段时期内，对企业目标的达成情况、对个人工作成绩和工作能力做出判断。

在整个绩效考核体系中，人力资源部要运用科学的方法评估团队和员工目标的完成情况、员工工作职责的履行情况以及员工的能力发展情况等。绩效考核的整个过程应当以成本代价为基础，关注绩效达成的整个过程，同时以绩效结果为导向。

案例

某创业公司规模较小的时候，创始人作为总经理能够叫得出所有员工的名字，能够同时管理所有员工，能够了解所有员工的日常工作表现。公司内部没有具体的分工，采取的是协作模式，员工为了完成同一个目标而共同努力。

当公司的规模达到100人时，还是延续原来的管理模式。总经理发现自己在管理上已经非常吃力了，并且叫不出很多员工的名字。这位总经理很想知道每位员工的工作状态、工作成绩怎么样，可是却难以做到。

为此，公司的人力资源专员小李在全公司范围内推行了一种评价机制。小李协助总经理将公司划分出清晰的组织机构，每个部门、每个岗位都明确工作职责；在公司的总目标下，划分出各部门、各岗位的具体工作目标，并以季度为单位评价各部门和各岗位的工作目标完成情况。

上例中人力资源专员小李推行的评价机制，就是一种绩效考核。

绩效考核是人力资源管理过程中不可或缺的工具。实施绩效考核的目的和意义包括如下内容。

- 评估往期绩效结果，帮助改善当前业绩。
- 作为订立下一次绩效目标的依据。
- 检验员工招聘和培训的效果。
- 作为员工任用、岗位调整、职位升降的依据。
- 作为确定员工工资、奖惩等薪酬决策的依据。
- 作为绩效反馈的依据，激励员工的工作积极性。
- 有助于了解团队和员工的培训教育需求。
- 有助于协助员工制订和评估职业发展规划。
- 有助于收集管理信息，为其他管理活动提供依据。

1.1.3　什么是绩效管理

对绩效管理的认识、理解和应用，不同的专家有着不同的理解。

📖 案例

《双面神——绩效管理系统》的作者，美国知名绩效管理专家乔恩·沃纳（Jon Warner）说："绩效评估和绩效管理同样关注变化和变迁。管理也有两面性，如组织与个人、领导与被领导、控制与激励。"

《绩效管理——如何考评员工表现》的作者，美国知名绩效管理专家罗伯特·巴克沃（Robert Bacal）说："绩效管理是一个持续的交流过程。该过程的实现由员工和其直接主管之间达成的协议来保证。在协议中对未来工作达成明确的目标和理解，并将可能受益的组织、经理及员工都融入绩效管理体系。"

《凭绩效说话》的作者，我国实战派管理专家周坤说："绩效管理被誉为企业管理的'世界级难题'。怎样在企业中建立简单而有效的绩效管理体系，让它不流于形式，真正凭绩效说话，是企业的管理者每时每刻都要面对，却又不敢轻易下手解决的问题。"

虽然不同专家对绩效管理认识的角度不同，但这并不影响绩效管理的本质。

绩效管理，是指各级管理者和员工为了达到某项目标，共同参与的绩效目标选择、绩效计划制订、绩效辅导沟通、绩效考核评价、绩效结果应用、绩效目标提升的持续循环管理过程。绩效管理的最终目的是持续提升个人、部门和企业的绩效。

绩效管理能够促成企业、管理者与员工的三赢。在绩效管理的过程中，管理者和员工就目标及如何达成目标形成共识，并通过讨论和辅导的方式，确定员工成功达到目标的管理方法。管理者和员工在这种相互作用下，与企业目标交互作用，最终实现企业的目标。

绩效管理中企业、管理者和员工之间的关系如图 1-1 所示。

绩效管理不是简单的任务管理或目标管理，它特别强调在整个管理过程中沟通、辅导及员工能力提高的重要性。绩效管理不仅强调结果导向，而且重视达到目标的过程。在这个过程中，管理者和员工能够摒弃误区，确立共同的关注点。

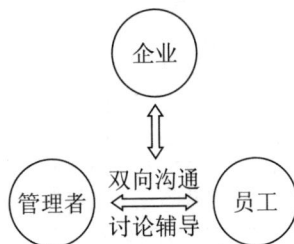

图 1-1　绩效管理中企业、管理者和员工之间的关系

绩效考核反映的是过去的绩效结果，而绩效管理更强调未来的绩效提升。绩效管理离不开绩效考核，绩效考核也与绩效管理紧密联系。在绩效管理中有效地运用绩效考核，才能有效地监控和管理绩效结果，从而实现绩效管理的目标。

实施绩效管理的目的和意义包括如下内容。

- 能够促进企业和个人绩效结果的提升。
- 能够促进管理流程和业务流程的优化。
- 能够保证企业目标和个人目标的实现。

1.1.4　绩效考核考核什么

关于绩效考核应该考核的内容众说纷纭。有人说，绩效考核应该考核"结果"，因为企业最应当注重的是结果；有人说，没有过程哪来的结果，绩效考核应当考核"行为过程"，行为过程保证了，结果自然就有了；还有人说，绩效考核不应仅停留在对过去的评价上，还应当关注未来的发展变化，要评价员工具备什么样的"潜能"，未来能够为企业创造什么样的价值。

实际上，绩效考核结果的产生正是由于员工具备一定的潜能（素质、能力），在此基础上，通过正确的行为，产生想要的工作结果。潜能是基础，是员工"能做什么"；行为是手段，是员工"怎么做"；结果是目的，是员工"做到了什么"。三者之间的关系如图1-2所示。

将潜能、行为和结果进行细分，绩效考核评价的内容包括"德、勤、能、绩"4个方面。几乎所有的绩效考核评价，都是围绕这4个方面的内容展开的。

"德"指的是员工的个人品德、职业道德、工作作风、思想状态，是员工最根本的素质。

"勤"指的是员工工作中勤勉的态度和责任心，是与德紧密相关的品质，是德在工作中的外在行为的体现，通常表现为工作的积极性、责任感、纪律性、投入性、出勤率、服务意识、奉献意识等方面。

图1-2　绩效考核关注的内容之间的关系

"能"指的是员工的知识水平、身体能力、工作需要的技能和能力，是员工分析和解决问题的能力和可能性。知识水平包括文化程度、专业知识、工作知识等；身体能力包括年龄和健康状况；工作需要的技能和能力包括沟通能力、领导能力、管理能力、谈判能力等。

"绩"指的是员工的业绩和效率，是员工对企业的贡献，是一种结果，是员工完成工作的数量和质量，通常表现为员工是否能够按时、保质、保量地完成工作要求的任务目标，工作是否有成果，是否达到应有的业绩。

完整的绩效考核评价，应当包含"德、勤、能、绩"4 个方面，缺少哪个方面，绩效考核评价都不完整。但根据岗位、职位等工作属性和特点的不同，以及员工所处的时期不同，"德、勤、能、绩"4 个方面的权重也应当有所不同。

案例

没有任何工作经验的新入职员工，几乎不具备岗位需要的知识技能，其绩效考核评价的重点应该放在"德"和"勤"上。员工品德优良、态度较好的，其"能"和"绩"可以在逐步培养中达成。

当新员工入职 1 年后，企业已经为员工提供了足够的学习成长机会，这时候的绩效考核评价的侧重点就不能仅停留在"德"和"勤"上，而应当将侧重点放在对"能"的考核上，也就是员工能力的成长程度。

当新员工入职 2～3 年后，员工应当已经具备了岗位需要的能力，应当创造出岗位需要的价值，达到岗位要求的目标。这时候的绩效考核评价侧重点应当放在"绩"上，同时鼓励员工能力的继续提升，对"能"的考核也不能放松。

1.1.5　绩效管理的程序

通用的绩效管理程序可以分成 6 步，分别是绩效指标分解、绩效计划、绩效辅导、绩效评价、绩效结果反馈和绩效结果应用，如图 1-3 所示。

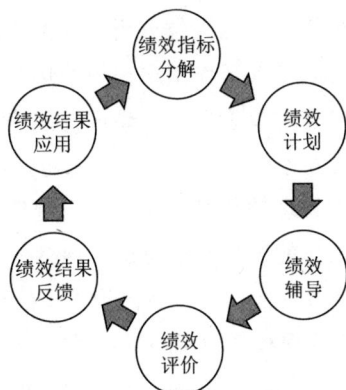

图 1-3　绩效管理的 6 步程序

不是所有企业在实施绩效管理的时候都需要把绩效管理的全部程序做全、做精。对于一些处在初创阶段、规模较小或者实施绩效管理时间不长的企业来说，在推行实施绩效管理的时候，可以在理解绩效管理各程序的含义之后，对其中的一些程序进行简化处理。对于已经进入成熟期、经营稳健的企业，或者企业各级人员对绩效管理的各项程序已经比较熟悉且有能力全部实施的企业来说，应当按照绩效管理的通用程序实施绩效管理，并应当追求绩效管理的精细化。

1.2 如何定位绩效管理

绩效管理在人力资源管理中处于核心地位。绩效管理通过对企业战略的传承和目标的分解，通过对人力资源规划的支持，通过与招聘管理、培训管理、薪酬管理、员工关系的交互作用，实现企业的经营战略和发展目标。

1.2.1 绩效管理与企业经营

绩效管理能够帮助企业梳理创造价值的过程，帮助企业清晰地认识到价值创造的整个链条，找到其中的关键价值点，并充分发挥其价值。

企业经营创造价值的过程如图 1-4 所示。

在资源配置环节，人才的配置起到了关键作用。在这个环节中，人力资源部应根据企业的战略制订人力资源规划，并在企业中合理配置人力资源。招

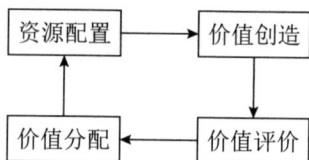

图 1-4 企业经营创造价值的过程

聘管理和人才调配等人力资源管理工作在这个环节中为资源配置创造了源泉。

在价值创造环节，岗位管理中的岗位分析、能力管理中的人才胜任力模型以及人才的能力培养和开发起到了关键作用。在这个环节中，人力资源部应当为企业的价值创造提供人才的"能力要素"，要想方设法培养人才的能力。同时，要为人才创造良好的环境，让人才更容易、更好地为企业创造价值。

在价值评价环节，绩效管理的全模块起到了关键作用。在这个环节中，管理者和人力资源部应对人才工作的过程和结果进行评估，在工作过程中给予员工充分的辅助，帮助员工达成绩效目标，并最终评价员工的绩效情况。

在价值分配环节，薪酬管理和绩效管理共同发挥着关键作用。在这个环节中，企业将根据管理者和员工价值创造的情况、价值评价的结果，采取一定的分配形

式，进行经济利益的分配。

在价值分配之后，企业要根据当前的价值创造以及基于企业战略的未来的价值创造情况，重新评估资源配置。

1.2.2 绩效管理与人力资源规划

人力资源规划是一套战略的、系统的工程，以企业的发展战略为指导，以企业的内外部环境为条件，以现有人力资源情况的评估为基础，以预测企业未来人才的供需状况为切入点，涵盖了人才配置计划、人才补充规划、人才晋升规划、人才培养规划、薪酬管理规划、绩效管理规划等人力资源管理各模块工作的规划工作。

除了从属的指令关系外，绩效管理与人力资源规划之间的作用关系主要体现在 3 个方面：一是岗位分析，二是人力资源配置，三是人力资源质量的测评和预测。

1. 岗位分析

绩效管理与岗位分析之间是相辅相成的，岗位分析是绩效管理的基础，绩效管理反过来对岗位分析有支持和促进作用。

岗位分析的直接输出结果是岗位说明书，它是将岗位的职责、权限、任职资格、工作内容等具体化的过程，已经成为企业人力资源管理和规划的基础。

绩效管理需要在岗位分析和岗位说明书的基础上展开实施，岗位分析的细致程度、岗位说明书的准确程度直接决定了绩效管理方案的科学性、有效性和可操作性。绩效管理过程中发现的问题可以进一步为企业进行岗位分析和岗位说明书的编写提供理论依据和借鉴。

2. 人力资源配置

人力资源配置是企业或部门为了战略或经营需要，通过改变人才的工作岗位、工作职务、隶属关系等，让人才在部门与部门之间或者企业与企业之间实现合理流动。

通过绩效管理，企业可以发现员工的能力、行为和工作业绩还存在哪些问题需要改进。一方面可以为员工是否适合或适应现在的岗位提供依据，另一方面可以通过评估发现员工擅长哪类工作、适合哪类工作。

3. 人力资源质量的测评和预测

通过有效的绩效管理体系，企业能够对人才当前的知识和能力水平做出准确的评价，能够评价企业现有的人力资源质量，可以为未来人力资源的供给和需求质量的预测提供有价值的信息。

1.2.3　绩效管理与薪酬管理

薪酬管理是企业为了实现发展战略，以人力资源战略规划为指导，通过岗位价值分析和薪酬市场调研分析，对薪酬战略、薪酬策略、薪酬模式、薪酬结构、薪酬水平等薪酬制度和政策进行分析、设计、确立、实施和调整的环状进步过程，以及依据薪酬制度和政策，进行薪酬预算、薪酬控制、薪酬支付、薪酬沟通和薪酬调整的动态管理实施过程。

绩效管理与薪酬管理之间的关系非常直接。绩效管理是薪酬管理的基础之一，建立科学的绩效管理体系是进行薪酬管理的首要条件。

绩效考核的结果直接决定了员工的绩效工资和奖金。针对员工不同的绩效表现，及时给予其相应的薪酬奖励，能够合理地引导员工的工作行为，确保企业目标与员工目标的一致性；同时能够提高员工的积极性，促使员工的能力、效率和业绩持续提升。

薪酬管理与绩效管理组合在一起就像是一把尺子，薪酬管理是这把尺子的形态，绩效管理是这把尺子的刻度。有了绩效管理的刻度，才能够有效地度量员工的表现，准确地评价员工的业绩贡献。针对员工不同的绩效，针对性地给予薪酬激励，这样才能够增强激励效果。

薪酬管理和绩效管理要紧密地联系在一起，才能发挥彼此的作用和价值。二者相互作用，相互促进，相辅相成，缺一不可。

薪酬管理与绩效管理对人才的作用关系如图 1-5 所示。

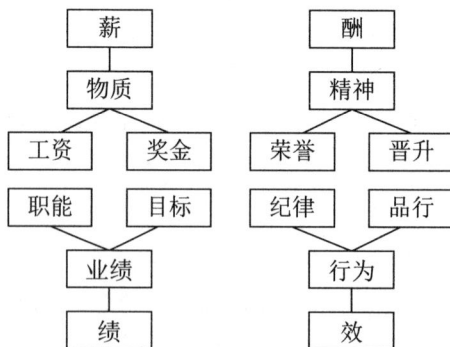

图 1-5　薪酬管理与绩效管理对人才的作用关系

有效的薪酬管理能够促进企业绩效的提升。员工的态度和技能直接影响着绩效，有效的薪酬管理具备激励效应，能够提高员工的技能，激发员工的积极性，最终提升企业的绩效。

1.2.4　绩效管理与招聘培训

招聘管理是人力资源部根据企业经营战略的需要，根据各部门、各岗位的人才配置标准和岗位说明书的要求，选拔适合的人才，并把适合的人才放到合适的岗位的工作和管理过程。

绩效管理通过对员工的绩效进行评价，能够对不同招聘渠道招来的人才质量做出比较，从而实现对招聘渠道的持续优化。对员工绩效的评价也是检测招聘管理系统有效性的一个有效手段。

招聘管理也会对绩效管理产生影响。如果招聘管理的质量较高，甄选录用的人才的态度、能力以及与岗位的匹配程度比较高，人才在工作中就会带来良好的绩效，就可以大大减轻绩效管理的负担。

培训管理是指企业为开展业务及培育人才的需要，采用各种方式对员工进行有目的、有计划地培养和训练的管理活动，使员工不断积累知识、提升技能、更新观念、变革思维、转变态度、开发潜能，能更好地胜任本职工作或担负更高级别的职务，从而促进企业效率的提高和企业目标的实现。

绩效管理中的绩效评价结果能够为培训需求的分析提供重要的信息。人力资源部可以根据绩效评价结果不断改善员工的培训管理方案。

员工的培训与开发作为一种员工激励手段和提高能力的方法，对于提高企业绩效有重要的作用。确定培训与开发的内容也需要以绩效考核的结果为基础，只有通过绩效管理中的绩效考核和绩效结果反馈才能确定企业中有什么人，需要什么样的培训，需要培训哪些知识和技能。

员工培训是一个系统化的行为改变过程，可以改善员工的工作绩效，实现企业的战略目标。企业通过对员工的培训与开发，可以弥补绩效管理中发现的不足，进而重新制订或调整相应的绩效评价指标或权重。

1.3　绩效管理有何作用

企业的运行与发展是战略规划、目标设定和绩效管理 3 个方面的共同作用。其中绩效管理是核心环节，是推动企业成长的"发动机"。没有完善的绩效管理体系，就无法激发员工的主动性和工作激情。

1.3.1　为什么要做绩效管理

绩效管理的核心作用，是在企业利用最少的资源的同时，在满足效率的前提下，追求企业结果和价值的最大化。在此过程中，通过对员工的持续激励和反馈机制，创造和保持良好的企业氛围，同时帮助企业强化自身的竞争优势。

📖 **案例** ——————————————————————————

管理学上有个著名的"林格尔曼效应"实验，它来源于法国农业工程师迈克西米连·林格尔曼（Maximilien Ringelmann）（1861—1931 年）的"拉绳子"实验。林格尔曼让力气相近的不同数量的人拉绳子，然后测量绳子的拉力和平均每个人的拉力数值，其结果如表 1-1 所示。

表 1-1　林格尔曼"拉绳子"实验结果

情况	实际测得拉力（N）	平均拉力（N）
1 人拉绳	63	63
2 人拉绳	118	59
3 人拉绳	160	53.3
8 人拉绳	256	32

从林格尔曼"拉绳子"实验的结果能够看出，参与的人数越多，平均每个人的拉力反而越小。当 8 个人一起拉绳子时，平均拉力变成了 1 个人拉绳子时的一半。也就是说，8 个人一起拉绳子的实际拉力，几乎相当于 4 个人分别拉绳子的拉力之和，也就是出现了"1+1 ＜ 2"的奇怪现象。

这个著名实验说明人们在单独作战时倾向于竭尽全力，但是在集体作战时，更倾向于把责任分解和扩散到团队中的其他人身上。这是集体劳动存在的一个普遍特征，它来源于人与生俱来的惰性。林格尔曼将其称为"社会惰性"。

通过林格尔曼效应来反观企业实务，企业员工的数量越多，员工个体对于企业的贡献越难划分清楚。这时候员工个体对企业目标和任务的责任感就会越小。这时候如果没有一套管理机制连接企业和员工的目标，员工将感到自己对企业的贡献可大可小、可有可无，从而很容易付出较少的努力。

就好比当一个人面对一条沟的时候，同样的距离，在平时跳过去可能会比较吃力；但是当这个人的背后有几只饿狼在拼命追赶他时，他却会在奔跑中不自觉地轻松跨过这条沟。一位平时行动不便的老人，当遭遇危难之时，腿脚仿佛完全康复了一般。

人都具备自己没有意识到的巨大潜力，如果没有刺激和激励，这种潜力便不会发挥出来。在企业中，最长久有效的激励手段是建立权责利对等的人才任用体系以及人才工作评价体系。企业检查什么，员工就会做什么；企业衡量什么，最终就会得到什么。

在企业中，绩效管理在以下 3 个方面发挥作用。

1. 战略方面

通过对企业战略目标的层层分解，能够把绩效指标和行动计划落实到员工的个人层面，从而把员工的日常工作活动与企业战略目标连接在一起。当员工达成绩效时，企业的绩效也能够达成。

2. 管理方面

通过推进和实施绩效管理，能够全面提升企业的管理质量，能够在机构与岗位设置、员工晋升、员工调岗、员工任免、员工薪酬升降等各类管理决策中为企业提供必要的信息和有力的依据。

3. 发展方面

绩效考核的结果，能够反映员工在素质、能力和业绩方面的差异，并通过绩效反馈告知员工。员工对自己的不足有针对性地查漏补缺，能够逐渐实现企业人力资本的增值，为企业的持续发展奠定基础。

1.3.2　绩效管理发挥作用的领域

通过绩效管理，企业能够直接关注并影响员工的工作任务、绩效考核、职业发展和员工个人生活四大领域。当然，要有效地处理好这四大领域之间的关系，绩效管理对管理者需要完成的任务和需要具备的能力有明确的要求。

1. 工作任务领域

在工作任务领域，绩效管理对管理者的任务和能力要求如表 1-2 所示。

表 1-2　工作任务领域管理者的任务和能力要求

类别	内容
管理者的任务	● 保证员工有明确的工作任务 ● 保证员工按要求的标准操作 ● 保证员工在规定的时间内完成工作任务 ● 让员工对工作任务趋于熟练
管理者需要具备的能力	● 能够辨识出工作任务的要求和下级员工的工作能力 ● 能够分析员工的能力是否达到工作要求 ● 能够向员工介绍清楚工作任务的具体要求 ● 能够在必要时传授员工需要的知识和技能 ● 能够检查员工的工作过程，给予其支持，并评价其工作任务结果

2. 绩效考核领域

在绩效考核领域，绩效管理对管理者的任务和能力要求如表1-3所示。

表1-3   绩效考核领域管理者的任务和能力要求

类别	内容
管理者的任务	● 保证绩效结果达到企业要求 ● 分析绩效下降的原因 ● 激发员工提高自身技能和水平的动机 ● 为员工的学习和发展创造更多的机会
管理者需要具备的能力	● 能够明确规定员工应达到的绩效水平 ● 能够诊断出员工在绩效上出现问题的原因 ● 能够向员工提供支持，并给予其适度的挑战 ● 能够和下级员工一起总结经验，并获得更大的收益

3. 职业发展领域

在职业发展领域，绩效管理对管理者的任务和能力要求如表1-4所示。

表1-4   职业发展领域管理者的任务和能力要求

类别	内容
管理者的任务	● 挖掘员工职业发展的潜力 ● 帮助员工做出适当的选择 ● 对员工在职业生涯中的抉择提出建议 ● 支持员工达到预期目的
管理者需要具备的能力	● 能够了解员工的内在需求和动机 ● 能够评价员工职业发展的愿望与自身能力是否相称 ● 能够帮助员工寻找职业生涯发展的最佳途径 ● 能够协助员工制订实现其职业生涯的具体策略

4. 员工个人生活领域

在员工个人生活领域，绩效管理对管理者的任务和能力要求如表1-5所示。

表1-5   员工个人生活领域管理者的任务和能力要求

类别	内容
管理者的任务	● 弄清楚员工个人生活问题的本质以及对绩效的影响 ● 协助员工处理个人生活与企业利益之间的关系 ● 帮助员工达到预期的生活目标 ● 适时地、有感情地表明自己对员工的支持
管理者需要具备的能力	● 能够清楚自己能为员工提供帮助的边界 ● 能够帮助员工思考他们所面临的问题 ● 能够倾听并归纳出员工的真实需求 ● 能够帮助员工找到处理问题的最佳方法

1.3.3 绩效管理的应用回报

在企业中有效应用绩效管理，对企业、管理者和员工来说，都能获得相应的回报。

1. 对企业

- 企业的目标与员工的任务得到关联。
- 企业的生产经营活动获得更高的效率。
- 企业的整体士气和氛围得以提升。
- 企业可获得评判员工工作的有力依据。

2. 对管理者

- 能够使管理者不必介入所有正在进行的各种事务中。
- 通过赋予员工必要的知识来帮助他们自我决策，从而节省管理者的时间。
- 减少员工之间因职责不清、分工不明而产生的误解。
- 通过帮助员工找到错误和低效率的原因来减少员工工作中的错误。

3. 对员工

- 能够让员工了解自己在工作上的优势以及存在的不足。
- 能够让员工明确知道自己拥有什么样的权利和义务。
- 能够让员工有机会学习新技能，不断提升个人能力。
- 能够帮助员工及时了解管理者对自己的看法和意见。
- 能够帮助员工及时得到完成工作所需要的资源支持。
- 员工将会因对工作及工作职责有更好的理解而受益。

绩效管理是一种投资，它需要大量时间成本的付出。但如果运用得当，它将给企业、管理者和员工带来很多意想不到的回报。

1.4 绩效管理常见工具

绩效管理的工具多种多样，比较常见的有目标管理（MBO）、关键过程领域（KPA）、关键结果领域（KRA）、关键绩效指标（KPI）、目标与关键成果法（OKR）、平衡计分卡（BSC）、关键成功因素（KSF）和 360 度评估等工具。这些工具本身没有好坏之分，处在不同管理阶段的企业应根据自身的经营管理状况，选择最适合自身发展阶段的工具。

1.4.1　目标管理（MBO）

目标管理（Management By Objective，MBO）最早由管理学家彼得·德鲁克（Peter F. Drucker）提出。德鲁克指出，并不是因为有工作岗位才有目标，而应是因为有目标才有工作岗位。管理者应该通过目标来管理下级，当企业目标确定后，各级管理者必须将其有效分解、转变成每个部门和岗位的子目标。企业中的各级管理者根据部门和岗位子目标的完成情况对下级实施评价、考核和奖惩。

MBO 的特点主要表现在以下 4 个方面。

1. 具备明确的目标

目标的重要性无须赘述。目标要符合 SMART 原则，即目标必须是具体的（specific）、可以衡量的（measurable）、可以达到的（attainable）、与其他目标具有一定的相关性的（relevant）、有明确截止期限的（time-bound）。

2. 各层级参与决策

与传统企业中上级向下级直接下达命令、传达任务目标不同，MBO 强调让下级参与目标的制订，通过上下级协商的方式，让上级和下级共同制订企业整体、业务单位、经营单位、部门、个人等各层级的目标。目标的制订过程不仅是自上而下的，同时也是自下而上的。

3. 规定出具体时限

根据 SMART 原则，MBO 中的每项目标都有时效性的要求。一般情况下，越靠近企业层面的目标，目标设置的时间越长；越靠近个人层面的目标，目标设置的时间越短。目标期限一般有 1 个月、1 个季度、半年度、年度、3 年度、5 年度之分。

4. 反馈目标的结果

MBO 强调员工的上级领导和员工一起定期检查、评估目标的完成情况，并持续将结果反馈给员工。在整个过程中，上级领导要持续地引导员工自己评价预先设定好的目标，鼓励员工自我发展，激发员工的内升动力。

MBO 的优点包括如下内容。

- 能够帮助企业、部门和员工明确工作任务和目标。
- 能够切实提高企业的管理效率，保证目标的达成。
- 通过目标对比，让企业内部管理实施有效控制。
- 通过目标和奖励之间的关联，形成有效激励。
- 通过明确岗位的具体目标，帮助员工实行自我管理。

MBO 的缺点包括如下内容。

- 有时候强调实现短期目标，对企业长远发展不利。
- 目标设置有时候比较困难，难以选定或难以量化。
- 目标执行过程中很难调整，无法适应变化的环境。

1.4.2 关键过程领域（KPA）

关键过程领域（Key Process Area，KPA）指的是企业为了达到某个目标或取得某种结果，需要解决的具体的、关键的过程问题。当某一任务目标短时间内难以实现量化时，可以将完成它所必须经历的关键过程分解为具体的行为或动作，形成多个完成行为或动作后的小目标。通过对这些小目标的完成情况进行评估，达到考核管理的结果。

对于一些难以将考核指标量化的部门（如行政办公室），可以通过 KPA 实施考核。KPA 也是做短期计划（如日计划或周计划）的常用工具。对 KPA 的梳理过程，不仅是大目标在过程层面的分解过程，也是更加明确实现目标需要具备何种能力的过程。

每一个 KPA 都可以包括 6 个方面的内容：目标（goals）、执行任务（commitment to perform）、执行能力（ability to perform）、最佳实践（best practice）、衡量与分析（measurement and analysis）、执行验证（verifying implementation）。

1.4.3 关键结果领域（KRA）

关键结果领域（Key Result Areas，KRA）指的是企业为了实现战略目标、使命和愿景，必须要实现的、最不可替代的、最关键的、最核心的、达到企业期望的结果。这些结果对企业的未来发展起着至关重要的作用。

KRA 一般可以从以下关键点中分析：时间，如项目截止日期、生产截止日期、交货日期等；数量，如产量、库存、销售收入、实现的利润等；质量，如产品质量要求、顾客满意度、员工满意度等；成本，如产品成本、管理成本、销售成本、服务成本等。

选择 KRA 的原则如下。

- 描述结果，而不是描述过程、程序、工具。
- 描述产出，而不是描述投入、付出、努力。
- 描述目的，而不是描述手段、方法、行为。

案例

一位木匠准备为一位定制家具的顾客做一套家具，对 KRA 错误和正确的描述如表 1-6 所示。

表 1-6　KRA 描述举例

错误的描述	正确的描述
买材料	完成 2 张床、8 把椅子、1 张桌子、3 个柜子的制作
画图纸	必须在 10 天内完成
锯木板	购买材料的成本不能超过 5 000 元
钉钉子	保证质量达到公司产品的出厂要求
组装	保证顾客验收产品时满意

与错误的描述相比，正确的描述不是聚焦在过程、行为、投入、活动或程序的层面，而是梳理了要取得最终任务的成功（产品交付且顾客满意）必须要完成的关键结果。当这些关键结果全部完成时，最终的任务目标也就实现了。

1.4.4　关键绩效指标（KPI）

关键绩效指标（Key Performance Index，KPI）指的是企业通过对内部流程的输入和输出的关键参数进行设置、取样、计算、分析，以衡量绩效的目标式量化管理指标，是企业实现战略目标需要的关键成功要素的归纳和提取，是企业中最常被用来衡量不同部门或岗位人员绩效表现的量化指标。

KPI 来自企业战略目标的分解，是对企业战略目标的进一步细化和发展。如果企业的战略重心发生转移，战略目标发生变化，KPI 也必须随之进行相应调整，以重新适应和承接企业新的战略。

实施 KPI，有助于根据企业战略目标和发展计划制订部门和个人的业绩指标，将部门和个人的目标与企业的目标联系起来。KPI 是绩效评价的依据，企业通过对 KPI 的实时监测，能够及时发现部门或个人存在的问题，并通过反馈机制，促使部门或个人及时改进，引导企业向期望的目标发展。

KPI 的优点包括如下内容。

- 考核目标明确，有利于企业战略目标的实现。通过对企业战略目标的层层分解，通过对 KPI 的整合和控制，让员工的绩效行为与企业要求的行为相吻合。
- 关注客户价值，有利于企业形成市场导向的经营理念。

- 有利于把企业利益和个人利益绑定在一起，员工实现个人目标的同时也可以实现企业目标。

KPI 的缺点包括如下内容。

- KPI 比较难界定。界定 KPI 需要企业自身具备一定的管理基础和管理能力。
- KPI 更多的是量化指标，这些量化指标有时候在理论上能帮助员工更好地完成自己的工作职责，但最终不一定会对企业的绩效产生积极影响。
- KPI 容易让考核人陷入一种机械、死板的考核方式，过分强调指标是否达成，而不考虑一些环境因素、弹性因素以及主观因素，容易让考核产生争议。
- KPI 并不适合所有的岗位。

1.4.5 目标与关键成果法（OKR）

目标与关键成果法（Objectives and Key Results，OKR）的创始人是英特尔公司（Intel Corporation）前 CEO 安迪·格鲁夫（Andy Grove）。在 1976 年左右，英特尔公司面临从存储器业务到处理器业务的转型，格鲁夫为了能够让全员都明确工作的重心，提出了高产出管理（High Output Management，HOM），开始在公司内推行 OKR。

OKR 有两个典型特点：一是让每个岗位都能明确工作的重心，而不是设置大量的 KPI；二是实现对全员的公开透明，以免某岗位人员因为原本的岗位职责或工作惯性所限而偏离方向。同一时期，甲骨文公司（Oracle）及其他一些公司也开始陆续实施类似的绩效管理方法。

某著名的互联网公司把 OKR 作为一套目标沟通、制订、展示和回顾的流程，以季度为单位实施。一般在每年 11 月，制订第二年第一季度的目标；每年 12 月，公司层面沟通第二年第一季度的目标，员工根据公司的目标，制订个人目标；第二年 1 月初，团队和个人在会议上汇报各自的目标；第二年 1~3 月，对目标实施监控；第二年 3 月底，对目标打分，进行沟通，并重复上述过程，沟通、制订、展示和回顾第二季度的目标。

OKR 与 KPI 最大的不同之处如下。

- 每个团队或个人的 OKR 最多设置 5 个目标，每个目标一般包含 4 个关键结果，而 KPI 一般是每个部门或岗位设置 5 ~ 8 个目标。
- 公开透明，每个人的 OKR 在整个企业都是公开透明的，通过这种公开透明，让员工的思维跟得上企业的目标和团队的目标，而 KPI 很少公开。

- OKR 60% 的目标最初来源于底层员工，因为底层员工与客户的接触更密切，对工作的要求更实际，而 KPI 更多的是自上而下目标分解的过程。
- OKR 剥离了员工的直接利益因素，它的结果不直接用于考核。OKR 使企业的工作重心由"考核"回归到了"管理"，这与传统的 KPI 考核已大不相同。

OKR 的优点包括如下内容。

- 能够充分调动员工的积极性和主动性。
- 能够让岗位的工作内容更加丰富、灵活。
- 有利于强化企业整体的创新力和创造力。

OKR 的缺点包括如下内容。

- 更适合高新技术企业或者知识类型岗位。
- 不太适合生产经营比较稳定的传统制造业。
- 需要员工具备较高的职业素养和职业技能。

1.4.6 平衡计分卡（BSC）

平衡计分卡（Balanced Score Card，BSC）是由美国哈佛商学院的教授罗伯特·卡普兰（Robert S. Kaplan）和诺朗诺顿研究所（Nolan Norton Institute）所长、美国复兴全球战略集团创始人兼总裁戴维·诺顿（David P. Norton）共同创建的。

BSC 的核心思想是通过财务（financial）、客户（customer）、内部经营过程（internal business progress）、学习与成长（learning and growth）4 个方面的指标之间相互驱动的因果关系（cause-and-effect links），展现企业的战略轨迹，实现从"绩效考核"到"绩效改进"、从"战略实施"到"战略修正"的目标。BSC 中的每一项指标都是一系列因果关系中的一环，通过它们把企业的目标和相关部门的目标联系在一起。

BSC 表明了源于战略的一系列因果关系，发展和强化了战略管理系统。利用 BSC 作为核心战略管理的衡量系统，可以完成对关键过程的有效控制和资源的优化配置。BSC 可以有效处理企业内部、外部各种变量的相互关系，保证企业系统变革过程中的均衡性。

之所以把这种方法叫作"平衡"（balanced）计分卡，是因为这种方法具备如下特点。

- 既关注战略，又考虑实际经营管理，是战略落地和企业经营管理之间的平衡。
- 既有财务指标考核，又有非财务指标考核，是财务与非财务的平衡。
- 既有定量的指标，又有定性的指标，是定量与定性的平衡。
- 既有主观的评价，又有客观的评价，是主观与客观的平衡。
- 既有前馈指导，又有后馈控制，是结果与达成结果需要的动因或过程之间的平衡。
- 既考虑短期增长，又考虑长期发展，是短期价值与长期价值的平衡。
- 既考虑企业的利益，又考虑利益相关者的利益，是企业与各利益相关者之间的平衡。
- 既关注外部衡量，又关注内部衡量，是内部衡量与外部衡量之间的平衡。

作为一套完整的业绩评估系统，BSC 从 4 个层面来衡量企业的经营情况，体现了企业价值创造的全过程，如图 1-6 所示。

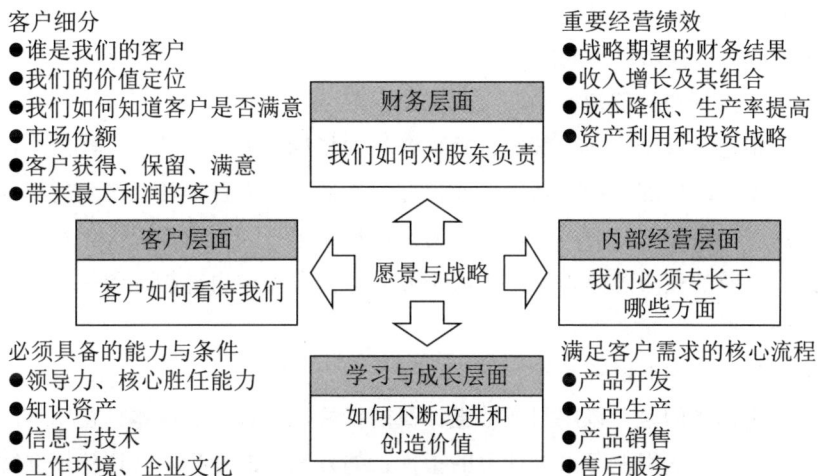

客户细分
- 谁是我们的客户
- 我们的价值定位
- 我们如何知道客户是否满意
- 市场份额
- 客户获得、保留、满意
- 带来最大利润的客户

重要经营绩效
- 战略期望的财务结果
- 收入增长及其组合
- 成本降低、生产率提高
- 资产利用和投资战略

财务层面
我们如何对股东负责

客户层面
客户如何看待我们

愿景与战略

内部经营层面
我们必须专长于哪些方面

学习与成长层面
如何不断改进和创造价值

必须具备的能力与条件
- 领导力、核心胜任能力
- 知识资产
- 信息与技术
- 工作环境、企业文化

满足客户需求的核心流程
- 产品开发
- 产品生产
- 产品销售
- 售后服务

图 1-6　BSC

1.财务层面

这个层面是从股东的视角看待企业的成长、盈利能力和风险情况，是企业财务结果的直观表现。常见的指标有营业收入、资本回报率、利润、现金流、经营成本、资产负债率、项目盈利性等。

2.客户层面

这个层面是从客户的视角看待企业创造的价值在外部市场体现出的差异化，是客户对企业感受的直接表现。常见的指标有市场份额、客户满意度、客户忠诚度、价格指数、客户保留率、客户获得率、客户利润率等。

3. 内部经营层面

这个层面是从经营管理的视角看待内部流程为业务单元提供的价值，是产生结果之前的重要过程管控。常见的指标有新产品开发时间、产品质量、生产效率、生产成本控制、返工率、安全事故件数等。

4. 学习与成长层面

这个层面是从学习和成长的视角看待企业的运营状况，是关注企业未来是否能持续、稳定发展的人力资源的指标。常见的指标有员工满意度、员工离职率、员工生产率、人均培训时间、合理化建议数量、员工人均收益等。

通常情况下，BSC 的衡量指标可以分为 3 大类。

1. 结果类指标和驱动类指标

结果类指标是用以说明绩效结果的指标，一般属于"滞后指标"，它告诉我们发生过什么、结果是什么；驱动类指标是"提前指标"，它反映的是企业在实施战略时，关键领域的某些进展将如何影响绩效的结果，做好该指标可以获得良好的绩效或提前预防风险的发生。

2. 内部指标和外部指标

内部指标是基于企业内部经营管理产生的指标，如生产效率、产品合格率、员工满意度等；外部指标是基于企业外部的利益相关者及全社会产生的指标，如客户满意度、企业的社会声誉、产品的市场形象等。因为内部指标相对可控，所以要提升企业的核心竞争力，优秀的企业通常会在稳定内部指标的基础上，在如何提升外部指标上做文章。

3. 财务指标和非财务指标

财务指标指的是可以用财务数据计算的指标，如收入、成本、费用等；非财务指标指的是无法用财务数据计算的指标，如方案类的指标，其评价标准往往在于上级领导或者评审小组的主观判断。

对于不同的企业和企业发展的不同阶段，BSC 可以发挥不同的功能。如利用BSC 实现传统企业与新战略的衔接；作为实施企业战略的工具；作为企业的核心管理系统，以完成重要的管理过程；作为企业目标体系建设和业绩控制、衡量的系统手段等。

BSC 的优点包括如下内容。

- 对战略目标的具体、分解和细化考虑到位。
- 能够把企业的战略目标落实到具体行动中。
- 实现企业短期利益和长期利益的相互结合。

BSC 的缺点包括如下内容。

- 实施过程难度较大，对实施者的能力有要求。
- 实施过程的工作量大，短时间内很难实现。
- 很难有效地把目标最终落实到具体的岗位中。
- 没有很好地体现实现目标岗位需要什么条件。

1.4.7 关键成功因素（KSF）

关键成功因素（Key Success Factors，KSF），又叫作薪酬全绩效模式，是一种对员工实施价值管理的工具。这种方法是把员工的薪酬和企业想要的绩效进行全面的融合，寻找两者之间的平衡点，从而让员工和企业形成利益共同体，实现共创和共赢。

KSF 一方面着眼于改善企业绩效，另一方面致力于提高员工收入。员工的外原动力到内原动力的开发，可以增强员工的利益驱动。强调让员工为自己工作，为了企业和员工共同的目标而工作。所以，KSF 既是绩效优化的方案，也是员工薪酬改革的方案。当每一个员工都拿到高薪时，企业的业绩也必然超额达成。

案例

某生产型企业内部实行 KSF 的薪酬绩效模式，制订的生产经理岗位 KSF 月度量表如表 1-7 所示。

表 1-7 某企业生产经理岗位 KSF 月度量表

薪酬激励 （考核指标）	总工艺 毛利 （K1）	生产工艺 总产值 （K2）	企业总 报废率 （K3）	部门费 用率 （K4）	及时交 货率 （K5）	生产工艺 小时产值 （K6）	员工主 动流失 人数 （K7）	培训 （K8）
单位	元	元	%	%	%	元	人	小时
月薪权重 / 100%	25%	15%	10%	10%	20%	10%	5%	5%
金额	1 250	750	500	500	1 000	500	250	250
平衡点	40 万	430 万	8%	3.5%	96%	40.5	0.2	2
奖励制度	每多 1 万	每多 3 万	每降低 0.05%	每降低 0.02%	每上升 0.05%	每多 0.1	每月 0 流失	多培训 不奖励
奖励尺度 / 元	31	5	2.5	2.3	2	1.2	50	

续表

薪酬激励 （考核指标）	总工艺 毛利 （K1）	生产工艺 总产值 （K2）	企业总 报废率 （K3）	部门费 用率 （K4）	及时交 货率 （K5）	生产工艺 小时产值 （K6）	员工主 动流失 人数 （K7）	培训 （K8）
少发制度	每少 1 万	每少 3 万	每上升 0.05%	每上升 0.02%	每降低 0.05%	每少 0.1	每流失 1	每少 1
少发尺度 / 元	25	4	2	2.3	2	1	250	125

KSF 的优点包括如下内容。

- 能够开启员工的原动力，激发员工的创造力。
- 薪酬和绩效完全融合，充分挖掘员工的潜能。
- 让全体员工都参与企业经营，能够达到利益共享。

KSF 的缺点包括如下内容。

- 关键因素选取设置比较困难，难以得到准确数据。
- 实施不当可能会减少员工工资，引起员工反感。
- 需要取得员工的理解，需要员工对此方法和过程有一定的认识。

1.4.8　360 度评估

360 度评估（360 Degree Feedback）最早也是由英特尔公司提出并实施的。它是指由员工的直接上级、直接下级、关联方、同事以及员工本人全方位地对自己的绩效进行评估。被考核人不仅可以获得来自各方的反馈，也可以从不同角度的反馈中更清醒地认识到自己的优势与劣势。360 度评估中被考核人与各方的关系如图 1-7 所示。

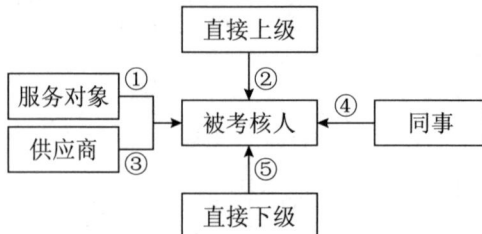

图 1-7　360 度评估中被考核人与各方的关系

在 360 度评估中，不同关系间设置的权重比例一般为①＞②＞③＞④＞⑤，比如，可以分别设置为 30%、25%、20%、15%、10%。

360 度评估的优点包括如下内容。

- 避免了只有上级考核下级可能出现的绩效评判错误。
- 从多个角度评价员工绩效结果，相对来说更加准确。
- 更强调对内外部客户的服务，提升企业的运行效率。
- 能够实现对员工的态度、能力、素质更全面的考核。
- 能够提高考核的全面性和公正性，员工参与感更强。
- 能在一定程度上防止员工做出一些急功近利的行为。
- 对于同一被考核人，能够得到不同考核人的评价。

360 度评估的缺点包括如下内容。

- 实施起来较复杂，花费时间较长，评价的成本较高。
- 容易变成某些员工解决私人恩怨的途径。
- 因全员参与，对评价标准、打分规则进行培训的难度较大。
- 若培训或管理不到位，打分和最终结果容易流于形式。

【疑难问题】员工讨厌绩效管理该怎么办

从许多企业的管理实务中能够看出，越高层的管理者越喜欢绩效管理，越底层的员工越讨厌绩效管理。员工对绩效管理工作的不理解、不情愿和不支持，使得许多企业的人力资源部一谈起绩效管理工作推进就面露难色。

为什么会有部分员工讨厌绩效管理呢？

1. 员工不认可绩效管理的模式

有些自媒体或传媒机构为了吸引大众的眼球，会发表各种耸人听闻的文章，如"绩效管理毁了某知名企业""KPI 已经过时了""BSC 根本没有用"等。这类文章大肆宣传企业不应该搞绩效管理，认为绩效管理会磨灭员工的工作热情。

不明所以的员工看过这类文章之后，因为文章讲到了关乎自己切身利益的问题，而且这种观点对员工有利，所以员工很容易就相信了，也会在企业中公开或不公开地传播绩效管理无用论。

2. 员工有收入下降的风险

人们总是喜欢确定的收益，厌恶可能的损失。如有两个按钮，当按下按钮 A 时，人们将获得 100 万元；当按下按钮 B 时，人们有 50% 的概率获得 200 万元，有 50% 的概率什么也得不到。这时候，出于趋利避害的本性，大部分人会选择按下按钮 A。

有的员工讨厌绩效管理工作也是因为这个原因。在推行绩效管理之前，员工的工资是稳定的；但在推行绩效管理之后，员工的收入可能会更高，也可能会降低。甚至有的企业实施的绩效管理只对员工产生负激励，员工做得好不会有奖励，但是一旦做得不好，员工就要面临工资的减少。

3. 员工认为自己被愚弄

有的员工认为，绩效管理中的绩效工资本来就是从自己的工资中拿出来的，企业只不过是拿了自己的钱，又找个理由"归还"给自己。而且在这个过程中，企业还以有的员工绩效表现差为理由"克扣"了一部分工资不发给员工。

员工认为，实施了绩效管理之后，自己需要付出更多的劳动才能"赎回"原来"本该"属于自己的工资。有的企业也确实如此，从没有绩效管理到开始推行，企业从员工的固定工资中拿出了一部分作为绩效工资。

4. 绩效管理的质量存在问题

企业实施绩效管理的质量，直接决定了员工对绩效管理的接受程度。然而，确实有很多企业的最高管理者和人力资源管理者对绩效管理的认识有问题，方法实施有问题，过程监控也有问题，准备不周、方案粗糙、急于求成，结果造成了绩效管理形式大于内容、务虚大于务实。员工能够轻易地从中找出各种漏洞。

造成这个问题的原因很大程度上来源于人力资源管理者的专业性问题。这种专业性的问题不仅体现在绩效管理上，同时也体现在人力资源管理的其他模块上，使得绩效管理变成了孤立的存在，与企业的管理形成了"两层皮"。

针对以上员工讨厌绩效管理的原因，人力资源管理者可以采取如下方法。

1. 针对绩效管理无用的观点

首先人力资源管理者自己要相信绩效管理的效用。可能确实有个别企业在经营上存在某种失败，但是企业的经营管理是一个多要素系统发挥作用的复杂过程，绝不能简单地把企业经营不善的原因归结到推行绩效管理上来。

那些说绩效管理不行的人，最后都给不出有效的管理解决方案。阿里巴巴企业的创始人2017年3月在湖畔大学演讲中说："所有人都讨厌KPI，但是没有KPI是不行的，我们必须要设定KPI。"

小米企业的雷军曾经在2016年提出"开心就好"，对手机的销量不做强调，但2016年小米手机的销量出现了问题。2017年1月，雷军在小米年会上发表演讲，提出了销售破千亿的指标，并确定了在未来3年开设1 000家"小米之家"的计划。这实际上还是KPI。

其实，绩效管理是一种非常古老而科学的管理方法，可以说自从人类社会出现大规模的协作劳动开始就有了绩效管理的思想雏形。如秦汉时期的考课制度，就是通过对官员政绩的考察，决定对官员的赏罚。

针对绩效管理无用的观点，人力资源部可以采取如下方法。

（1）开展绩效管理的宣传和引导工作，促使全员正确地认识绩效管理理念。尤其是要强化对管理层的宣导工作，因为管理层通常是绩效管理工作的直接实施者。

（2）在实施绩效管理后，企业的业绩有所提升时，积极宣传企业业绩提升与绩效管理工作开展的关联性，提升全员对绩效管理工作的信心。

（3）邀请专业人士传播绩效管理的正确理念。这里的专业人士可以是企业外部的专业人士，也可以是企业内部的专业人士。

2. 针对员工收入下降风险的观点

绩效管理与员工收入下降没有必然的联系。除了以下 3 种情况：第一种是人力资源部在实施绩效管理时操作不当，造成绩效管理质量本身有问题；第二种是在实施绩效管理之前，没有有效地向员工传递正确的信息；第三种是收入下降的员工本身绩效水平太差，原本就不该拿到他期望的工资。

针对员工收入下降风险的观点，人力资源部可以采取如下方法。

（1）保证绩效管理的质量。

（2）在实施绩效管理之前，做正确的引导和信息传递。

（3）对于绩效差、态度差、能力差的员工，考虑淘汰。

3. 针对员工认为自己被愚弄的观点

确实有一些企业不愿意在绩效工资上投入较多，造成绩效优秀的员工很难拿到应得的薪酬。这样做必然会打击高绩效员工的积极性。

针对员工认为自己被愚弄的观点，人力资源部可以采取如下方法。

（1）企业不应从员工的固定工资中拿出一部分作为绩效工资，原则上应是在原来固定工资的基础上增加一部分作为绩效工资。当然这里的增加也不是平白无故的增加，如何增加可以根据企业的实际情况确定。

（2）将企业的焦点放在绩效工资的投入产出比上，而不是绩效工资的绝对值上。绩效工资的投入产出比高的企业，投入更多的绩效工资会带来企业价值的不断提升。这样的话，虽然绩效工资的绝对值可能在提升，但企业价值提升的速度更快。

（3）强化企业的宣导，绩效工资并不是员工拿回属于自己的工资，而应是员工通过更多的努力，为企业提高了盈利能力，和企业一起创造了更大的价值。这时候员工得到的绩效工资，是员工和企业共同"创造"出来的，而不是"赎回"的工资。

4.针对绩效管理的质量存在问题的观点

绩效管理的方法和工具本身并没有问题，问题是运用这种方法和工具的人。如果运用得当，绩效管理将会帮助企业解决管理问题；如果运用不当，企业不但不会减少现有的管理问题，反而会增加许多新的管理问题。这里的关键，在于绩效管理运用的要领。

针对绩效管理的质量存在问题的观点，人力资源部可以采取如下方法。

（1）提高企业人力资源管理从业者的准入门槛，尤其是对于绩效管理人员的任用更要谨慎。绩效管理人员要有丰富的人力资源管理知识、技能和经验，最好要具有实施绩效管理项目的经验。

（2）学习行业的标杆企业、对标企业、竞争对手的绩效管理做法，取长补短。与行业内绩效管理工作有一定心得和经验的人力资源管理者交流经验，防止自己走弯路。

（3）借助外部力量，引入外部专业的咨询公司，帮助企业建立绩效管理体系，对内部的人力资源管理者和各级管理者实施培训。

总之，当企业的绩效管理体系搭建完成之后，员工可以通过绩效管理体系明确自己的绩效责任与工作目标；能够参与到部门和个人目标、计划的制订中来；能够得到清晰公正的绩效评审标准；能够及时获取评价、指导与来自企业的认同。

真正优秀的员工是渴望这样的绩效管理的。员工在工作中，希望自己的工作成绩得到企业的认可，希望自己获得应有的待遇，希望通过个人努力取得事业的进步，同时也希望得到上级对自己的指导。

当然这一切的前提是人力资源管理者要有足够的专业能力和管理水平，要搭建起适合企业经营和发展的绩效管理体系，要能够影响企业的最高管理者和各层级管理者。绩效管理不是让管理者变成"甩手掌柜"，而是让管理者担负更多的责任，要和员工一起制订绩效计划，对员工进行绩效辅导，适时进行绩效沟通反馈，再用绩效结果帮助员工提高绩效。

如果是在拥有这种绩效管理体系的企业，希望和企业共同发展的员工还会讨厌绩效管理吗？

【疑难问题】绩效管理实操中的常见误区

在绩效管理实务中，绩效管理工作常常会因为总经理或人力资源管理者对绩效管理在认识上或操作上存在各种各样的误区，而难以开展。

比如，有的总经理认为绩效管理和绩效考核的含义相同，在实际操作中不伦不类地随意应用，结果造成本企业在开展绩效管理工作的过程中出现各种问题。这类问题的产生归根到底是对绩效管理的错误认识。

绩效管理离不开绩效考核，绩效考核是绩效管理的一环，是绩效管理过程中的一种工具和手段。单纯看绩效考核，实质上反映的是过去的绩效，而绩效管理更强调未来绩效的提升。只有将绩效考核工作纳入绩效管理的体系和制度，才能对绩效进行有效的监控和管理，从而实现绩效管理的目标。

失败的绩效考核和成功的绩效管理在思路和操作方式上有着本质的不同，它们之间的定位、着眼点、提高绩效的手段、管理人员的角色和员工的角色都是不同的，其差异如表 1-8 所示。

表 1-8　失败的绩效考核与成功的绩效管理之间的差异

分类	失败的绩效考核	成功的绩效管理
定位	控制员工	员工主动承诺
着眼点	重点放在过去的业绩	重点放在如何改进将来的绩效
提高绩效的手段	主要通过"胡萝卜加大棒"政策	主要通过指导、鼓励自我学习和发展
管理人员的角色	判断、评估 控制工作的细节 解决问题者	指引方向和目标 指导、帮助、沟通和反馈 在允许的范围内积极授权
员工的角色	被动的、反作用的、 防卫性的行为	在学习和发展过程中积极、主动表现的行为

除此之外，管理者对绩效管理常见的认识误区和正确认识如表 1-9 所示。

表 1-9　绩效管理常见的认识误区及正确认识

分类	认识误区	正确认识
对工作成果	是一种判断	是一种计划
绩效管理重心	绩效评价的结果	绩效管理的过程
绩效管理目的	寻找错误	解决问题
企业与被考核人得失	此得或彼失	全得或全失
关注重点	结果	行为和结果
绩效工作属性	人力资源部的工作	整个企业各部门的管理程序
对被考核人	是一种威胁	是一种成果或推动

　　有的企业在进行绩效管理时，把每个部门、每名员工的绩效指标制订得过于烦琐和复杂，想尽一切办法涵盖该员工工作的方方面面。有了执行人，要设立监督人；设立了监督人，还要再设立一个监督监督人的监督人。结果导致对员工各项绩效指标的收集需要耗费大量的管理成本，最终将绩效管理变成了一件为了做绩效而做绩效的事。

　　在绩效管理的操作上，常见问题的正确认识和解决方案如表1-10所示。

表1-10　绩效管理常见问题的正确认识和解决方案

常见问题	正确认识	解决方案
绩效管理过程复杂，管理成本过高，绩效管理效率低下	企业推行绩效管理，虽然可能会带来管理成本的提高，但并不代表一定要运行得复杂，让管理成本无节制地提高	（1）简化绩效管理过程；（2）对管理成本过高的绩效管理可以考虑不做；（3）找到绩效管理效率低的原因并进行针对性改进
绩效管理指标不明确，工作难以细化或量化，不能保证绩效评价结果的公平性和公正性	绩效管理需要有细化、量化的绩效指标的支撑，同时要保证绩效评价过程的公平性和公正性	（1）指标选择应清晰、明确，可衡量、可评估；（2）用客观、量化的指标取代主观的指标；（3）流程化、精细化企业的管理能力
绩效考核评价过程中的非理性因素太多，尤其是在定性的环节，打分偏颇在所难免	绩效考核评价应保证是客观的，定量的分数占比较多，定性的分数占比较少	绩效考核中的定性指标的占比不应过多
过分强调量化结果指标，忽略对过程的管控，否认主观因素在绩效考核中的积极作用	绩效指标设置要重视结果，更要重视过程。过分强调量化和完全不重视量化都是错误的。量化指标并不意味着考核结果必然是公正公平的，考核结果公正公平不一定意味着全部指标是量化的	（1）设置绩效考核指标时，除了设置量化的结果类指标外，还要设置一定比例的过程指标；（2）在注重量化指标的同时，要保留一定比例的定性指标
绩效管理只是人力资源部一个部门在操作，其他业务部门管理者不参与或不关心	人力资源部只是绩效管理的协调部门，各级管理者才是绩效管理的主角。各级管理者既是绩效管理的被考核人，也是其下属绩效管理的考核人	（1）保障企业最高管理层的参与，利用高层的力量保证企业各层级管理者和员工的参与；（2）强化培训和灌输思想，保证全员正确认识绩效管理；（3）从企业文化入手，强化企业的执行力；（4）以某个典型部门为样本，大力推进绩效管理工作

续表

常见问题	正确认识	解决方案
企业高层对绩效管理的认识普遍存在问题，造成绩效管理成为一项独立的管理行为，而没有与企业经营战略联系在一起	绩效管理是和企业整体的管理工作联系在一起的，并不是一项孤立的工作	（1）通过培训、讲座、会议等方式，向企业各层级宣导绩效管理的正确理念和操作方法；（2）确保企业各层级的参与
绩效管理过程过分重视考核，绩效辅导和绩效反馈不及时，缺乏有效的监督手段	管理者应及时向员工反馈绩效结果，及时辅导员工的绩效问题，必要时对绩效计划进行调整，人力资源部应注意强化这个机制的监督工作	将绩效辅导和绩效反馈流程化，并需要输出必要的格式化表格作为证据留存。人力资源部要将监督和检查流程化，也需要输出格式化表格
绩效辅导和绩效反馈没有发挥作用，员工没有得到相应的成长，员工认为绩效考核就是在挑自己的毛病	绩效管理的全流程都非常重要，管理者不能只重视考核的环节，绩效计划、辅导、沟通同样重要	（1）提高管理者绩效辅导的能力；（2）绩效结果的应用与员工能力挂钩；（3）为员工提供能力的培养和开发的机会
绩效管理更像是束缚员工的工具，没有体现出绩效管理的战略导向作用。员工的绩效都完成了，结果企业的战略目标却没有实现	绩效管理要考虑战略导向，绩效管理目的不只是提升绩效，更是实现企业的战略目标，让员工都能够为实现战略目标而努力	（1）基于企业的战略目标实施绩效指标的分解；（2）通过培训和宣导，确保员工明确知晓企业的战略目标；（3）模拟绩效考核结果评价过程，如果各岗位绩效达标，企业目标却没有实现，说明绩效指标分解有问题
管理者对绩效管理的效果抱有不切实际的幻想，认为绩效管理是灵丹妙药，能够一用就灵，一劳永逸	绩效管理是一个不断完善的管理过程，绩效管理能否取得成效与企业基础管理水平有很大关系，而企业基础管理水平不是短期就能快速提高的，因此企业推行绩效管理不可能解决所有问题，管理者不应对绩效管理抱有过高期望	推行绩效管理是企业发展的必然结果。推行绩效管理前，要保证企业核心管理团队了解绩效管理的作用，从企业实际情况出发，扎扎实实推进绩效管理工作。要明确管理者（尤其是最高管理者）在推进绩效管理工作过程中的责任

第 **2** 章

绩效管理实施保障

绩效管理体系要想得到有效的实施，必须有相应配套的管理体系作为支持和保障。再先进的绩效管理理念，再适合的绩效管理工具，再完备的绩效管理计划，如果离开了能够保障其落地的一系列其他管理或文化系统的支持，也不能得到有效的实施。

2.1　企业战略和企业文化支持

清晰、明确的企业战略和开放、包容的企业文化是绩效管理在企业中能够有效实施的首要保障。企业对战略实施进一步的细化之后，能够形成战略地图，对绩效管理提供更进一步的支持。

2.1.1　企业战略与绩效管理体系

美国著名管理学家乔尔·罗斯（Joel Ross）和迈克尔·卡米（Michael Kami）提出："没有战略的企业，就像一艘没有舵的船，只会在原地转圈，也像流浪汉一样无家可归。"企业的战略就像大海中的指路灯塔，指引着在黑暗中前行的船只驶向预定的方向。

实施绩效管理之前，必须首先明确企业的战略。企业的战略目标是实施绩效管理的前提，也是实施绩效管理的目的所在。在战略的指导下实施绩效管理，才能够让战略和绩效管理的工作导向相匹配。

如果没有清晰、明确的战略，企业员工的行为就会没有目的性和方向感，员工的努力和付出能不能最终帮助企业的发展、是不是真的对企业有利、对实现企业的目标有没有帮助，这类问题都得不到准确的解答。

某互联网创业公司，凭借着软件产品中创意的想法、独特的内容和有趣的设计，在全国吸引了超过 100 万用户。

公司的规模逐渐扩大，员工也由原来的 30 人增加到 200 多人，有了专门的人力资源部。创始人很清楚人多了以后很难管理，所以要求人力资源部制订绩效管理制度，目的是管理和引导员工的目标和行为。

然而，这家公司并没有清晰、明确的战略。这个创始人是产品经理出身，对产品的研发非常擅长，但是对公司的经营管理并不熟悉，尤其是对战略并不重视，他认为只要开发出好的产品就是最好的战略。

什么叫好的产品？这个问题本身就涉及战略的定位。从最初开发产品的目的、用户群体的定位、开发产品的过程、产品的测试到产品的应用和推广，这一系列过程全部都涉及一个根本问题——公司的战略。

人力资源部的绩效管理专员多次问创始人关于战略的问题，并向其说明重要性的时候，创始人都不以为然，后来被问烦了，就丢下一句："用户数吧！我们的战略就是提高用户数！"可是没过多久，在该公司投入资本的投资机构开始参与公司的管理，同时也要求公司制订经营指标和产品策略。

对于投资机构的要求，创始人并不认可，而且双方始终没能达成一致的意见，使得企业的许多员工不知道该听谁的。员工今天做一些创始人布置的工作，明天做一些投资机构布置的工作，最终两个工作都没有结果，工作方向改了又改，工作目标换了又换，工作内容变了又变。在这种状态下，人力资源部的绩效管理计划也迟迟无法出台。

就这样，这家公司在这种状态下坚持运营了两年多，最终因为找不到合适的、持久的盈利模式而宣布倒闭。

对于有明确的战略、管理比较成熟的企业来说，如果企业有战略发展相关的制度文件，绩效管理人员可以直接以该文件为指引开展和实施绩效管理工作；如果企业没有战略相关的文件，绩效管理人员可以与企业最高管理层沟通。

2.1.2 企业文化与绩效管理体系

企业文化是由企业的价值观、信念、符号以及做事方式等形成的一系列文化形象，是一个企业的灵魂，也是推动企业行为的动力。企业文化决定了绩效管理能否有效实施。实施绩效管理的过程，也是对企业文化传承和发扬的过程，并能够在一定程度上影响企业文化。

国际商业机器公司（International Business Machines Corporation，IBM）的创始人托马斯·沃森（Thomas Watson）最早把 IBM 的企业文化定义为"尊重个人"。在路易斯·郭士纳（Louis Gerstner）接任总裁之后，为了改善当时 IBM 的经营问题，逐渐把 IBM 的企业文化与绩效管理联系在一起，提出"高绩效文化"的企业文化理念。

高绩效文化强调员工"力争取胜、快速执行和团队精神"。IBM 鼓励员工追求卓越，期望激发员工的潜能，达到高绩效。在 IBM，一谈起绩效，员工经常说的一句话就是"让业绩说话"（performance says）。

为了贯彻这种高绩效文化，IBM 的绩效管理体系是以一种被称为"个人绩效承诺"（Personal Business Commitment，PBC）的项目为中心来开展和运作的。PBC 由工作成功的结果、成功的过程以及整个团队达成的目标 3 个部分组成。

IBM 的 PBC 具体可以分成 3 个层面。

1. 对结果的承诺

IBM 鼓励员工赢得市场中的领先地位，强调员工保持较高的销售目标和市场占有率。每名员工在做绩效承诺时，必须要保持必赢的心态，发挥团队的优势，把能够通过个人的努力和团队的协作达到的结果层面的承诺列清楚。

2. 对执行的承诺

IBM 永远强调执行，认为只有承诺、目标和计划是远远不够的，更重要的是要坚决地执行。对计划执行的过程，是员工自我管理和自我挑战的过程，反映了员工的能力和素质水平。通过执行的过程，IBM 的业务流程也得到了进一步的强化。

3. 对团队精神的承诺

团队协作让 IBM 内部能够相互沟通，共同进步，共同完成工作中的任务目标。IBM 矩阵式的组织管理模式就是为了更好地完成项目任务和促进团队协作而出现的。通过项目，将多个部门的人才资源整合到同一个项目组，充分发挥项目组的优势，充分利用资源。在项目中遇到困难时，成员之间也可以相互帮助。

IBM 的高绩效文化，直接落实到了绩效管理的层面；IBM 的绩效管理做法，又影响着高绩效文化。企业文化和绩效管理相互支持、相互推动。在这种背景之下，最终绩效管理得以有效推行和实施。

如果某企业的企业文化强调业绩导向，那么如 IBM 一样，绩效管理的过程中也应当体现业绩导向。在绩效指标中，与业绩相关的结果类指标（如销售额、毛利额、利润额、市场占有率等）应当占有较大的权重。

如果某企业的企业文化强调创新意识和行为，那么绩效管理实施的模式也应当体现创新。在绩效指标中，与创新相关的结果类或者行为类指标（如设计新产品、尝试新方法、采取新工艺等）就应当占有较大的权重。同时，企业应当包容员工可能因为创新而带来的损失。

如果某企业的企业文化强调产品的质量，那么绩效管理本身也要注意质量的管理。设置绩效指标时，与质量相关的指标（如产品合格率、不良品出现率、顾客产品质量问题投诉率等）所占的权重应当相对较大。

只有当企业文化和绩效管理的导向完全一致时，绩效管理工作的实施才能够顺利，才能够传承企业文化。通过绩效管理工作的实施，企业文化能够深深地扎根在员工的心中，让企业文化不仅是口号，更是员工实际的行动。

2.1.3 企业战略与战略地图绘制

战略地图是一个描述企业战略的工具，在企业战略的指引下，分层级地逐级定义企业的目标，保证各层级之间的目标保持因果关系和递进关系。

战略地图可以按照 BSC 的财务、客户、内部经营和学习与成长 4 个层面划分层级，也可以根据企业的行业特性和实际需要划分层级。但不论按照哪种方式来划分层级，都应当包含财务、客户、内部经营和学习与成长这 4 个维度的目标。

许多企业有了战略却不能成功执行，往往是因为不能全面、清晰地描述战略，造成员工不了解战略或者不了解战略与自身岗位之间存在什么样的关系。战略地图最大的好处就是能够让员工了解企业的战略。

企业可持续发展的基础是无形资产，也就是核心竞争力，但是无形资产难以被管理，同时也无法直接帮助企业创造有形的成果。如果不能掌握这部分无形资产，将是对企业投资的极大浪费。开发和绘制战略地图的关键，就是找到如何把无形资产转化为有形成果的具体路径，建立起能够把概念化的战略转化为具体的财务指标和顾客价值指标的过程。

根据企业战略，企业的战略地图可以按照以下步骤绘制。

（1）确定企业战略的价值目标和客户价值理念。

（2）将企业价值按照某个逻辑分解成不同层级。

（3）把最终想要达成的结果放在图形的最顶端。

（4）把其他支持目标分别列在各自对应层级中。

（5）把各个存在因果关系的目标用线连接起来。

（6）描述最终目标与其他层级目标之间的关系。

案例

国内某大型药品连锁企业在发展过程中秉持战略地图的理念，将企业的战略目标层层分解，分步落实，取得了较好的经营成果。

该企业某年的战略地图如图 2-1 所示。

1. 财务层面

扩大收入规模是该企业最重要的目标。作为药品连锁企业，该企业首先需要在销售量上做文章，同时必须保证一定的定价能力。

提高盈利能力是该企业第二位的目标。只有当盈利能力得到保证时，企业才能在收入增长、资金保证两个方面都取得理想的均衡状态。提高盈利能力需要在成本控制、资产效率上做文章。

在资金链的问题上，该企业通过拓展融资渠道和优化资本结构两种方式来保证资金流通。

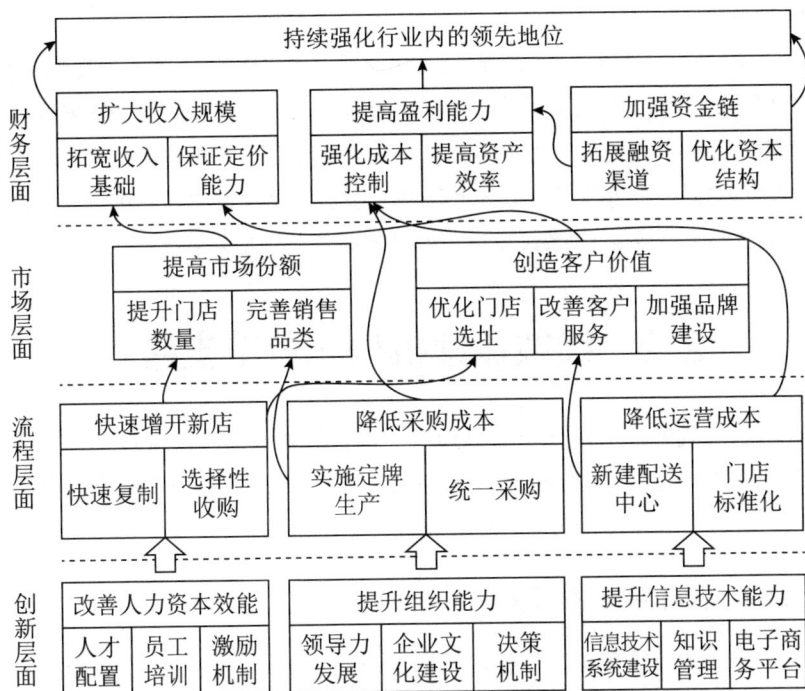

图 2-1 某企业某年的战略地图

2. 市场层面

为了实现财务层面上收入规模的扩大，该企业需要在市场层面做足两方面的功课。一方面，通过提高市场份额，来保证企业整体的收入基础；另一方面，通过创造客户价值，来保证企业在销售上的定价能力。

在提高市场份额方面，该企业通过提升门店数量和完善销售品类两个方面来实现；在创造客户价值方面，该企业通过优化门店选址、改善客户服务、加强品牌建设 3 个方面来实现。

3. 流程层面

为了实现市场层面提升门店数量和优化门店选址的目标，该企业必须在流程层面快速增开新店。在门店扩张中，该企业没有采取连锁加盟的形式，而是全部采用了自营的形式。该企业一方面实现自身的快速复制，另一方面有选择地进行收购。

财务层面要求的强化成本控制，在流程层面通过降低采购成本、降低运营成本两个方面来实现。在降低采购成本方面，该企业通过实施定牌生产（Original Equipment Manufacturing，OEM）和统一采购两方面实现；在降低运营成本方面，该企业通过新建配送中心和门店标准化两方面实现。

4. 创新层面

为了对财务层面、市场层面和流程层面形成支持，在创新层面，该企业需要做好改善人力资本效能、提升组织能力、提升信息技术（Internet Technology，IT）能力3方面的工作。

在改善人力资本效能方面的努力体现在人才配置、员工培训、激励机制上；在提升组织能力方面的努力体现在领导力发展、企业文化建设和决策机制上；在提升IT能力方面的努力体现在IT系统建设、知识管理和电子商务平台上。

2.2 绩效管理机构和分工支持

有效实施绩效管理，需要企业机构的支持，需要根据绩效管理工作中各岗位的职责进行责权划分。通过企业机构和各岗位的分工，企业全员做到各负其责、各司其职，全方位地保障绩效管理工作的实施。

2.2.1 绩效管理体系机构支持

许多企业的绩效管理难以推行的原因是总经理把绩效管理的工作全部扔给了人力资源部。需要强调的是，绩效管理绝不是人力资源部一个部门的工作，企业要想有效实施绩效管理，需要企业内各部门有机结合、划清职责、相互沟通、共同努力。

微观的绩效管理实施过程是考核人和被考核人之间形成的，针对被考核人绩效而进行的一系列沟通和管理过程。宏观的绩效管理过程是由企业董事会发起，由绩效管理委员会负责承接，由绩效管理团队负责推进实施，由人力资源部负责监督执行，由数据提供部门协助支持，最终体现在企业上下级日常工作中的管理过程。

企业实施绩效管理需要形成和参与的机构包括绩效管理委员会、绩效管理团队、人力资源部、数据提供部门。

实施绩效管理的各支持机构之间的关系如图2-2所示。

在这些实施绩效管理的支持机构当中，比较关键的岗位包括

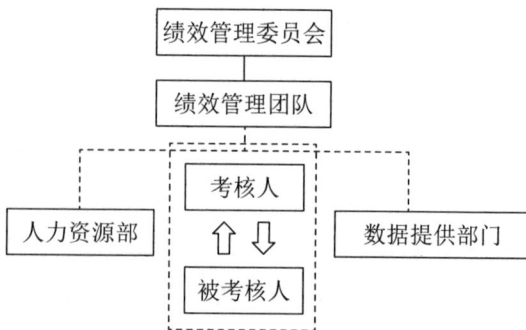

图2-2 实施绩效管理的各支持机构之间的关系

企业的总经理、分管人力资源管理的副总经理、人力资源部的绩效管理实施人员，还包括微观绩效管理中的考核人（通常是各部门管理者）和被考核人（通常是企业全体员工）。

2.2.2　绩效管理体系责任划分

为了更好地实施绩效管理，相关机构、岗位具有不同的定位、职责和分工，具体内容如下。

1. 绩效管理委员会

它通常是企业绩效管理的顶层设计机构，负责从总体上把握绩效管理的方向、尺度、深度和温度（员工感受），同时监控绩效管理的实施过程，落实绩效结果的应用。它一般由企业最高领导层中的核心成员组成，如董事长、董事会核心成员、大股东代表等。

绩效管理委员会的职责通常如下。

- 企业绩效管理制度的审核、评估和执行，确保绩效管理的客观、合理、和谐。
- 对企业目标的制订提出建议，并持续跟进目标的完成情况。
- 听取各方意见，不断完善绩效管理的实施过程。
- 定期召开例会或紧急会议，并将会议结果公示。
- 绩效考核申诉的最终裁定。
- 监督绩效结果的执行、应用，以及改进方案的推进、执行。
- 对绩效持续无改进者做出必要的人事变动安排。
- 设计并实施绩效结果的奖惩方案。
- 持续改进企业的绩效管理体系，保证绩效管理的程序公平、人际公平、结果公平。

2. 绩效管理团队

它通常是绩效管理工作的具体实施机构，负责实施过程中实操层面的组织、推进、引导和审核工作。它一般由企业的核心管理团队担任，如总经理、副总经理、各部门总监、财务中心负责人、人力资源部负责人等。

绩效管理团队的职责通常如下。

- 修订、审核企业的绩效考核管理制度。
- 协助拟定企业的总体绩效目标，参加绩效管理会议。
- 审议高管的年度绩效合同内容。
- 督导企业绩效管理具体工作的开展。

- 接受绩效申诉，权衡结果，给出意见并报绩效管理委员会。
- 定期组织召开企业绩效评价会议。
- 审核企业各部门及分公司、子公司的考核工作，并汇总分析考核结果。
- 组织与开展企业绩效面谈工作。
- 组织企业内部的绩效管理培训。
- 必要时召开临时会议。

3. 总经理

总经理在绩效管理工作中的地位最为重要和特殊，他既是考核人又是被考核人。相对于董事会来说，他是被考核人；相对于企业各部门负责人来说，他是考核人。他通常是绩效管理团队的组长，而且应当是企业绩效管理推进工作的最高指挥官。

总经理的职责通常如下。

- 审批企业副总经理及以下人员的绩效管理制度。
- 传递企业对部门绩效的要求和期望。
- 在充分沟通的基础上，与所管理部门的负责人制订并签署绩效承诺。
- 对企业副总经理及以下人员的绩效申诉进行裁决。
- 主持召开绩效管理团队会议（包括定期例会和业绩评价会议）。
- 讨论企业有关绩效管理的政策、制度和办法。
- 审批企业副总经理及以下人员的奖金分配办法。
- 作为组长，代表绩效管理团队签发相关文件。
- 作为组长，对绩效管理团队讨论的问题做最终的裁决。

4. 分管绩效管理或人力资源管理的副总经理

这个角色通常负责企业绩效管理工作的整体推进、监控和实施，是绩效管理中的一些重大事项的决策者之一。他通常会担任绩效管理团队的副组长。

分管副总经理的职责通常如下。

- 审核企业的绩效管理制度。
- 分解企业的绩效目标。
- 审核各职能部门的绩效业务指标，并定期回顾和调整。
- 监督检查副总经理以下级别人员绩效申诉处理过程的公正性。
- 审核企业副总经理及以下人员的奖金分配办法。
- 作为副组长，协助组长组织召开绩效管理团队会议。
- 协调各部门和人力资源部推进企业的绩效管理工作。
- 负责与各部门及分公司、子公司沟通和反馈最终考核结果。

5. 各部门管理者

这个角色是企业绩效管理的具体执行者，这部分人员的素质以及对绩效管理的理念决定了绩效管理工作能否真正落地。

各部门管理者的职责通常如下。

- 负责对本部门员工实施绩效管理工作，包括设定绩效目标、过程中的检查和辅导、收集考核数据、沟通和反馈考核结果。
- 与直接下属签署绩效合约，并进行持续的绩效沟通。
- 评估直接下属的绩效，协调解决其在评估中出现的问题。
- 向人力资源部提供考核数据结果以及对绩效体系的意见。
- 协调处理下属员工的绩效申诉。
- 与下属员工进行绩效面谈。
- 帮助下属员工制订绩效改进计划。
- 根据绩效评估结果和人事政策做出职权范围内的人事建议或决策。

6. 人力资源部

人力资源部是绩效管理的实施机构，负责绩效考核的组织工作。

人力资源部的职责通常如下。

- 拟定并完善企业的与绩效管理相关的制度，完善企业的绩效管理体系。
- 组织并指导各部门建立绩效考核的指标、目标和标准。
- 实施绩效管理培训，明确绩效管理流程，设计并提供与绩效管理相关的工具。
- 建立绩效管理档案。
- 受理各部门的绩效申诉。
- 收集、汇总、分析各方对绩效管理工作的反馈意见。
- 组织并指导相关数据的收集工作，并收集、汇总、分析考核结果。
- 根据评估结果和企业的人事政策，向决策者提供人事决策的依据和建议。

7. 数据提供部门

它是考核数据的提供机构，是指所有可能需要提供与绩效管理相关数据的部门，包括财务中心、数据中心、信息中心等部门。

数据提供部门的职责通常如下。

- 负责提供绩效目标需要的相关信息或数据，并做出必要的分析。
- 负责提供绩效指标实际完成情况的相关数据。

8. 所有被考核人

被考核人是企业价值的创造者，也是企业绩效的具体产出者。

被考核人的职责通常如下。

- 充分认识并理解企业的绩效管理体系。
- 与直接上级沟通确定自己的绩效目标，并签署和执行绩效责任书。
- 以良好的心态与直接上级进行绩效沟通。
- 既要肯定自己的优势，也要积极面对自身的不足。
- 努力提高自身能力，更好地履行本岗位职责，争取获得更好的绩效。

2.3　其他管理体系与绩效管理

除了企业战略、企业文化、组织机构以及各岗位的职责分工外，绩效管理的实施还需要其他管理体系的支持，如作为人力资源管理体系基础的岗位管理体系、承接企业战略的计划管理体系以及用于制订绩效指标和目标的预算管理体系。

2.3.1　岗位管理体系支持

岗位管理体系是人力资源管理体系的基础，它直接与绩效管理体系、薪酬管理体系形成关联并相互作用，保证企业能够持续不断地吸引、激励、保留优秀人才。有了岗位管理体系，企业就可以根据职等职级确定薪酬和福利的标准；绩效考核的结果又可以作为个人升职、降职、调薪、激励、惩罚的依据。

岗位管理体系与薪酬绩效管理体系之间的关系如图 2-3 所示。

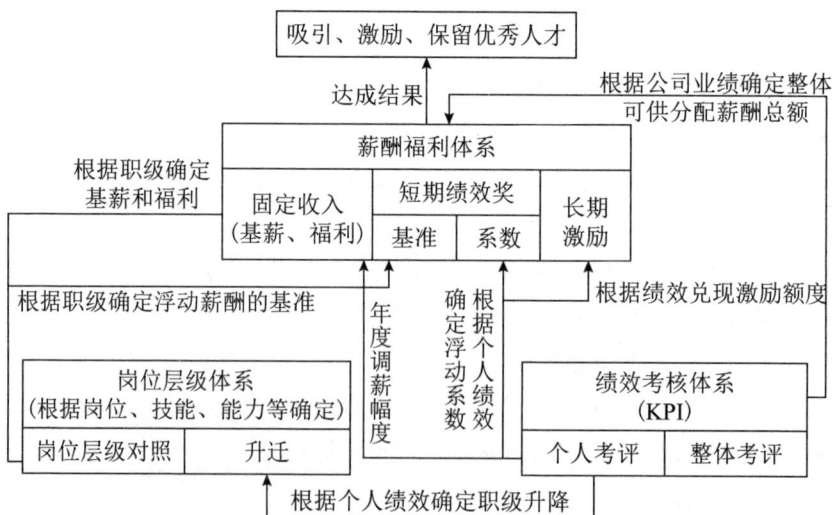

图 2-3　岗位管理体系与薪酬绩效管理体系之间的关系

岗位管理体系包含的内容有岗位层级、岗位族群（序列、角色）、岗位发展通道、岗位图谱和称谓、岗位管理制度、岗位说明书，如图2-4所示。

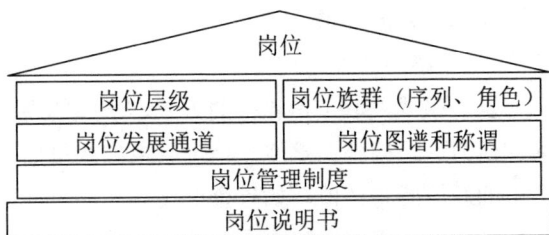

```
                    岗位
┌──────────────┬──────────────────┐
│   岗位层级    │ 岗位族群（序列、角色）│
├──────────────┼──────────────────┤
│ 岗位发展通道  │   岗位图谱和称谓    │
├──────────────┴──────────────────┤
│           岗位管理制度            │
├──────────────────────────────────┤
│           岗位说明书              │
└──────────────────────────────────┘
```

图 2-4　岗位管理体系

1. 岗位层级

岗位的层级划分是企业管理的纵向权限分布，是岗位的汇报层级关系，是岗位的相对价值分布。企业可以通过专业知识、岗位能力、贡献大小、业务领域影响力等角度来测量岗位的价值，划分岗位层级。

2. 岗位族群（序列、角色）

岗位族群是由一系列工作内容相近，岗位任职者所需的知识、技能相近，工作领域相近的岗位组成的岗位集合。对岗位族群做进一步细分，可以形成岗位序列和岗位角色。

建立岗位族群体系，一是为人力资源调配提供一个新的工具，实现对数量庞大的岗位进行动态管理；二是建立多通道的职业发展路径，拓宽员工在企业的发展空间，增强对核心人员的保留与激励；三是可以针对不同岗位族群，制订个性化的人力资源管理配套方案，包括薪酬激励、培训与发展、人员选拔与流动、绩效管理在内的人力资源管理平台。

某企业以价值链为基础在某族群下的岗位序列、角色划分如图2-5所示。

	序列	管理序列	人力资源序列	财务管理序列		行政序列	
辅助活动	角色	高层管理	人力资源	财务	审计	档案管理	行政文秘
	序列	技术序列		科研项目序列	质量控制序列		安环序列
	角色	技术研发	生产工艺	项目管理	质量检测	体系认证	安环管理
	序列	后勤保障序列					信息序列
	角色	保安	司机	厨师	宿管	勤杂	信息管理
基本活动	序列	采购序列	生产序列				市场序列	
	角色	物资供应	仓库管理	设备维修	生产实施	生产统计	市场开发维护	售后服务

图 2-5　某企业以价值链为基础在某族群下的岗位序列、角色划分

3. 岗位发展通道

（1）横向职业通道。

这种模式采取工作轮换的方式，横向的调动使工作具有多样性，使员工焕发新的活力、迎接新的挑战。岗位轮换方式虽然不能带来加薪或晋升，但可以增加员工的新鲜感和价值。如果企业没有足够多的中高层职位提供给员工，而长期从事同一项工作使人倍感枯燥无味，可采用此种模式。

（2）双重职业通道。

这种模式把职业通道分成管理通道和技术通道两条通道，沿着管理通道可以通往职级更高的管理职位；沿着技术通道可以通往更高级的技术职位。在企业中，两个通道在同一等级上的地位和利益是平等的。员工可以自由选择两条通道中的任意一条通道发展。这种模式可以保证企业既拥有高技能的管理者，同时又拥有高技能的专业技术人员。

（3）多重职业通道。

这种模式在双重职业通道的基础上将职业通道分成多个通道，为员工提供更多的机会和发展空间。如管理通道上的员工发展到一定层级后，有的企业为其提供带领团队创业或者成为合伙人的机会；技术通道上的员工发展到一定层级后，有的企业为其提供技术带头人通道或技术管理人员通道。这种模式为员工提供了更多的选择职业发展方向的机会。

岗位发展通道如图 2-6 所示。

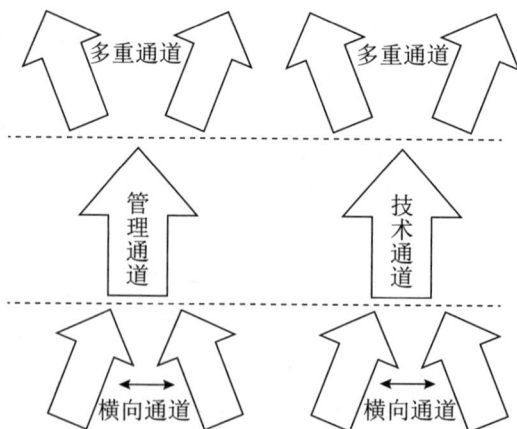

图 2-6　岗位发展通道

4. 岗位图谱和称谓

（1）确定图谱中的称谓。根据岗位族群序列结果和岗位层级确认结果，横纵交叉选取图谱中的称谓。

（2）确定岗位角色，根据岗位称谓细分工作角色。

某企业岗位图谱和称谓之间的关系如图 2-7 所示。

对应等级	管理通道岗位称谓	技术通道岗位称谓
16～18	总监	首席工程师
13～15	高级经理	资深工程师
10～12	经理	高级工程师
7～9	高级主管	中级工程师
4～6	主管	工程师
1～3	专员	助理工程师

图 2-7 某企业岗位图谱和称谓之间的关系

5. 岗位管理制度

完整的岗位管理制度，至少要包括目的、适用范围、原则、定义、支持文件（其他相关的制度或规定）、岗位设置、岗位编制、岗位分类、岗位等级、任职资格、晋升管理（条件、方式、选拔、评定）、降级管理、转岗管理、借调管理、待岗管理、转正管理、离职管理等内容。

6. 岗位说明书

如果一家企业没有完善的岗位说明书就盲目地开展绩效管理工作，其结果注定是失败的。岗位说明书上的工作内容都是在企业发展战略的基础上通过岗位工作分析而来的，这些工作正是对其岗位员工进行考核的重点指标。岗位说明书是在岗位工作分析的基础上形成的书面文字资料，它不但避免了各岗位工作的重复，同时也避免了部分工作无岗位负责的情况，还避免了出现问题找不到责任人的现象。

岗位说明书的格式因企业发展阶段、需求、岗位分析的目的等因素的不同而不尽相同，可繁可简。标准岗位说明书模板如表 2-1 所示。

表 2-1 岗位说明书模板

×× 岗位说明书					
岗位编码		岗位名称		所属单位	
所属部门		直接上级		直接下级	
下属人数		文件正本存放		文件副本存放	
岗位设置目的					

续表

工作关系：

内部关系联系的内容	
外部关系联系的内容	
工作权限	
1	
2	
3	
工作职责	
职责 1	
主要任务	（1） （2）
职责 2	
主要任务	（1） （2）
职责 3	
主要任务	（1） （2）
工作时间、地点、设备与环境	
工作时间	
工作地点	
工作设备	
工作环境	
关键业绩指标	
任职要求	教育背景： 从业经验： 知识结构： 工作能力： 个性特征：

本岗位说明书有效期限：_____年___月___日至_____年___月___日					
编制人员		审核人员		批准人员	
编制日期		审核日期		批准日期	

2.3.2　计划管理体系支持

绩效管理的关键是对过程的管理而不是对结果的管理。计划管理是一个推进绩效过程管理的有力武器，是对实现绩效过程行动计划的分解工具，是让绩效管理变成一种可以操作的常态化工作的管理保障。

当企业战略确定之后、战略目标明确之后、战略地图绘制之后，为了保证战略的最终实现，企业同样需要计划管理。计划管理战略的有效承接，是所有经营管理行动的依据，是对下一阶段工作的有序安排。

在某部门制订某个结果类绩效指标和目标后，为了实现该指标和目标，通过分解，往往还需要一系列具体的步骤和行动计划。对这些步骤的逐项梳理、分步实施、过程管控，形成了企业的计划管理。

计划管理可以分成六大关键要素，分别是目标、行动、内容、资源、时间、责任人，如图 2-8 所示。

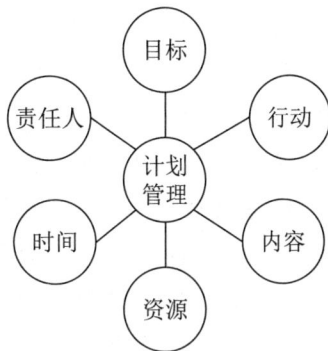

通过对计划管理的六大关键要素的梳理，企业能够清晰地回答要完成某个目标时，需要采取什么样的行动计划、行动计划中需要包括什么样的内容、行动过程中需要哪些资源的支持、整个行动的持续时间、行动计划中各事项结果的责任人分别是谁等问题。

计划管理的全过程可以分成 4 个步骤，分别是制订计划、执行计划、回顾计划和总结计划，如图 2-9 所示。

图 2-8　计划管理的六大关键要素

图 2-9　计划管理的 4 个步骤

制订计划的过程是根据工作事项的紧急程度和重要程度，明确阶段性的工作计划和工作目标，落实责任人的过程。同时，明确实施计划过程中需要的资源需求，包括需要什么人的支持、需要哪些物资、需要多少资金、需要哪些部门协同等。

执行计划的过程是责任人按照计划中的进度、目标和资源支持的要求完成计划的过程。执行计划的过程中要注意保持上下级之间紧密的沟通，及时获取相关的信息，根据情况随时修改计划中关键的行动。

回顾计划的过程是对执行计划过程中出现的问题进行复盘和修正的过程。回顾计划可以分成差距分析和经验总结两方面的重点工作。差距分析是回顾计划实施情况和计划之间的差距；经验总结是对如何避免遇到问题，以及遇到问题后如何解决的回顾总结。回顾计划并不是等计划完全结束后才进行的，而是在计划实施的过程中分阶段进行的。

总结计划的过程是对整个计划实施结果评判和分析的过程。总结计划的过程可以从计划的进度、计划的质量和计划的成本 3 个维度进行总结。计划的进度总结的是计划有没有在预定的时间内完成，计划的质量总结的是计划中任务完成的质量情况，计划的成本总结的是整个计划是否超过预定的投入。

2.3.3　预算管理体系支持

在管理比较成熟的企业中，预算管理已经是企业经营管理中不可或缺的一部分。预算管理是根据企业的战略和经营管理活动,对各子企业、各部门合理分配人、财、物的资源，以便企业能够更好地实现自身战略的过程；是为实现战略规划和经营目标，按照一定程序编制、审查、批准的，以量化形式表现的企业预算期内经营、投资、财务活动的统筹计划。

企业预算管理中的全面预算与企业战略目标之间的关系如图 2-10 所示。

全面预算的内容包括经营预算、投资预算和财务预算三大部分。其中，经营预算包括供应预算、生产预算、销售预算、期间费用预算和其他经营预算等；投资预算包括固定资产投资预算、权益性投资预算、债券投资预算、项目投资预算和其他投资预算等；财务预算包括利润预算、现金预算和财务状况预算等。

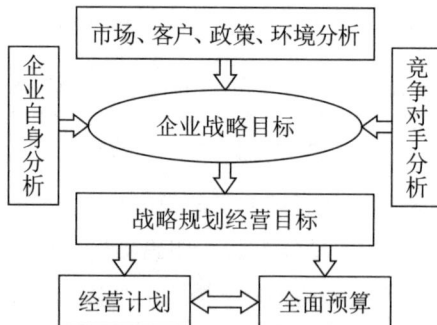

图 2-10　全面预算与企业战略目标之间的关系

全面预算包含的内容如图 2-11 所示。

战略规划经营目标

固定资产投资预算
权益性投资预算
债券投资预算
项目投资预算
其他投资预算

投资预算

经营预算

供应预算

产品存货预算
材料存货预算
采购预算
应付账款预算

生产预算

产品质量预算
直接材料预算
直接人工预算
间接材料预算
制造费用预算
产品成本预算
产品质量预算
产品存货预算

销售预算

发货数量预算
发货收入预算
应收账款预算
销售成本预算
销售毛利预算

期间费用预算

销售费用预算
管理费用预算
财务费用预算

其他经营预算

应交税费预算
计提折旧预算
职工薪酬预算
其他往来预算
资产减值预算
固定资产变动预算

财务预算

利润预算

营业外收支预算
利润表预算
利润分配预算

现金预算

现金收支预算
现金流量表预算
融资预算

财务状况预算

所有者权益预算
资产负债表预算

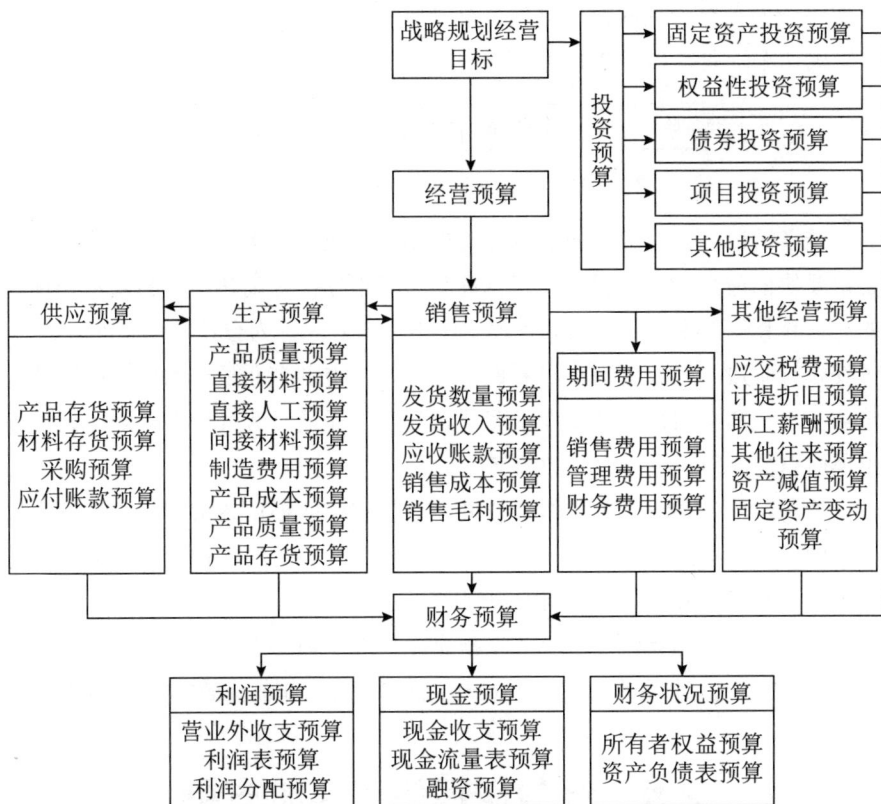

图 2-11 全面预算包含的内容

在企业中，预算管理和绩效管理是两套相互配合、密不可分、相辅相成的管理体系。当预算管理有绩效管理的配合时，企业才有可能实现预算目标；当绩效管理有预算管理的支持时，绩效指标和目标的制订才有依据。

通过全面预算管理的实施，企业的战略目标分解成了不同部门、不同岗位的预算目标，进而变成了各部门、各岗位绩效评价的准绳。实施绩效管理之后，将实际结果和预算进行比较，便于各部门、各岗位的工作业绩得到正确的评价，有利于各岗位员工了解当前存在的问题，同时能够在一定程度上提高员工的积极性。

预算管理和绩效管理的配合，将奖金分配、利益分享以及股权激励计划同业绩目标的实现相联系。其中的业绩目标正是来自企业及部门预算中的数据。在预算管理为绩效管理提供参照值的同时，管理者还可以根据预算的实际执行结果去不断修正、优化绩效管理体系，确保绩效评价结果更加符合实际，真正发挥评价与激励机制的作用。

实施全面预算管理的操作过程，可以分成准备阶段、执行阶段、评价阶段、复盘阶段 4 个阶段，如图 2-12 所示。

准备阶段 ⇨ 执行阶段 ⇨ 评价阶段 ⇨ 复盘阶段

图 2-12　实施全面预算管理的 4 个阶段

在准备阶段，企业应当成立预算管理小组，组织并编制企业的预算。预算管理小组要协助最高管理者明确经营目标和预算指标；明确各部门的职责和预算编制的方法和具体要求；明确预算管理工作推进的时间，为会计核算做准备。

在执行阶段，预算管理小组要保证年度预算得到企业最终的批准；协助企业划定业务审批的权限；协助企业管理层召开月度业绩经营分析会；对在某些预算上出现问题的部门，进行预算的调整。

在评价阶段，预算管理小组要协助绩效管理团队根据各部门的职责设置相关责任人的绩效指标，制订对责任人预算管理和绩效管理的评价标准，制订责任人的绩效水平对其薪酬或奖金影响的规则。

在复盘阶段，预算管理小组要根据企业预算管理在上一年中的运行情况，查找存在的问题，进行评估和改进，为下一年预算管理工作的有效实施提供经验支持。

2.4　绩效管理信息系统支持

传统的绩效管理方式因为效率低下，已经很难满足现代企业面对复杂、多变的环境时对于绩效管理的需要。为了适应现代企业的发展需求，企业应当利用现代的绩效管理信息系统，实现绩效管理的系统化、标准化、信息化，实现绩效管理工作的高效、及时、公开。

2.4.1　绩效管理信息系统设计

绩效管理信息系统引入和设计的目的，是提高绩效管理的效率，提高企业绩效管理水平。为了实现这一目标，企业在设计绩效管理信息系统时，需要遵循如下原则。

1. 实现信息化的效果

在绩效管理开展的初期，企业需要通过纸媒进行绩效数据的传输和评价，不仅绩效数据的收集困难，而且数据处理的过程复杂。在企业人员编制有限，追求人员效能最大化的企业中，绩效管理工作通常很难得到监督和控制，绩效管理体系实际上很难得到有效的执行和实施。

引入绩效管理信息系统，能够解决绩效评价过程中的数据收集难的问题、数据处理过程过于复杂的问题以及绩效评价过程中难以监控的问题等。通过绩效管理信息系统设计，企业能够实现对绩效评价过程良好的控制与管理，能够发现绩效评价过程中存在的问题，从而为绩效管理体系的不断完善提供有效的支持。

2. 节省管理成本

在绩效管理不能实现信息化管理的时候，绩效管理人员为绩效管理工作付出的工作成本较高。绩效管理体系的信息化应当能够节省大量的人力、物力和财力。

绩效管理信息系统的界面应当简单、易懂，能够为实施绩效管理体系提供便利。绩效评价信息可以通过系统进行自动收集和汇总，并在企业内部广泛共享，从而形成有效的集成管理，能够节省绩效管理人员的大量时间。

3. 能够满足二次开发

绩效管理信息系统要具备一定的开放性，以及强大的二次开发能力。要能够满足外部的市场变化、企业未来的发展以及内部人力资源管理业务流程的需要，并且可以通过持续不断地升级来提供相应的支持。

4. 能够满足模块需求

绩效管理信息系统要包含能够满足和实现绩效管理标准流程的模块。如要能够通过绩效管理体系实现绩效管理流程中比较关键的绩效指标分解和设置过程、绩效计划制订过程、绩效辅导过程、绩效评价过程、绩效反馈过程以及绩效结果应用过程等模块的系统化。

2.4.2　绩效管理信息系统功能

绩效管理信息系统的功能包括如下内容。

1. 企业机构管理

绩效管理体系中要能够实现对企业组织机构以及绩效管理组织机构的对应设置。组织机构间的层次关系，决定了绩效信息的传送路径。组织机构的相关信息最好通过数据接口与企业的电子人力资源管理（e-Human Resource，e-HR）系统的组织机构信息实现信息共享。

2. 用户信息管理

绩效管理过程更多的是考核人与被考核人通过账户信息来操作绩效管理体系的过程。绩效管理体系中的用户是参与绩效管理的全部用户。绩效管理体系应当能够根据企业全体员工的基本信息，实现实名制管理。与机构管理模块相同，用户信息管理同样最好通过 e-HR 系统与企业的人员信息实现数据共享。

3. 绩效指标管理

绩效指标管理体系要能够实现满足企业需要的绩效指标体系的自动存储和数据的自动抓取、自动运算。对于不同分公司或者不同岗位，绩效指标管理能够支持不同的绩效方案，实现不同绩效方案下绩效指标的运算和处理。

4. 绩效方案管理

绩效方案管理包括绩效考核的对象、绩效考核的分类、绩效指标的项目、绩效指标的采集方法、绩效指标的权重、绩效计算模型、绩效分析方法、统计报表与图表、绩效管理奖励的方法等有机组合。

5. 绩效计算模型管理

绩效计算模型管理指的是所有绩效指标的计算和数据分析方法。为了保证在配置不同的绩效管理方案时都能够引用这些绩效指标的计算函数，一般需要将绩效指标的计算函数标准化为通用的计算模型。

6. 绩效工资管理

绩效工资管理指的是企业在得出各岗位绩效结果之后，能够根据绩效管理的制度和规则，计算各子公司或各部门的绩效工资总额，确定各岗位的绩效工资分配。

7. 绩效查询分析

绩效管理信息系统配有各类条件查询、固定条件查询、灵活条件查询等功能模块，方便用户查询使用。同时有相应的统计报表与图表功能，包括定制、浏览、导出和打印等功能。时间段可以选择年报、季报、月报、无固定期等，或者可以按照任意选取的时间段提取、处理和呈现数据。分析表可以是二维图表，也可以是三维图表。

8. 绩效反馈管理

在一个绩效周期结束后，需要依据绩效结果执行工作，这时候，可以利用绩效反馈功能模块公布一些绩效信息。根据绩效结果进行绩效奖励或惩罚，必要时还需要对绩效方案进行改进，同时还要考虑到处理绩效实施过程中的相关信息。

9. 其他功能

绩效管理信息系统的其他功能包括员工自助和综合信息平台，主要用于各级机构和用户之间的信息交流。系统后台最好包含定制、维护和管理模块，能够定制功能管理、角色管理、用户管理、角色信息项权限限制、信息集管理、信息项管理以及信息值管理等模块，并对系统后台进行管理。

2.4.3 绩效管理信息系统数据接口

绩效管理信息系统需要做的数据接口如图 2-13 所示。

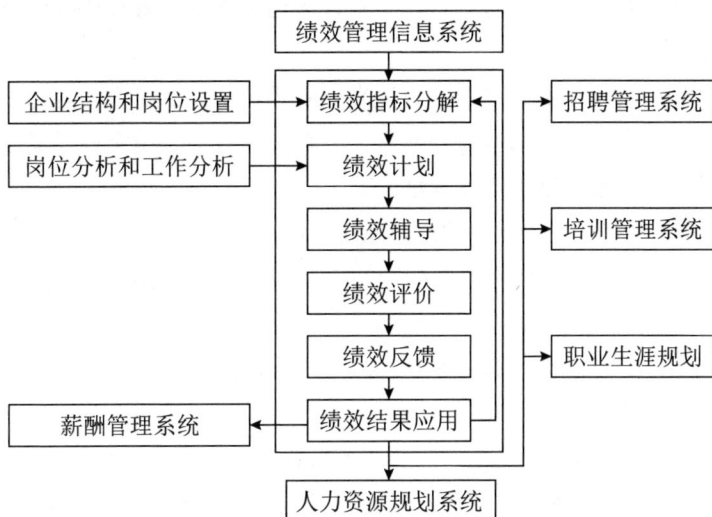

图 2-13 绩效管理信息系统数据接口

绩效管理信息系统本身应当实现绩效指标分解、绩效计划、绩效辅导、绩效评价、绩效反馈和绩效结果应用的绩效管理内部循环。绩效管理的相关数据信息首先要能够在内循环中完成传输。

对于绩效指标分解的模块，绩效管理信息系统应当与企业结构和岗位设置的相关信息系统做数据接口，让企业结构和岗位设置的相关数据能够直接指导绩效指标由上至下地进行科学设置和分解。

在绩效计划的模块，绩效管理信息系统应当与岗位分析和工作分析的相关信息系统做数据接口。由岗位分析和工作分析形成的岗位管理体系的相关信息能够为绩效计划分部门、分岗位、分职责、分权重制订提供有用的数据信息。

绩效结果应用应当关联薪酬管理系统，让绩效结果体现在与薪酬相关的信息中，并且能够直接通过系统传输。利用系统间的数据传输，自动计算薪酬信息。

绩效管理信息系统还可以与人力资源规划系统、招聘管理系统、培训管理系统以及职业生涯规划系统做数据接口。通过企业绩效的总体状况，为下阶段的人力资源规划提供信息支持；为招聘管理的规划和评估提供数据支持；为培训管理提供需求和评估上的数据支持；为职业生涯规划提供数据参考。

2.4.4　绩效管理信息系统选择

能够提供绩效管理信息系统支持的品牌厂商很多。在软件市场上，不论是国外的软件系统还是国内的软件系统，企业都应当根据经营管理所处的阶段和自身的需要进行选择。

在选择绩效管理信息系统时，首先要注意系统应该满足企业内部多用户并发的基本操作、满足多业务口径操作等绩效管理实施方的各类个性化需求。除此之外，绩效管理信息系统至少还要满足如下条件。

（1）需要具有美观、友好的用户系统界面。

（2）操作方便、简单，便于用户快速学习、掌握并使用。

（3）系统安全、可靠，易于维护。

（4）具备人机交互响应的基本性能，保证即时响应。

（5）能够建立绩效管理的数据库，满足绩效管理和应用的需求。

（6）具备良好的可扩展性，能够实现与企业其他系统的接口对接。

（7）能够达到对各子企业、部门和员工做出对应奖惩的准确性和及时性。

（8）能够为绩效管理工作搭建一个绩效信息公开、透明的技术平台。

（9）通过升级，能够适应今后一段时间内可能引入的更先进的绩效管理理念的需求。

2.5　绩效管理制度支持

绩效管理制度是指导绩效管理的纲领性文件，是整个企业都必须遵守的规则。绩效管理制度编写的质量，影响绩效管理的质量。企业在制订绩效管理制度时，需要特别注意绩效管理制度的分层策略、指导思想以及主要内容。

2.5.1　绩效管理制度的分层策略

绩效管理制度的分层策略来源于企业组织机构中的管理层次和按照岗位性质划分的岗位层次。

任何组织机构按照管理和汇报关系的不同，都可以分成 3 层，即决策层、管理层和执行层。绩效管理制度同样可以按照 3 个管理层级的不同特点，分别制订对应的规则。

决策层一般指的是企业的最高管理者及高级管理人员。绩效管理制度应当结合绩效管理策略，注重结果类指标、效益类指标的导向，注重决策偏向长期行为的导向，把决策层的利益与企业的长远发展结合在一起。

管理层一般指的是企业的中层管理者，包括各子企业负责人、各部门负责人等。绩效管理制度应当强化对管理层工作过程和结果的双重规定，要平衡他们在工作结果和工作过程之间的关系。

执行层一般指的是企业的普通员工和基层操作人员。绩效管理制度的侧重点应当是岗位职责的履行、日常行为规范的遵守以及上级交办的工作任务的执行 3 个方面，强调对工作的检查和落实，形成良好的企业执行文化。

根据岗位属性的不同，岗位所要求的素质、知识、能力、经验也会有所不同，绩效管理制度的侧重点同样应有所不同。这种不同主要体现在绩效与薪酬的关系上。

对于销售类岗位，绩效管理制度一般可以规定实行底薪加提成的方式，销售绩效越高，提成工资越高；对于生产类岗位，绩效管理制度可以规定实行计件工资制，生产绩效越高，计件工资越高；对于其他管理类岗位，可以实行岗位工资加绩效工资的绩效工资模式。绩效工资同样与岗位绩效直接相关。

2.5.2　绩效管理制度的指导思想

企业在制订绩效管理制度时，要注意遵循以下基本的指导思想。

1. 实用性

企业在制订绩效管理制度时，要充分考虑自身的人力资源管理水平以及企业的经营特点和行业特点，按照需要思考绩效管理方案制订和实施所需要的人力、物力和财力；要明确现在实行的绩效管理工具和方法是否适合企业的特点。

2. 简要性

绩效管理制度编写不要出现大篇幅的专业术语，不要写太多非操作层面的大道理，不要不加处理地罗列一些比较复杂的流程，语言要足够简单易懂，让普通员工能够迅速看明白。

3. 公平性

不论用什么方法进行绩效管理和评价，都要保证公平性和客观性，要以客观事实为依据，对被考核人做出实事求是的准确评价。绩效管理制度应当避免人为造成的绩效评价结果与员工实际工作绩效出现较大差距的情况。

4. 公开性

绩效评价的工作过程应当是公开的，绩效评价的程序、标准、方法和时间都应当公开。当所有员工都清楚的时候，他们才可能积极地参与到绩效管理工作中来，而不是被动等待来自上级的考评。同时，绩效评价的结果也应当是公开的，以便于员工比较和查找自身差距，找到努力的方向。

5. 全面性

绩效管理制度中规定的绩效评价要素要包括工作岗位的各个方面，应当概括评价工作岗位的内容和任职要求。在绩效评价的事件、时间和形式上同样要保证全面性，保证被考核人能够得到全方位、多层次、多渠道的评价。

6. 稳定性

绩效管理制度一旦制订，就应当保持一定的稳定性。如果制度朝令夕改，员工会对企业的管理水平产生怀疑，不利于员工队伍的稳定。所以在制订绩效管理制度之前，要充分调研、仔细设计和详细论证。必要的时候，应当邀请绩效管理的专家参与到论证的过程中。

7. 可变性

可变性与稳定性并不冲突。稳定性是相对稳定，但不是不能变化。随着市场环境、科技发展、劳动方式的变化，企业的战略、经营计划、岗位工作方式等都在不断发生变化。一成不变的绩效管理制度难以满足复杂多变的环境，所以企业在操作过程中必须根据需要，不断地修正和改进绩效管理制度。

2.5.3 绩效管理制度的主要内容

一套完整的绩效管理制度，至少要包括绩效管理部门、绩效管理原则、绩效管理体系、绩效指标体系、绩效指标权重、绩效评价周期、绩效结果表示、绩效工资计算、绩效沟通规则、绩效申诉机制、绩效结果应用等方面的规定。

1. 绩效管理部门

绩效管理制度中要规定本企业绩效管理工作的管理机构及职责分工，不同岗位人员在绩效管理工作中应当承担的职责，绩效管理工作由谁负责管理、谁负责落实、谁负责实施、谁负责监督和检查、谁负责跟踪评估和改进等。

2. 绩效管理原则

绩效管理原则是企业绩效管理工作的纲领性、指导性思想。绩效管理制度本身不可能涵盖所有的情况，也不可能完全考虑到绩效管理工作的变化和发展。这时候就需要绩效管理原则作为行动的指导。

3. 绩效管理体系

有了管理体系，才有实施的保障。明确了管理方法，才能指导绩效实施。绩效管理体系是为了明确企业绩效管理实施的运作机理、各项环节的运行流程、各类作为支持的子系统或者某些为了实现目标的机构设置的具体规则等方面而形成的管理体系。

4. 绩效指标体系

绩效指标体系包括企业层级、部门层级、员工层级的绩效指标。绩效指标的设计不要拘泥于某一种绩效管理工作，可以根据需要采用多种形式的指标组合。设定绩效指标时要注意统一性、针对性、简明性、公平性、对等性、具体性以及可操作性。

5. 绩效指标权重

绩效指标权重有两层含义：一是对于同一岗位，不同绩效指标所占的权重；二是对于同一被考核人，不同考核人评价所占的权重。这两部分权重对绩效结果的影响都很大，在绩效管理制度中都应当对其有具体、明确的规定。

6. 绩效评价周期

绩效评价周期一般根据部门或者岗位的职位等级、工作性质、工作量化程度以及绩效工资的发放时间等项因素确定。确定后，要在绩效管理制度中规定对于不同职级和岗位的人员绩效评价周期的具体时间跨度。

7. 绩效结果表示

绩效结果表示是对绩效评价最后对应的等级或优劣给出的符号定义。有的企业按照优劣顺序，把绩效结果分为 A、B、C、D、E；有的企业把绩效结果分成优秀、良好、合格、基本合格、不合格；有的企业把绩效结果分成超越目标、基本达标、未完成。

8. 绩效工资计算

在绩效管理制度中，要明确绩效工资与绩效结果之间存在什么样的关系。因为绩效工资涉及每个员工的切身利益，在制订绩效工资计算方法时要注意表述清晰、明确、简单，并且加入计算的案例。

9. 绩效沟通规则

绩效沟通贯穿整个绩效管理的始终，却又很容易被考核人忽略。比较重要的绩效沟通环节包括对绩效计划的沟通、绩效辅导的沟通、绩效反馈的沟通。在绩效管理制度中，对于绩效沟通的具体操作需要有明确具体的要求。

10. 绩效申诉机制

在实施绩效管理的过程中难免会产生一些争议，绩效管理制度中要明确、具体地规定绩效申诉的流程、方式以及过程中需要注意的事项，以免员工因为申诉无门而影响工作积极性或在私下传播负面信息。

11. 绩效结果应用

对绩效评价的结果如何应用在绩效管理制度中要进行详细的规定。注意绩效管理制度中规定的绩效结果应用方式应当是企业能够切实履行的，而不应只是概念上或者想法上的。

2.6 绩效管理实施准备

"凡事预则立，不预则废。"绩效管理工作因为其特殊性，在企业中关系到各方的切身利益，所以企业在实施绩效管理工作前，应当特别注意做好充分的准备工作，不要盲目地实施。

2.6.1 绩效管理团队组建

为了保证企业的绩效管理工作得到强有力的实施和推进，在绩效管理的前期筹备工作中，企业首先要组建一支团队，负责企业绩效管理工作的调研、计划、筹备，使绩效方案得到充分的沟通并达成一致意见，保障绩效管理能够有效、有序地推行并实施。

这个团队，可以作为绩效管理工作运行时绩效管理团队的前身。团队的组长最好由总经理担任。为了保证绩效管理工作能够落实到各级岗位中，可以由各子企业或各部门的负责人或核心管理人员担任组员。

这里需要注意，人力资源部的负责人不可以当组长，但可以作为副组长或组员实际协调小组内的工作。一旦人力资源部的负责人当了组长，很容易导致其他部门认为绩效管理工作是人力资源部的职责，是人力资源部自己应该做好的工作，可能出现其他部门不配合的情况。

推进绩效管理工作的团队要具备如下特征。

（1）具备绩效管理工作运行所需要的管理权力。

（2）具备把绩效管理工作深入工作岗位的影响力。

（3）了解企业的企业文化、经营管理和业务领域。

（4）具备推行绩效管理所需要的知识、能力和经验。

绩效管理团队组建完成后，下一步是关于团队成员权责的划分，以及对组员具体工作任务的部署。

2.6.2 绩效管理推进程序

在正式开展绩效管理工作之前，绩效管理的推进程序一般可以分成 5 步，如图 2-14 所示。

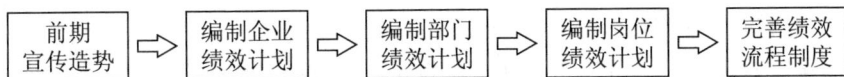

图 2-14 绩效管理的推进程序

1. 前期宣传造势

在前期宣传造势的环节，绩效管理团队应当组织召开绩效管理的启动会，有条件的企业应当召集企业中参与绩效管理工作的全体员工参加启动会。在启动会上，企业总经理应说明推动绩效管理工作的必要性，以及绩效管理工作的实施计划。

启动会结束后，绩效管理团队可以展开正式的前期访谈和调研工作。访谈和调研可以采取实地访谈的方法，也可以采取问卷调查的方法。访谈和调研的内容主要是当前主要人员对绩效管理的认识，调查其是否清楚自己在绩效管理中的角色。

根据访谈和调研的结果，绩效管理团队应当开展企业绩效管理的导入培训。培训内容应当包括绩效管理的作用、实施、内容以及各岗位在绩效管理工作中应当承担的职责和具体工作。培训过程注意简单、直接，减少讲道理的环节，增加实操的内容。

2. 编制企业绩效计划

在编制企业绩效计划时，首先需要进行战略研讨。战略研讨可以以高层访谈、召开战略研讨会的形式进行，过程中绩效管理团队应与企业的决策层进行充分讨论以明确企业的发展战略。如果战略尚不明确，绩效管理团队应当引导决策层形成清晰、明确的战略。

绩效管理团队要对绩效管理实施需求的支持措施和要素进行梳理，列出所有可能阻碍绩效管理实施的事项以及绩效管理实施需要支持的事项，把事项分配、落实到责任人，要求责任人制订行动计划，并明确具体的时间节点和行动内容。

绩效管理团队要提前进行企业的业务流程以及价值结构的分析，同时要进行企业机构的梳理、岗位职责和工作分析以及任职资格体系的建设。

绩效管理团队要根据企业战略在前面一系列工作的基础上，绘制企业的战略地图，设计企业层面的绩效指标，并把指标分解到总经理、副总经理以及高管岗位中，编制形成企业的经营绩效计划。

3. 编制部门绩效计划

编制企业绩效计划以后，绩效管理团队要分析各部门的职能和关键业务流程，分别访谈相关部门的中层管理人员，了解他们的工作目标、工作职责和工作内容。根据企业层面的绩效指标，绩效管理团队将指标分解到中层管理人员中，并根据中层管理人员的岗位职责进行职能指标的补充。

绩效管理团队首先可以形成部门初步的绩效指标，然后再次访谈各部门中层管理人员，就初步形成的 KPI 进行讨论、沟通、修改，形成确定的部门层面的KPI 体系，构建出部门层面的目标与绩效计划。

4. 编制岗位绩效计划

由于企业岗位较多，针对岗位绩效计划的编制，绩效管理团队可以首先形成少数典型岗位的样例，然后通过该样例在企业内进行推广，让考核人和被考核人按照岗位绩效计划的形成过程自行制订岗位绩效计划。

绩效管理团队可以访谈 5 个标准职位的直接上级，了解标准职位的职责和业务活动，初步确定标准职位的绩效指标，并编制绩效计划。然后再次访谈 5 个标准职位的直接上级，就初步确定的指标与绩效计划进行沟通，最后修改并确定 5个标准职位的绩效计划。

绩效管理团队就以上述 5 个标准职位绩效指标的总结和绩效计划的制订过程为样本，在企业内进行推广。

5. 完善绩效流程制度

在形成了企业层面、部门层面和岗位层面的绩效指标和绩效计划之后，绩效管理团队要与人力资源部共同编制绩效管理流程和绩效管理制度，设计绩效管理的流程文件，形成绩效管理的制度框架和文件汇编。

注意，以上绩效管理推进程序在开展时，绩效管理团队可以形成一份绩效管理前期推进工作的计划表。计划表中至少应当包括工作活动的具体内容、相关责任人、时间进度安排和产出成果 4 个方面的内容。

2.6.3 绩效管理工具选择

绩效管理工具非常多，如为绩效管理提供思路的 MBO、KPA、KRA、KPI、OKR、BSC 和 360 度评估等，以及为绩效评价提供支持的关键事件法、行为锚定法、行为观察法、加权选择法、强制排序法、强制分布法等。

企业在选择适合自己的绩效管理工具时，要考虑多种因素。不同行业、不同发展阶段、不同企业，所采用的绩效管理方法和构建出来的绩效管理体系是完全不一样的。

在企业的初创期，内部制度和流程不完善，一般管理会比较粗放。这个时期的管理以人治为主，管理者的经营管理能力决定了企业的发展。在这个时期，企业的战略通常只有大方向的，并不明确具体。企业的管理重点是持续经营下去。

在初创期，企业可以采用的绩效管理工具有 OKR、关键事件法、强制排序法、强制分布法。许多企业在初创期为了减少管理成本，也可以只定义工作的大方向，不设置绩效管理的具体指标。

在企业的成长期，企业规模开始迅速扩张，企业的经营目标逐渐明确，逐渐形成清晰的战略，需要企业自上而下协同努力，共同实现企业战略。这时候，通过绩效管理，统一各部门的目标，提高各部门的效率就显得非常重要。

在成长期，企业可以采用的绩效管理工具有 MBO、KPA、KRA、OKR、360度评估、行为锚定法、行为观察法，让每名员工确定自己的绩效目标并付诸行动。

在企业的成熟期，企业的业务已经比较成熟，外部的市场相对稳定，内部各岗位的工作也相对平稳。如果企业已经经过 5 年以上的绩效管理，企业整体的绩效管理过程将同样趋于稳定。

在成熟期，企业可以采用的绩效管理工具有 KPI、BSC。通过对各岗位日常工作中 KPI 的提炼、分解、定义，企业整体绩效水平有效提升。

在企业的衰退期，企业的某些业务开始出现萎缩。企业进入产品的调整、技术的创新、资源的整合时期，为下一轮的成长做准备。在衰退期，企业可以采用的绩效管理工具并不固定。在这个时期，绩效管理的关键是创新。企业应当根据实际情况创新绩效管理方法，而不要拘泥于某一种特定的形式。

总之，所有的绩效管理工具都具有各自的优缺点，不是每一种绩效管理工具都适用于每一家企业，也不是引入了某一种绩效管理工具就可以代替企业的正常管理。企业应当根据自身实际情况选择适合的绩效管理工具，以便达到绩效管理的目的，提高企业的绩效水平。

2.6.4 绩效管理周期确定

在实施绩效管理之前，企业应当确定实施绩效管理的周期。一般来说，绩效管理的周期应当根据岗位的职级和属性的不同有所不同。

对于管理岗位，根据职责权限和管理属性的不同，一般越往高层，绩效管理的周期可以越长；越接近基层，绩效管理的周期应当越短。岗位职级绩效周期特点与绩效周期的关系如表 2-2 所示。

表 2-2　岗位职级绩效周期特点与绩效周期的关系

管理岗位职级	绩效周期特点	绩效周期
高层管理者	长	年度、半年度
中层管理者	中	半年度、季度、月度
基层管理者	短	季度、月度、周

岗位类别按照工作属性划分，一般可以分为技术研发类、销售业务类、行政管理类、生产操作类、客户服务类 5 类岗位。设置这 5 类岗位的绩效周期时考虑的因素如下。

技术研发类岗位一般因为产品研发的周期较长，应当设置较长的绩效周期。对于项目类的岗位可以将项目的周期作为绩效周期。如果项目周期较长，可以根据项目周期的阶段划分情况设置绩效周期。技术研发类岗位未实行项目制的企业，可以根据企业情况，以季度、半年度或者年度为单位设置绩效周期。

销售业务类岗位由于需要即时性的激励，绩效周期不能太长；但是由于销售业务类岗位通常会有回款的问题，这类岗位的绩效周期也不能太短。所以销售业务类岗位的绩效周期的时间长度一般居中，根据企业情况可以月度、季度或半年度为绩效周期。

行政管理类岗位在绩效管理过程中往往需要耗费较高的成本，如果绩效周期设置的时间较短，则可能需要付出较高的管理成本；如果绩效周期设置的时间较长，则可能达不到管理的效果。所以行政管理类岗位的绩效周期的时间长度一般也居中，根据企业情况可以月度或季度为绩效周期。

生产操作类岗位因为每天都要从事生产劳动，生产劳动的结果能够得到即时的体现。所以生产操作类岗位的绩效周期应当设置得较短，根据企业情况可以天、周或月度为绩效周期。

客户服务类岗位同样因为几乎每天都要和客户打交道，客户服务的结果往往能够得到即时的体现，尤其是对于客诉处理，更是应当尽快处理、分秒必争。所以客户服务类岗位的绩效周期一般比较短，根据企业情况可以天、周、月度为绩效周期。

技术研发类、销售业务类、行政管理类、生产操作类、客户服务类岗位的绩效周期特点及绩效周期的关系如表 2-3 所示。

表 2-3　不同岗位类别的绩效周期特点与绩效周期的关系

管理岗位类别	绩效周期特点	绩效周期
技术研发类	长	按照项目周期、按照项目阶段性周期、季度、半年度、年度
销售业务类	中	月度、季度、半年度
行政管理类	中	月度、季度
生产操作类	短	天、周、月度
客户服务类	短	天、周、月度

2.6.5　绩效管理意识培训

为了减少绩效管理的培训次数，对企业全体员工进行绩效管理意识的培训可以分成两大类：一类是对中高层管理人员的培训，另一类是对基层员工的培训。

中高层管理人员培训的重点内容如下。

1. 绩效管理的意识

绩效管理是让企业和员工双赢的工具，在对中高层管理人员的培训中，要说明实施绩效管理的好处。如果不能让中高层管理人员真正明白绩效管理的好处，他们便不会真心支持绩效管理工作。失去了中高层管理人员的支持，绩效管理必将举步维艰。

2. 绩效管理的理念

绩效管理虽然是人力资源部牵头的工作，但是在具体的操作过程中，有大量需要中高层管理人员实施和配合的工作。即使人力资源部划分了职责和工作任务，也不可能实施全部检查。要做好绩效管理工作，更需要中高层管理人员自身具备正确的管理理念。

3. 绩效管理的方法

相对于人力资源部或者绩效管理人员，中高层管理人员才是绩效管理的真正主角，所以他们必须掌握绩效管理的具体方法和应用工具。

4. 绩效沟通的方法

绩效沟通在绩效管理过程中不仅容易被忽略，而且在实施的过程中常常出现问题。不懂沟通、不会沟通、不愿沟通，是中高层管理者最容易出现的问题。

基层员工培训的重点内容如下。

1. 绩效评价的认识

许多基层员工认为企业运行绩效管理的目的是扣员工的工资。在培训中要改变员工的观念，让员工认识到绩效管理其实是帮助员工提高自身的能力，提高工作的业绩。员工提高绩效水平，企业能够获得效益，员工也能提高工资，最终实现企业和员工的双赢。

2. 绩效管理的职责

基层员工在实施绩效管理的过程中同样有对应的职责和任务。在培训中要向基层员工说明其应当履行的具体职责，应当进行的具体工作任务，以及他们应该如何配合各级管理者实施绩效管理，如何查找绩效问题，如何更好地提升能力，如何提高绩效水平。

3. 企业的战略目标

清晰的目标、明确的方向有助于员工理解和认识工作的价值。通过绩效管理的培训，向基层员工传达企业的战略规划及承接战略规划的部门规划，宣传企业的目标，增强员工的目标意识。

需要注意的是，实施绩效管理的培训并不能保证全体员工都能够积极参与到绩效管理的工作中。如果有部分员工自始至终对绩效管理抱有抵触情绪，绩效管理人员也不必感到沮丧，应当清醒地认识到真正优秀的、在工作中愿意付出努力的、踏踏实实做事的员工不会反对绩效管理的实施。因为通过绩效管理的实施，企业将认可他们的价值。

那些反对绩效管理实施的，通常是不优秀的员工。在没有实施绩效管理的时候，他们不需要付出努力，也能够得到与努力者相同的报酬；但实施绩效管理之后，他们感到自身的利益可能受损，所以才会坚决反对。通过绩效管理，企业正好可以对这部分人加强管理。

第 3 章

如何设计绩效指标

　　绩效指标的设计是绩效管理流程的第一步。绩效指标并不是戴在被考核人头上的"紧箍咒"，而是被考核人与考核人之间达成的一种对于目标和结果的默契，是考核双方都认可的、未来的行动方向。

3.1 绩效指标初步设计

对绩效指标的初步设计和分解的过程是将企业目标分解后，先自上而下地分配给各部门，由各部门分配给各岗位，再自下而上地沟通、调整、确认的过程。经过这一系列过程最终确认的绩效指标，能够保证企业整体目标的实现。

完整、通用的绩效指标通常包含指标定义、指标设置目的、指标计算公式或衡量标准、指标统计周期、指标数据来源、指标在岗位内的权重等项目。

3.1.1 绩效指标类别划分

按照不同的标准，绩效指标可以被划分成不同类别。企业应当在不同的场景、不同的环境、不同的层级和不同的岗位中有针对性地应用不同类别的绩效指标。

如果按照绩效指标是否体现在最后的财务数据上划分，绩效指标可以分成财务指标和非财务指标。如销售额、毛利额、利润额等指标都属于财务指标，顾客满意度、员工流失率、生产计划完成率等指标都属于非财务指标。

如果按照绩效指标能否被量化划分，绩效指标可以分成定量的指标和定性的指标。如人均招聘成本、人均人力费用、人均培训时间等指标都属于定量的指标，企业制度的健全程度、内部沟通的顺畅程度、某员工的工作态度表现等指标都属于定性的指标。

如果按照表示数量和表示比率划分，绩效指标可以分成数量指标和比率指标。如销售收入、顾客投诉次数、客流数量等指标都属于数量指标，费用率、毛利率、达成率等指标都属于比率指标。

如果按照来源于企业的内部还是外部划分，绩效指标可以分成外部指标和内部指标。如市场占有率、顾客满意度、供应商满意度等指标都属于外部指标，商品损耗率、商品盘点差异率、产品毛利率等指标都属于内部指标。

如果按照绩效指标指向结果还是指向过程划分，绩效指标可以分成结果类指标和过程类指标。如产品营业收入、客户成交量、毛利率提升等指标都属于结果类指标，拜访客户数量、与客户电话沟通数量、合同签订数量等指标都属于过程类指标。

如果按照绩效指标在不同时间长度上的显现情况划分，绩效指标可以分成长期指标和短期指标。如一段时期的毛利额、员工在一段时期内的离职率、员工在一段时期后的转正率等指标都属于长期指标，会议纪要完成的及时性、培训评估的及时性、档案存档的及时性等指标都属于短期指标。

如果按照指向业绩还是指向行为划分，绩效指标可以分成业绩类指标和行为类指标。如销售额增长率、成本降低率、利润提升率等指标都属于业绩类指标，会议召开次数、顾客投诉处理次数、培训次数等指标都属于行为类指标。

如果按照工作任务的重要性以及发生的频率划分，绩效指标可以分成重要任务指标和日常任务指标。如完成企业的融资计划、完成企业的上市计划、完成企业资源计划（Enterprise Resource Planning，ERP）系统上线计划等这类任务都属于重要任务指标，完成安全培训计划、完成质量检查计划、完成设备检查计划等这类任务都属于日常任务指标。

另外，根据指标的重要程度，绩效指标可以分成关键指标和非关键指标；根据指标是否被提前列于计划中，绩效指标可以分成计划内指标和计划外指标；根据指标是否通用或专用，绩效指标可以分成通用型指标和专用型指标；根据指标之间是否存在关联性，绩效指标可以分成关联性指标和独立性指标；根据指标是为当前业务还是为未来发展，绩效指标可以分成业务指标和发展指标等。

3.1.2　绩效指标设定原则

绩效指标不能随意地设定，在设定绩效指标或绩效目标时，需要遵循一些基本的原则和注意事项。

1. SMART 原则

绩效指标的设定应遵循 SMART 原则，具体内容如下。

S（Specific）指的是绩效指标要是具体的、特定的、明确的，而不能是笼统的。

如某企业年终目标对于销售收入的界定，如果只把绩效指标简单地定义为销售收入则不够明确。因为销售收入有含税和不含税之分，也有营业性收入和非营业性收入之分。销售收入的确认方式也可能存在异议，是严格按照财务准则进行销售收入的确认，还是因为是内部绩效考核，所以可以按照销售合同的金额确认销售收入？也要明确销售收入的确认期限，年销售收入究竟指的是从某年的 1 月 1 日 00：00 之后到该年 12 月 31 日 24：00 之前确认收款的收入，还是发出产品的收入？

如果关于绩效指标的描述不能解释以上疑问，那么这类绩效指标就是存在问题的。

M（Measurable）指的是绩效指标是可以被衡量的，具体可以细化为可以被量化的或可以行为化的，同时验证这些绩效指标的数据或信息是可以被获得的。

例如，某企业的总经理助理岗位同时肩负着一些公共关系维护的职责，因为这项职责是非常重要的，所以为了能够考核这一职责的行使情况，该企业总经理希望在该岗位的绩效考核中加入这一指标。

这时候，如果不加处理地直接加入这项指标，那么这项指标就是不可被衡量的，因为它不能被量化或行为化。如果要加入，则必须对这项职责进行进一步的关键行为分解或关键流程聚焦。

A（Attainable）指的是可实现的，是指绩效指标在员工付出努力之后是能够被实现的，也可以理解为不要过高或者过低地设定绩效目标。

例如，某企业所在的行业规模一直比较稳定，该企业近几年的发展也一直比较平缓。该企业前 5 年的年均销售收入增长率都在 8% 左右，且每年的差异不大。为了推动企业快速发展，董事会聘请了一位职业经理人，并且期望把该职业经理人的年均销售收入增长率指标定在 20%。

如果企业的经营管理没有较大的变化，市场也没有较大的变化，那么这项指标的设定就显得过高。这可能会造成揠苗助长的情况，不利于企业的健康发展；也可能会让这位职业经理人在努力之后，还是达不成绩效指标时积极性受挫。

R（Relevant）指的是相关性，意思是绩效指标对实现企业目标或战略有所帮助，同时绩效指标之间要具有一定的关联性。

例如，某企业的人力资源部为了实现企业战略，制订了相应的人力资源规划。为了保证规划的实施，人力资源部制订的绩效指标中包含了组织员工读书会的次数、组织员工活动的数量等。这些绩效指标虽然对员工成长和员工关系构建有所帮助，但与人力资源部目标和企业战略目标的关联性并不大。

T（Time-bound）指的是时间限制，就是绩效目标的实现要有一定的期限。

例如，某企业的销售部门中的某销售岗位员工为了承接部门的年度销售任务目标，给自己制订的目标是发展 30 名新客户。可是发展的新客户并不能实现马上成交。如果实现年终目标要求实际发生交易，那么发展 30 名新客户的目标应该在某个时间节点之前完成，否则很可能无法帮助部门实现目标。

2. 绩效指标设定注意事项

在进行绩效指标设定时，需要注意如下事项。

● 绩效指标要承接企业的战略目标和经营计划。

● 绩效指标要涵盖企业中具有关键影响的事务。

- 绩效指标要体现对企业最重要的贡献和行为。
- 绩效指标要包括企业中最核心的结果和过程。
- 各层级的绩效指标之间要有关联性和承接性。
- 绩效指标的设定要面向未来，有一定的前瞻性。
- 要兼顾财务指标和非财务指标，并保持平衡。
- 所有的绩效指标都必须具有科学性和操作性。
- 要根据不同部门和岗位的具体情况进行设定，具有针对性。
- 绩效指标不是一成不变的，应定期修改更新。

3. 数量和权重

不论是企业、部门还是岗位的绩效指标，一般来说都应当把绩效指标的数量控制在 5 ～ 8 个。如果绩效指标太多，员工会分不清轻重，顾此失彼；如果绩效指标太少，可能会让员工太强调和注重某一方面，而忽略了其他方面。同时，绩效指标是有权重分配的，对于重点指标应当设置较大的权重。

3.1.3　绩效指标分解原理

绩效指标分解是从企业到部门再到岗位的自上而下的逐级分解。绩效指标分解逻辑如图 3-1 所示。

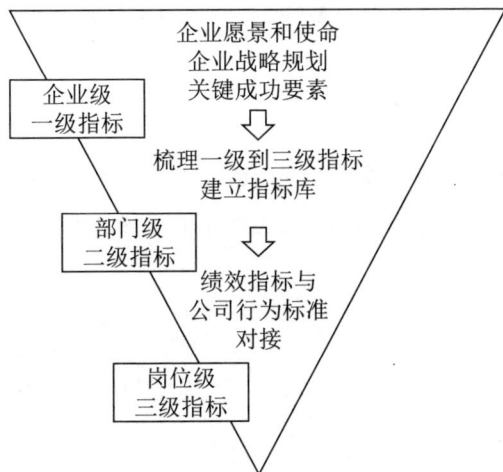

图 3-1　绩效指标分解逻辑

案例

某集团企业年底制订第二年的销售收入目标是 200 亿元，这就是企业目标。

该集团企业的销售部门分设 5 个子部门，分别对应着五大区域的销售市场开发工作。每个大区根据自身的业务情况，分解这 200 亿元的公司目标。

再往下分解，将根据每个业务销售经理和每个业务员的情况，最终落实到个人层面，变成每个业务员的个人目标。这样每个业务员身上都有了具体的、量化的业务目标，每个人身上都有任务指标。如果所有业务员都完成目标了，那么企业的目标也就实现了。

绩效指标分解过程的演示如图 3-2 所示。

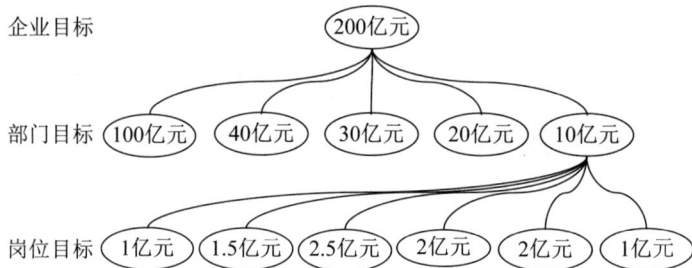

图 3-2　绩效指标分解过程的演示

案例

某企业某年的战略目标是追求净利润的最大化，按照 BSC 中财务、客户、内部经营和学习与发展 4 个维度的指标分解逻辑，企业可以将与净利润直接关联的指标分解，如图 3-3 所示。

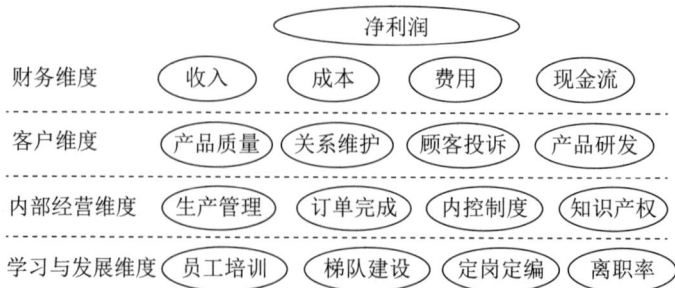

图 3-3　某企业净利润绩效指标分解示意

按照年度、季度、月度的时间维度，企业、部门、岗位的空间维度，绩效指标可以由宏观的计划逐层分解为目标和任务，如图 3-4 所示。

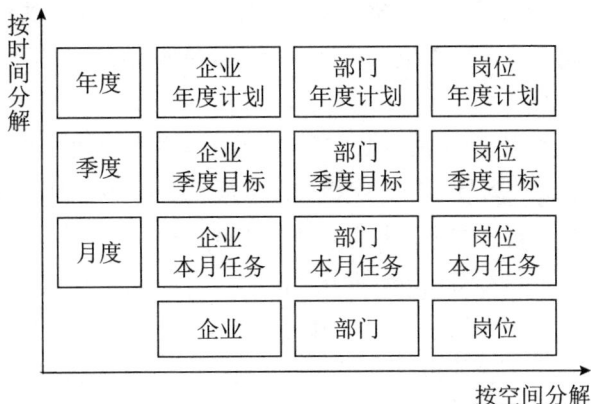

图 3-4　绩效指标按照时间和空间维度的分解示意

每个岗位绩效指标的来源可以是岗位说明书、部门绩效目标以及跨部门流程要求。将这些信息输入的来源整合后，寻找关键绩效领域，最终选择 5～8 个适合该岗位的 KPI，过程如图 3-5 所示。

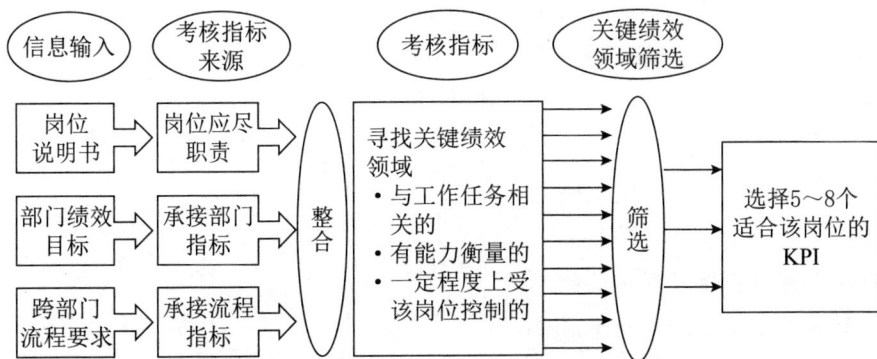

图 3-5　绩效指标的来源与确定

3.1.4　绩效指标设计程序

绩效指标设计程序可以分成 5 步，如图 3-6 所示。

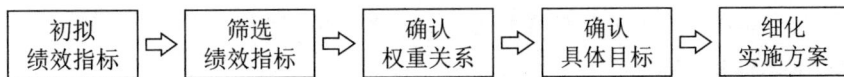

图 3-6　绩效指标设计程序

1. 初拟绩效指标

在初拟绩效指标之前，首先要确定企业的战略目标和经营计划，根据企业的战略目标确定企业的关键流程，根据企业的关键流程确定部门的绩效指标和岗位的绩效指标。在这一步，可以根据初步判断尽量多地列出绩效指标。

2. 筛选绩效指标

在初步列出的绩效指标中，往往有一些是不具备有效性、可操作性或可行性的。这时候，绩效管理人员应当组织相关人员按照绩效指标设定的原则进行筛选，避免出现没有作用、没有意义、相互矛盾的绩效指标。

绩效指标筛选的过程可以进行两次。

初次筛选时，可以采用删减的原则。绩效管理人员可以在所有列出的绩效指标中，分别剔除掉不可控的指标、不可测量的指标、对企业战略目标影响较小的指标、含义重复的指标等无效指标。

二次筛选时，可以采用挑选的原则。绩效管理人员可以在所有初次筛选后剩下的绩效指标中挑选出对企业战略目标影响最大、与企业的经济效益和业绩关联性最强、可控性最强、最易于测量的有效指标。

当企业的绩效指标全部确定后，整个企业层面的绩效指标库将形成。企业绩效指标库的示意如图3-7所示。

企业目标 ⇩ 流程目标 ⇩ 部门目标 ⇩ 个人目标

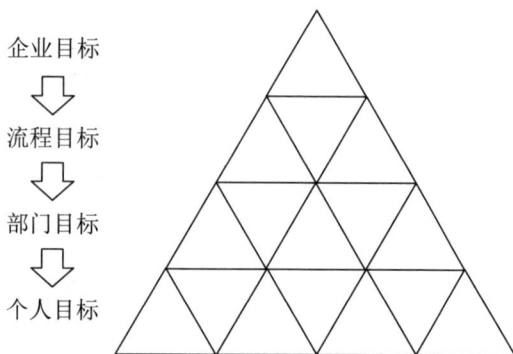

图3-7 绩效指标库的示意

3. 确认权重关系

对于企业、部门和岗位的绩效指标，应当列出一定的权重，体现哪个绩效指标是最重要的，哪个是相对不重要的。对于最重要的指标，权重数要相对大一些；对于相对不重要的指标，权重数要小一些。

4. 确认具体目标

绩效指标的具体目标来自企业战略目标向下的层层分解。目标值的设定来源于一定的财务测算，也来源于对外部市场状况、内部管理状况以及目标可行性的研究和分析。在这一步中，要慎重确认目标值的设定过程。

5. 细化实施方案

确认绩效指标的权重和目标后，接下来要形成具体的绩效管理计划。同时，得到绩效指标的各事业部和各部门也要形成绩效指标达成的行动计划。在这个过程中，绩效管理人员应注意资源的配置，进一步探讨和验证绩效指标对企业战略的支持，进一步调整不合理的绩效指标权重或目标。

3.2　绩效目标体系设置

企业的目标要想最终落地，需要其他的目标作为支持。在设计整个目标体系时，需要充分考虑其他目标对企业目标的作用和因果关系，通过逐项地实现其他目标，最终实现企业的目标。

3.2.1　绩效目标体系分解

企业目标通常可以被逐项分解成 3 个层面的目标，分别是企业目标、流程目标和任务目标。这 3 个层面的目标一般存在自上而下、由少到多的关系。这 3 个层面目标的关系如图 3-8 所示。

最顶层的企业目标，通常是具体的、能够被量化的目标。比较常见的企业目标有销售收入、经营利润、经营成本、员工或客户的满意度、企业规模增长率等。

中间层的流程目标，通常是为了达成企业目标而起到

图 3-8　3 个层面目标
的关系

关键作用的流程，即明确企业应当有针对性地做出哪些工作来承接企业目标。

最底层的任务目标，通常是为了达成流程目标而需要的具体工作任务。

案例

某大型餐饮企业，近期营业业绩有所下滑，分析后发现是到店消费的顾客数量明显下降引起的。进一步分析后发现，顾客减少的原因是顾客的满意度明显下降。

该企业前 3 年平均的顾客满意度能达到 95%。可是近期的调研数据结果出来后，店长很吃惊，顾客满意度竟然只有 85%，减少了 10%。

针对这一情况，店长制订了企业层面的目标，要把顾客满意度由 85% 提高到 95%。

可是仅这样设定目标，并不能保证目标的实现。接下来还需要从流程层面对

企业目标进行承接。

为此，人力资源部的绩效管理人员和店长一起深入调研了顾客满意度低的主要原因。结果发现，顾客满意度较低主要有两个方面的原因。

（1）上餐的时间比较长，顾客等待的时间比较长。

（2）相同的菜品口味不一致，有时候偏咸，有时候偏淡。

对于上餐时间长的问题，绩效管理人员和店长通过梳理流程发现，在用餐高峰期，店内顾客从选好餐到上餐的平均时间是30分钟，而该门店之前基本能够保证20分钟之内上餐。

于是店长把这一项的流程目标定为：在用餐高峰期，上餐时间由当前的平均30分钟缩短到平均20分钟。

怎么实现这个流程目标呢？这时就需要任务目标的支撑，接下来要对流程目标涉及的具体流程进行分解。

从点餐到上餐的流程：第一步是前台服务员接待；第二步是厨师制作菜品；第三步是服务员上菜。绩效管理人员和店长分析这3步流程当前存在的问题后发现，第一步和第三步基本没有问题，也没有太大改进的空间。目前耗时最长、最需要也最可能减少时间的环节是厨师制作菜品的环节。

绩效管理人员和店长调研后发现，当前厨师平均制作1个菜品的时间是4分钟。为了实现流程目标，必须缩短这个环节的时间。于是店长想把这项任务目标定为：厨师平均制作1个菜品的时间由原来的4分钟减少到2分钟。

具体要如何实现呢？

绩效管理人员和店长发现当前厨师在开餐前，对所有菜品提前备半成品的比例是70%。经过与厨师长沟通，发现以当前餐厅的菜品种类以及顾客每天点餐的菜品频率来看，可以把提前备半成品的比例提高到75%。

店长对这个提升比例并不满意，于是和厨师长又进行了深入的分析和挖掘，发现当前上菜速度慢的另外一个原因是为了吸引顾客，餐厅新上了一批新菜品。这些新菜品虽然口味比较好，但其制作时间比传统菜的制作时间长，这有两个原因：一是现有厨师对新菜品的制作流程不熟练；二是新菜品的制作流程比传统菜的制作流程复杂，耗时长。

要解决这个问题，绩效管理人员和店长再深入挖掘，发现这些菜品是厨师长外出学习后带回来的一系列新菜品，厨师长回来后只是进行了技能的传授，并没有进行适合餐厅大批量、高速度制作要求的改良。

经讨论，发现可改良15种菜品的制作工艺。经过对菜品的改良，店长决定把提前备半成品的比例提高到 85%。

对于菜品口味不一致的问题，店长发现问题主要也都出在这些新菜品上。于是店长同厨师长协商，决定把菜品的制作流程完全标准化，标准化菜品的原材料的重量、调味料的重量，必须精确且方便厨师操作。

经过这一系列的工作，绩效管理人员和店长就把绩效目标从企业、流程和任务3 个层面进行了细化和分解，让绩效目标更加清晰和明确，其逻辑关系如图 3-9 所示。

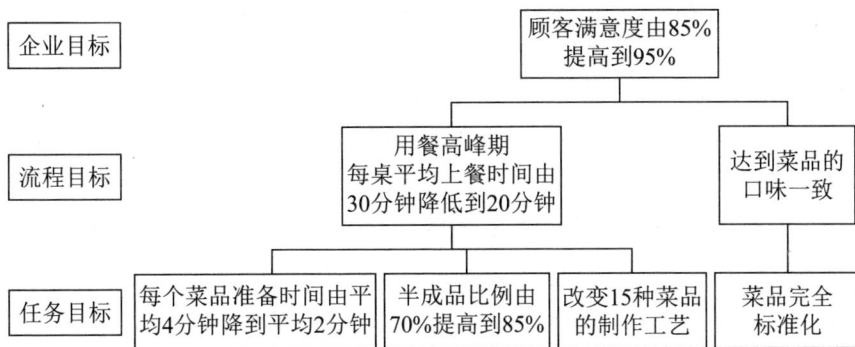

图 3-9　餐饮企业绩效目标分解示意

按照这个逻辑定出的任务目标，能够充分满足流程目标，流程目标也能够充分满足企业目标。对于这 3 个层面的目标，绩效管理人员可以将其对应到相应的岗位，找到具体的责任人，成为该岗位、该责任人一段时期内的绩效指标。

3.2.2　绩效目标体系设计

在设计绩效目标体系时，应当严格按照先明确企业层面的目标，再明确流程层面的目标，最后明确任务层面的目标的顺序进行。同时要具体情况具体分析，深入挖掘各指标之间的关系后，再进行绩效目标体系设计。

可以有多种多样的分目标来帮助企业实现目标。不同的部门，对于企业目标的实现通常可以或多或少地设计出有针对性的流程目标，并把流程目标作为部门目标而努力。针对部门目标，也可以设计出有针对性的任务目标，并把任务目标作为岗位目标而努力。

📖 案例

某产品销售公司在某城市的分公司已经成立 2 年了。为了快速扩大市场份额，经过充分的调研和讨论后，总经理决定把下年的销售业绩目标确定为增长30%。

为了实现这一企业目标，公司需要把这个目标在流程和任务层面进行分解，形成具备可行性的目标和行动。为此，人力资源部首先从人的角度制订了3个流程目标。

（1）把销售队伍的年度流失率从当前的20%降低到10%。

（2）把销售人员的招聘满足率从80%提升到90%。

（3）把销售人员的转正率从当前的70%提高到80%。

为什么要制订这3个流程目标呢？

因为如果销售人员不稳定，人才资源跟不上，业务成交的可能性就会减少。在企业的招聘能力稳定的情况下，销售人员的离职率越高，销售人才的招聘满足率会越低，人才的培养也越跟不上，这些都会直接影响公司的业绩。

销售人员的转正率与销售新人在试用期内的业绩直接相关。如果销售人员的业务能力欠缺，工作方法有问题，会无法提高自己的业绩，这不仅影响员工的提成工资，还会造成员工无法转正。员工不能转正，基本工资的水平会比较低。基本工资低、提成工资低又会进一步影响销售人员的稳定性，提高员工流失率。

所以，如果不能解决以上3个问题，便会形成人才问题的恶性循环，如图3-10所示。

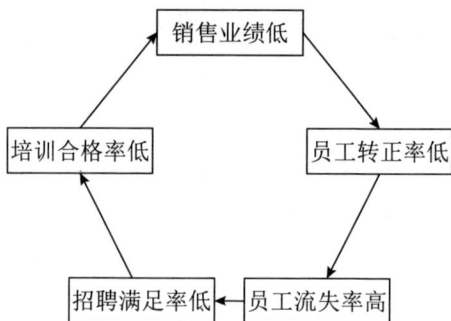

图3-10 人才问题的恶性循环

为了实现这3个流程层面的目标，人力资源部与各部门协商后，制订了4个工作任务层面的目标。

（1）销售人员新员工培训通过率达到100%。

（2）招聘渠道由现有的5种扩展为8种。

（3）销售人员初始客户的完成率达到100%。

（4）产品推介会从2个月1次增加到1个月1次。

该公司进行新员工培训的过程中会培训新员工的产品销售技能，但是之前进行的新员工培训更注重教学，不注重评价，没有模拟检验的环节。

之前，培训结束后，人力资源部并不能清楚了解参训学员的掌握情况和应用情况。所以为了改变这种情况，在新员工培训中加入检验的环节。对没有通过的销售新员工实施复训和练习，保证通过率达到 100%。

企业要保证有源源不断的新员工加入队伍，所以把招聘渠道由现有的 5 种扩展为 8 种。提高新员工的补充速度，增加招聘的满足率。

任务目标的达成将原来人才问题的恶性循环转变成了人才的良性循环，如图 3-11 所示。

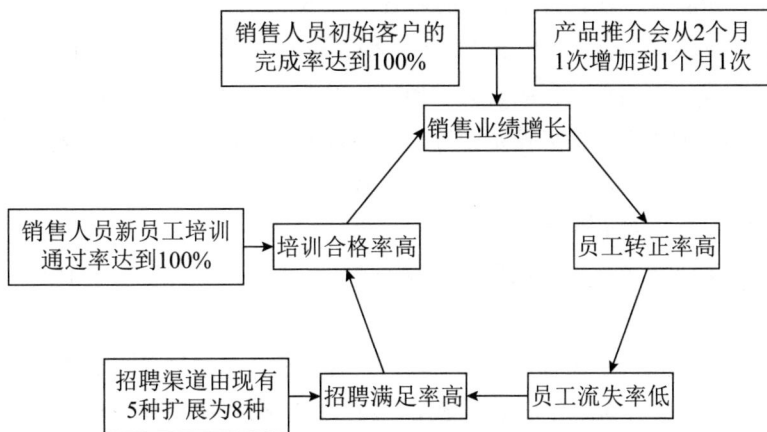

图 3-11　人才的良性循环

3.2.3　绩效目标应注意的问题

在运用企业、流程和任务 3 个层面的目标分解方法时，需要注意以下问题。

（1）目标应从上向下列出，由上向下分解。

（2）目标分解时，必须保持逻辑上的一致性。

（3）上下级目标之间要形成相互对应的关系。

（4）设定任务目标应能体现出具体的动作和行为。

案例

某商业银行在某城市的分行运用企业、流程和任务 3 个层面的目标分解方法，根据该分行的年度战略，将一项目标定为让理财客户增加 20 000 户。

把这个目标作为企业目标，该分行的管理层经过探讨后，将流程目标定为理财客户每季度增加 5 000 户，将任务目标定为加强宣传渠道、提升客户邀约率。

这种绩效目标的分解过程显然是有问题的。

（1）这里的流程目标只是对企业目标的简单分解，没有承接企业目标，而是简单地向外延伸。或者说，这里分解出来的流程目标其实就是企业目标。

（2）任务目标过于笼统，没有具体的数据，没有体现必要的动作和行动支持，员工不知道应该从何处做出努力。

为了实现目标，在设定目标的时候有一个小技巧。

《孙子兵法》中说："求其上，得其中；求其中，得其下；求其下，必败。"意思是说，我们在制订目标的时候，如果设定上等水平的目标，最后可能得到的就是中等水平的结果；如果设定中等水平的目标，最后可能得到的就是下等水平的结果；如果设定的是下等水平的目标，那么最后可能什么也得不到。

所以，如果管理者希望企业实现的销售目标是1亿元。那么他在设定目标的时候，最好把这个预期的目标设定得高一点，一般可以高出5%～10%。这时，可以把目标设定成1.05亿～1.1亿元。

不论是企业目标、流程目标还是任务目标，企业都可以采用这样的小技巧来制订。这个技巧不复杂，很容易被忽略，却常常能在绩效管理过程中发挥奇效。

3.3 如何梳理绩效价值结构

绩效管理是保证企业能够获取价值的工具。对绩效指标的设置，也应当能体现出对企业价值的承接和保障。为了体现出这种承接，企业就需要梳理企业价值创造的过程，并在关键的价值点实施管理。

3.3.1 绩效价值结构的梳理方法

绩效价值结构的梳理方法步骤如下。

（1）找到企业最顶端、最重要的产生价值的流程。

（2）总结该流程中涉及的关键过程和控制点。

（3）用这些关键过程和控制点画出价值结构图。

（4）以关键过程和控制点为核心设置指标。

下面以实体连锁店的绩效价值结构梳理为例进行说明。

第一步，明确连锁店的价值流程。连锁店最顶端的产生价值的流程是顾客来到店里购买商品。通过不同的多名顾客到店，或者一名顾客重复到店产生的购买量，给连锁店提供销售额，产生价值。

第二步，总结价值流程中的关键控制点。关键流程中有 4 个核心：一是要有顾客，也就是客流量大；二是顾客到店之后，要形成有效的购买行为，也就是成交率高；三是顾客购买的商品最好足够多，也就是客单价高；四是之前购买过商品的顾客最好可以重复购买，也就是重复购买率高。

第三步，画出价值结构图。根据第二步总结的关键流程中的 4 个关键控制点，画出价值结构图，如图 3-12 所示。

图 3-12　某连锁店的绩效价值结构梳理

第四步，设置绩效指标。通过价值结构图的梳理和绘制，人力资源部能够清晰地看出连锁店最顶层的价值结构是如何形成的。

对于线下实体连锁店来说，要形成最终的销售额，也就是价值创造的来源，需要客流量、成交率、客单价和重复购买率 4 项指标的支持。这 4 项指标和销售业绩呈正比例关系，当这 4 项指标中任何 1 项提高、其他 3 项不变的时候，连锁店的销售额将有效提升，即有效地完成价值创造。

实体连锁店要提高销售业绩，在这 4 项指标的任何 1 项指标上做出努力，都有可能达成绩效目标。但是需要注意，对于一些经营慢销品的连锁店，如房子、汽车、家电、眼镜这类商品，商品的属性决定了顾客的重复购买率会很低。

针对这一类的具体案例，为了让绩效指标更加聚焦，绩效管理人员在画价值结构图的时候，可以考虑不画重复购买率这一项。其原因是这项指标的影响非常小，可以忽略不计。

如果实体连锁店销售的商品并不属于慢销品，顾客可以有一定的重复购买行为，但是由于现在实体连锁店的实际经营状况不好，没有形成顾客大量的重复购买，那么绩效管理人员也应当将这项指标列出来，作为下一步要改善的重点项之一。

另外，需要注意上述 4 项关键指标的重要性和优先顺序是不一样的。这将为设定绩效指标后，对各项指标的占比设置提供思路。

在这 4 项指标中，客流量应当是第一位的。因为有了客流量，才可能产生后面的 3 项指标。这也就是为什么很多企业的销售人员入职后，销售经理会让他们首先寻找潜在的客户。有了潜在的客户，才有可能成交；有了潜在的客户，才有可能引导其购买更多的商品，从而提高客单价；潜在客户多了，做出同样的努力后，重复购买率自然也就增加了。

3.3.2　绩效价值结构的分解方法

继续梳理上述实体连锁店的顶层价值结构，当价值结构图画到图 3-12 的时候是比较粗糙的，这时候虽然顶层的指标是清晰的，但是并不能被直接用来实施操作，也不能作为行动的有效依据。

这时候，企业还需要继续把指标向下分解，继续往下画出更进一步的层级的价值结构，最终让价值结构分解后的绩效指标能够对应可实施、可操作的行动计划。

例如，在明确了实体连锁店的客流量是最高级流程（一级流程）中最重要的绩效指标之后，绩效管理人员可以继续向下分解，找到影响这一关键指标的其他关联指标，如图 3-13 所示。

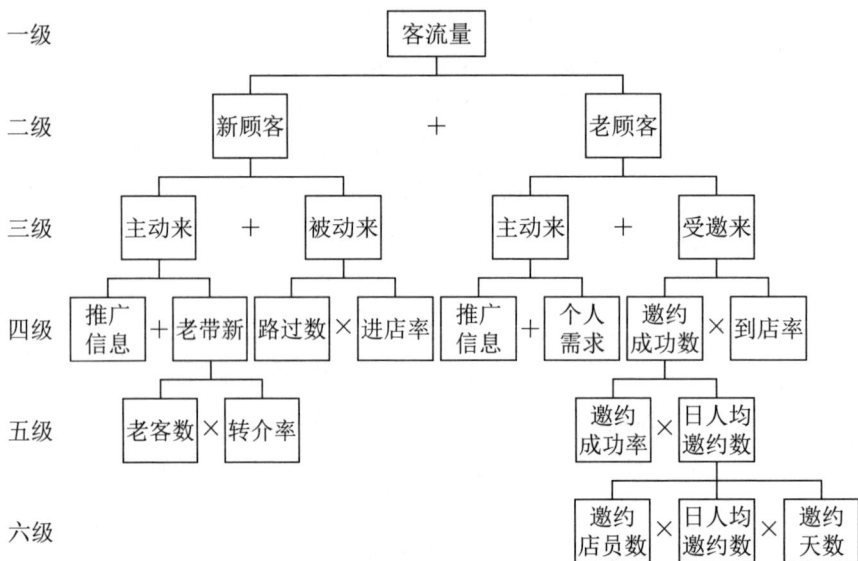

图 3-13　客流量价值结构分解

从图 3-13 中能够清晰地看出客流量的组成关系。

一般实体店的客流量是由两部分组成的，一部分是新顾客，另一部分是老顾客。提高这两项指标中的任何一项，都可以提高客流量。要提高新顾客或老顾客的数量，还需要把关联的绩效指标进一步细分。

新顾客可以分解成主动来店者和被动来店者两部分。老顾客可以分解成主动来店者和受邀来店者两部分。提高这 4 项指标中的任何 1 项，最终都可以提高客流量。

所谓主动来店者，指的是自己主动找上门的顾客；所谓被动来店者，指的是本不想到店里，但是无意中看到了这家店后进店的顾客；所谓受邀来店者，是门店主动邀请后来店的老顾客。

对于新顾客中的主动来店者，又可以分解成新顾客看到了门店的推广信息进店和老顾客带新顾客到店两部分。这时候能够看出，门店宣传推广信息对于新顾客的增加有非常直接的作用。

老顾客带新顾客到店的情况又可以分成进店的数量和老顾客本身的数量以及老客户介绍新顾客来的比率。要增加这个数值，可以从增加老顾客数量或者增加老顾客介绍新顾客来店后对老顾客的奖励两个方面来提高。

新顾客中被动来店者的数量通常和门店的位置有很大关系，因为门店的位置决定了人流量，决定了人们路过门店的可能性。而主动来店者的数量通常和门店位置的关系不大。只增加路过门店的人流量并不能保证增加被动来店者的数量，还需要通过门店的装饰、宣传等吸引顾客，以提高进店率。

对于老顾客中的主动来店者，可以分成因为门店的推广信息进店和因为个人需求进店。在这里同样能够看出宣传推广信息的重要性，其既能影响新顾客的到来，又能影响老顾客的到来。所以绩效管理人员在设置绩效指标时，可以在宣传推广信息上做文章。

受邀来的老顾客与邀约成功的数量和最终实际到店数量的比率之间有关系。邀约成功的数量与通过电话或者社交媒体进行邀约的数量与邀约的成功率有关。邀约数量与参与邀约的店员数量、日人均邀约数量和邀约天数有关。

可以通过增加邀约活动的吸引力来提高邀约的成功率和邀约成功后的实际到店率，可以通过增加参与老顾客邀约的店员人数，以及增加每个店员每天的邀约数量，或者增加店员的邀约天数，增加最终实际到店顾客的总数量。

当根据客流量延伸出来的更深层级的流程和关联指标之间的关系被深度挖掘出来之后，对更深层次的流程层面、任务层面绩效指标的设置就变得非常清晰了，而且可以把这些指标分解到部门层面和个人层面。

绩效管理人员可以根据企业自身与客流量关系最大的环节、目前比较薄弱的环节或者能够实现量化的环节设置绩效指标。这时候绩效指标的设置已经不再简单地指向最终结果，而是通过对过程指标的设置，指向绩效指标结果形成的各个关键过程。

本节对实体店客流量价值结构进行分解的主要目的是展示绩效价值结构分解的一般思路和方法。如果有从事连锁经营行业的读者，建议在参照此方法的同时，根据企业自身经营业务的实际情况操作，不要生搬硬套。

3.3.3　绩效价值结构图的应用

绩效价值结构梳理完之后，绩效管理人员应当绘制一份清晰的绩效价值结构图，其优点如下。

（1）能够帮助绩效管理人员分析和厘清现状。

（2）能够体现现状中数据与数据间的关联性。

（3）能够通过数据之间的关联性，快速发现问题，查找薄弱环节。

通过梳理、整理和绘制价值结构图，绩效管理人员会发现最终所有的价值结构图都是线性的。价值结构就像影响事情发展的一条价值链条，最终通过梳理都可以用简单的加减乘除的形式表现出来，如下所示。

销售额 =A 产品销售额 +B 产品销售额 +C 产品销售额

利润额 = 收入 – 成本 – 费用

毛利额 = 销售额 × 毛利率

成交率 = 成交客户数 ÷ 总客户数

梳理和绘制价值结构图的过程，就是把复杂的、非线性的内容线性化，然后实现绩效管理的过程。绩效价值结构图的梳理可以在 MBO、KPA、KRA、KPI、OKR、BSC 等几乎全部的绩效管理工具中得到应用。

价值结构图一般有两种画法：一种是还原现有做法，另一种是借鉴标杆经验。

还原现有做法，就是绩效管理人员根据企业现在的具体做法，梳理企业当前的价值结构；借鉴标杆经验，就是绩效管理人员认为企业现在的做法有问题，根据标杆企业的具体情况，并借鉴标杆企业的做法，改善自身企业的做法。

一般来说，还原现有做法的价值结构梳理相对比较容易。因为相关的背景相同，做法和数据比较容易获取。绩效管理人员只需要在企业内部调研，并根据当前的状况梳理即可。

借鉴标杆经验的价值结构梳理相对比较困难，而且存在一定的风险。因为许多资料的获取并不容易，如果在某些流程或数据等资料的获取上出现偏差，则有可能给企业运营提供错误信息，反而会影响企业的正常发展。

案例

————————————————————————————

某一连锁火锅企业的加盟连锁店在店面位置、店面规模、产品品类和价格情

况都差不多的情况下，客流量和销售额总是比旁边的火锅店低 30% 左右。该店店长期望提高客流量和销售额，赶超旁边的火锅店，于是和总店的绩效管理人员一起做了绩效价值结构的梳理。

他们首先根据该店当前的经营情况，梳理出一整套该店自身的价值结构图。这个价值结构图反映的是该火锅店当前的价值生成过程。在梳理完自身的价值结构图后，店长和绩效管理人员一起根据价值结构图来找问题、找机会，并形成具体的绩效指标和行动计划。

此后，虽然客流量和销售额都有小幅提升，但还是没有达到竞争对手的水平。为此绩效管理人员和店长又深入调研竞争对手的价值结构，并把自己店的价值结构和竞争对手的价值结构进行了比较。

经过比较，他们发现在许多关键的价值流程上，竞争对手的做法确实比较好。例如，在吸引客流量方面，竞争对手推出了"进店扫描二维码并转发至社交媒体即可赠送用餐优惠券"活动；在吸引老客户多次消费方面，竞争对手开展了"会员卡充值返券赠礼品"活动以及用餐过程中的抽奖活动；在客户服务方面，竞争对手实行餐品不满意可以无条件退款等措施。

于是，店长把值得借鉴的、好的做法加到了自己店的价值结构中，并改变了自己店的部分运营流程。一段时间后，该店的客流量和销售额明显提高，并达到了竞争对手的水平。

3.4　绩效指标权重与目标的设置

绩效指标权重设置是绩效评估的关键。由于绩效结果对企业战略的贡献度不同，部门或者岗位的工作重心不同，绩效指标应有一定的权重之分。合理分配绩效指标的权重能够帮助企业更有效地进行绩效管理。

3.4.1　设置绩效指标权重的方法

绩效指标权重的设置方法非常多，比较常见的方法包括根据企业的生命周期，根据专家评审求平均值的方法，以及根据质量评分法算加权得分的方法等进行权重划分，其具体的操作方法如下。

1. 企业生命周期法

一般来说，企业的生命周期天然决定了各项指标的设置权重。企业在自上而下地设置绩效指标的时候，可以充分考虑企业生命周期对绩效指标权重的影响，将其有效地运用到部门和岗位的绩效指标设计中。

企业生命周期对绩效指标的影响如表 3-1 所示。

表 3-1　企业生命周期对绩效指标的影响

绩效指标类别	创业期	发展期	扩张期	成熟期
财务指标	3	4	5	4
市场指标	2	5	4	4
客户指标	2	3	5	4
研发指标	5	4	2	4
战略管理指标	1	2	3	5

注：表中 5 代表程度最高，1 代表程度最低。

2. 专家评审法

专家评审法是指组成专家团，专家团中的专家作为评委，独立对当前所有的绩效指标权重进行评价，根据专家评价的结果取平均值，得出最终的绩效指标权重。

案例

某企业根据战略和绩效价值结构分解，对销售部门设置的绩效指标分别为销售额、毛利额、顾客数量增加、回款率、销售费用控制 5 项。为了确认这 5 项指标的权重，绩效管理人员组织了绩效管理专家组。

该专家组成员由总经理、常务副总经理、分管销售的副总经理以及 2 位外部的咨询顾问组成。专家组成员对销售部门 5 项绩效指标的权重设置实施独立评价，得到的最终结果如表 3-2 所示。

表 3-2　专家组成员对销售部门绩效指标评分结果

绩效指标	A 评委	B 评委	C 评委	D 评委	E 评委	平均值
销售额	30%	40%	25%	20%	35%	30%
毛利额	10%	5%	15%	10%	10%	10%
顾客数量增加	30%	25%	35%	40%	35%	33%
回款率	20%	25%	20%	20%	15%	20%
销售费用控制	10%	5%	5%	10%	5%	7%

3. 质量评分法

质量评分法是先设定好绩效指标大类的比例，由绩效管理人员根据绩效指标的质量评分得出每项指标的加权得分，然后计算出指标权重值的方法。绩效指标的质量评分可以根据需要设置，一般包括战略相关性、指标与岗位的关联性以及岗位的可控性等，也可以根据企业需要设置其他的质量评价项。

案例

某企业对某部门设置的绩效指标分成两大类：一类是关键业绩指标，另一类是企业安排的重大任务指标。这两大类指标的权重已经确定，分别是70%和30%。其中关键业绩指标有3项指标，分别是指标1、指标2和指标3；重大任务指标有2项指标，分别是指标4和指标5。

该企业的绩效管理人员决定采用质量评分法确定各项绩效指标的权重。经绩效管理委员会讨论，决定采用战略相关性、指标与岗位的关联性以及岗位的可控性3项指标作为质量评分项，占比分别为60%、20%、20%。

经过对5项指标的最终评分，得出指标的权重结果如表3-3所示。

表 3-3　质量评分法下的绩效指标权重结果

指标类型	指标权重	具体指标	绩效指标质量评价得分				权重
			战略相关性（满分60分）	指标与岗位的关联性（满分20分）	岗位的可控性（满分20分）	加权得分（满分100分）	
关键业绩指标	70%	指标1	50	15	15	80	24.3%
		指标2	40	10	10	60	18.3%
		指标3	55	20	15	90	27.4%
重大任务指标	30%	指标4	60	15	20	95	15%
		指标5	60	20	15	95	15%

3.4.2　设置绩效指标目标值的方法

绩效指标目标值的设置决定了绩效责任人达成绩效目标的难易程度，同时也决定了当绩效目标达成时企业整体战略的实现程度。因此，对绩效目标值的设置，既要考虑顶层设计，又要考虑岗位员工的实际能力。

常见的绩效指标目标值的设置方法有4种，分别是趋势外推法、自上而下法、自下而上法和标杆基准法，具体操作方法如下。

1. 趋势外推法

趋势外推法是根据企业经营的历史数据，根据数据的趋势分析，得出绩效指标的目标值。例如，某企业前3年的销售业绩的增长率分别是5.6%、5.8%和5.9%，根据此数据，如果企业经营平稳，经营战略没有变化，企业在制订下一年销售业绩增长的目标时，可以考虑将其制订在6%左右。

2. 自上而下法

自上而下法是根据企业的战略目标和经营计划，对企业期望达到的业绩实行层层分解，先分解到部门，再分解到岗位，然后硬性地把绩效目标值和岗位上的员工做强关联，让各部门或者各岗位员工必须执行该目标值。

3. 自下而上法

自下而上法是各岗位的员工根据企业战略的大方向，结合自己工作开展的情况，自行设置绩效指标的目标值，并上报给直属上级，再由直属上级上报，在企业相关管理层审批后生效。

4. 标杆基准法

标杆基准法是企业以行业内的标杆企业为参照基准，根据标杆企业的做法设置自身的绩效指标目标值。

上述4种绩效目标值设置方法的优缺点比较如表3-4所示。

表3-4   4种绩效目标值设置方法的优缺点比较

优缺点	趋势外推法	自上而下法	自下而上法	标杆基准法
优点	符合企业的实际情况，成本较低，易于让员工接受	绩效指标的目标值确定比较科学	员工的认可度较高，比较容易实施	目标值的设置符合市场情况，目标具有一定的挑战性
缺点	由于企业的发展是动态的过程，有时候历史数据是否值得参考需要仔细评估	操作难度较大；员工可能存在抵触情绪，需要大量沟通	可能会导致绩效指标的目标值水平较低，难以支撑企业战略发展需要	可能目标值的标准过高造成员工信心不足，或造成员工的抵触情绪，需要大量沟通

3.4.3 检验绩效指标质量的方法

绩效指标的质量也可以叫作绩效指标的有效性，指的是绩效指标能否为企业目标的实现提供有效的支持。有效性越高，代表绩效指标的质量越高。绩效指标的质量可以从以下8个维度进行评估，具体内容如下。

1. 关联性

绩效指标的关联性是评估该绩效指标是否和绩效的责任人具有关联。如果绩效指标与被考核人不存在关联，则这项指标即使再重要，也不能用来作为被考核人的绩效指标。只有与被考核人存在关联的绩效指标，才能被用来作为被考核人的绩效指标。

2. 可控性

绩效指标的可控性指的是这项绩效指标能否被绩效责任人控制、能否通过被考核人的努力而达成，该绩效指标和被考核人之间的关系是否是直接的责任归属关系。对被考核人来说，可控性越低的绩效指标，其质量也越低。

3. 可实施性

绩效指标的可实施性指的是该绩效指标能否被企业有效地实施，实施过程中遇到的难题能否被有效地解决。

4. 精准性

绩效指标的精准性指的是该绩效指标是否有稳定的数据来源和科学的数据处理方法，是否能够保证绩效指标的获取是准确无误且不存在偏差的。

5. 可衡量

绩效指标的可衡量指的是该绩效指标是否能够被度量。这里的度量不仅指的是量化的度量，同时也包括行为层面的度量。

6. 低成本

绩效指标的低成本指的是绩效管理人员或者考核人员要获取该绩效指标需要付出的成本是否足够低。如果为了获取数据需要付出的成本过高，则该绩效指标的质量就比较低。

7. 战略一致性

绩效指标的战略一致性指的是绩效指标能否与企业战略所处的阶段相一致，能否与绩效责任人的上层、下层相一致，能否与企业目标、部门目标和岗位目标相一致。

8. 战略贡献度

绩效指标的战略贡献度指的是绩效指标能否最终对实现企业的某项战略目标提供贡献和帮助。

绩效管理人员检验绩效指标的有效性时，可以将这 8 项内容作为横向内容，将绩效指标作为纵向内容，对绩效指标进行评分，如表 3-5 所示。

表 3-5   绩效指标有效性检验表

| 绩效指标 | 1 | 2 | 3 | 4 | 5 | 6 | 7 | 8 | 结论 |
	关联性	可控性	可实施性	精准性	可衡量	低成本	战略一致性	战略贡献度	
A									
B									
C									

　　在使用绩效指标有效性检验表的时候，表格最左端的 A、B、C 处填写具体的绩效指标，每项绩效指标对应的 8 个维度的判断可以用高、中、低 3 个层级来表示，也可以用"5、4、3、2、1"从高到低的 5 个分值来表示，还可以用"是"或"否"来表示。

案例

　　某公司在设置销售业务员岗位的绩效指标时，初步列出了销售额、毛利率、利润额和顾客满意度 4 项指标。对这 4 项指标的有效性检验如表 3-6 所示。

表 3-6   某公司销售业务员岗位绩效指标有效性检验表

| 绩效指标 | 1 | 2 | 3 | 4 | 5 | 6 | 7 | 8 | 结论 |
	关联性	可控性	可实施性	精准性	可衡量	低成本	战略一致性	战略贡献度	
销售额	高	高	高	高	高	高	高	高	高质量
毛利额	中	中	高	高	高	高	高	高	中质量
利润额	低	低	高	高	高	高	高	高	低质量
顾客满意度	中	中	低	低	中	低	高	高	低质量

　　销售额与公司销售业务员岗位的关联性最高。销售业务员对这项指标的可控性也最高。在其他 6 个维度中，销售额的有效性也都比较高，所以销售额对于销售业务员岗位来说，是高质量的绩效指标。

　　毛利额与销售业务员岗位的关联性居中。销售业务员对这项指标的可控性也居中。虽然在其他 6 个维度中，毛利额的有效性比较高，但由于是对具体岗位的判断，所以该指标被评判为中质量的绩效指标。

　　利润额与销售业务员岗位的关联性比较低。销售业务员对这项指标的可控性也比较低。虽然在其他 6 个维度中，利润额的有效性比较高，但同样因为是对具体岗位的判断，所以该指标被评判为低质量的绩效指标。

对于该公司来说，顾客满意度指标与单一的销售业务员岗位的关联性、可控性和可衡量都居中。虽然该指标的战略一致性和战略贡献度的有效性较高，但是在可实施性、精准性和低成本方面的有效性都比较低。所以顾客满意度对于该公司的销售业务员岗位而言属于低质量的绩效指标。

3.4.4　检验绩效目标质量的方法

设置后的绩效目标同样需要方法检验其质量，比较简单的方法是通过对照和回答以下问题来检验绩效目标的质量。

- 企业、部门、岗位绩效目标能否反映企业的价值观？
- 企业、部门、岗位绩效目标是否鼓励和支持员工创新？
- 企业、部门、岗位绩效目标是否足够清晰、明确且具体？
- 企业、部门、岗位绩效目标是否已经考虑如何被衡量？
- 企业、部门、岗位绩效目标之间是否具备一致性？
- 企业、部门、岗位绩效目标是否能够保证是结果导向的？
- 企业、部门、岗位绩效目标是否包含明确的时间因素？
- 目标是否涵盖了企业、部门、岗位需要完成的关键结果？
- 目标是否与员工的岗位、能力以及能调配的资源相匹配？
- 目标的设定是否考虑了难度，并具有合适的难度水平？
- 汇总所有员工的目标之后，是否与企业整体的目标吻合？
- 目标是否鼓励和支持超越客户期望的行为发生？
- 各部门和各岗位的目标是否能帮助员工建立信任和尊重的关系？
- 目标制订中是否考虑员工意见并与员工讨论达成一致？

对照以上问题回答"是"或"否"。"是"越多，代表绩效目标的质量越高；"否"越多，代表绩效目标的质量越低，需要修正。

3.5　如何控制绩效管理的误差

在实施绩效管理时，总会存在各种各样的误差，并因此造成员工对企业绩效管理的不信任。为了避免员工对绩效管理的负面情绪，有效实施绩效管理，绩效管理人员需要了解绩效管理过程中可能存在哪些误差，并及时规避。

3.5.1　绩效管理中的常见误差

在绩效管理过程中，有时候会出现员工明明态度、能力和工作结果都比较出众，但是最终其绩效结果的评价比较差的情况；有时候会有员工表面上很用心，真实的能力和工作结果都很差，但是绩效结果比较好的情况。

绩效管理过程中常见的误差主要包括以下几点。

1. 个人偏见

在定性的绩效评价中，尤其是在对日常的工作表现或者能力的评价中，考核人常常会因为被考核人的个体情况与自身存在某种相似性或者差异性，而产生某种情感因素，从而过高或者过低地评价他们的绩效。

案例

某企业总经理张总有国外留学经验，认为有留学经验的员工比没有这类经验的员工眼界更广、能力更强。张总有两个助理，一个助理小王有国外留学经验，平时工作比较浮躁，不够认真，经常出错。另一个助理小李没有国外留学经验，平时工作认认真真、勤勤恳恳，很少出错。张总在对小王和小李进行绩效评价时，总是主观上认为小王的工作质量更高。

2. 光环效应

如果某人在某个方面比较突出，或者具备某个比较明显的优点，人们很容易认为他在其他方面也同样比较突出，也具备相类似的优点；同样，如果某人在某方面的缺点比较明显，人们也很容易误认为他在其他方面也存在类似的缺点。

案例

小王的勤奋和无私在公司中是出了名的。每天早晨，小王总是第一个到公司，他到公司后就拿起拖把，利用上班前的时间开始打扫和收拾办公室。同事们每天上班都能看到干净整洁的办公室，一整天的心情都很好。全公司员工对小王的印象都特别好，小王的部门领导徐经理更是为有小王这样的下属而骄傲。

小王的岗位是电话销售，他每月的电话销售业绩在本部门几乎垫底，这说明小王在工作技能或方法上有一定的缺陷。人力资源部在组织各部门进行绩效评价的时候，发现徐经理给小王工作态度这一项的评分是最高分，这还可以理解。可是对工作能力这一项，徐经理竟然也给了他最高分。

3. 标准不清

在同一岗位、相同行为、相同工作结果之下，如果工作的评价不形成统一的标准，人们将根据自己对事物的理解和自身主观的判断标准进行评判。这时候，必将造成一定的主观性和不公平性。因为不同的人，对于好与坏、美与丑、优与差等这些概念的感受和判断都是不同的。对于相同的水平，性格爽朗的人可能会认为已经很好了，性格严谨的人却可能认为还不够好。

案例

李经理收到了来自人力资源部的一张绩效评价表，要求自己给 7 名下属评分。评分的规则为满分 100 分，根据员工平时的工作态度、工作能力和工作成果 3 项打分后加总，得出最终的绩效分数。李经理打完分后，把打分的结果交到人力资源部。

人力资源部将所有部门经理给下属的评分折合成百分比，用得出的百分比乘以员工的基本月工资，根据最终结果发放员工的年终绩效奖金。结果因为李经理对下属要求比较严苛，打的分数普遍较低，李经理所在部门员工比另一个部门员工的年终绩效奖金低。而实际上，李经理部门的业绩在全公司是最好的。

4. 趋中误差

当考核人不愿意承担责任、对被考核人的工作不熟悉或者对绩效评价的标准没有充分认识的时候，考核人趋向于把被考核人的绩效评价结果放在中间的位置，从而造成在同一个考核人下接受绩效评价的被考核人的成绩都差不多，难以区分优劣，人力资源部无法以此为依据开展员工岗位调整、提拔等工作。

案例

赵经理新上任 1 个月，人力资源部就送来了绩效评价单，要求他对 10 名下属做出绩效评价。这可难倒了赵经理，因为他刚上任不久，对下属的工作情况还不熟悉。这时候评分，一来可能不客观，二来有可能造成自己和员工的隔阂。可是，赵经理也考虑到如果自己不给下属做出评价，可能人力资源部会对自己的管理工作产生怀疑。无奈之下，赵经理只好硬着头皮给所有下属都打了 95 分。

5. 近因效应

人们往往偏向于记住近期发生的事，而对时间间隔比较长的事情印象会比较浅。因此人们在绩效评价的时候很容易产生近因效应，以偏概全地认为员工近期的工作表现就是员工一贯的表现。

📖 **案例** ─────────────────────────────

某公司的绩效评价周期以年为单位。临近年末，行政管理部小赵的工作热情突然变得积极起来。年初时上班还经常迟到的他成了全公司第一个来上班的人。之前小赵都是一到下班点就离开，现在成了全公司最后一个走的人。

该公司对行政管理部员工的评价没有量化的绩效指标，靠的是管理者主观上对员工的评价。小赵的这个行为果然为自己在年底换来了绩效评价的高分。过完年后，小赵又恢复了原本上班经常迟到、下班马上离开的状态。

6. 自我比较

考核人在评价被考核人时，会下意识地将别人与自己相比较。尤其是当被考核人从事的某项工作是自己曾经做过的时候，考核人会不由自主地把被考核人当前的情况和自己曾经的情况进行比较，用自己的经验来评价被考核人。

如果自己曾经做这项工作比较顺利而且完成了，而被考核人没有完成，考核人就会给被考核人较低的评价；如果自己曾经做这项工作比较难而且没有完成，而被考核人完成了，考核人就会给被考核人较高的评价。实际上，由于具体情况不同，考核人过往的经验往往并不适用于评判当下的情况。

📖 **案例** ─────────────────────────────

在连锁实体店工作多年的大区总经理李总，转行到了一家大型电商企业做运营总监。刚入职不久，李总就面临对下属的绩效评价。当给一位运营经理做评价时，李总看到这位运营经理的报告上写着今年把某单品卖出了100万件的成绩，感到十分吃惊。

李总当初在实体店工作的时候，实体店整体的销售规模虽然很大，但李总从来都不敢想象一个单品能卖100万件。但这位运营经理竟然做到了，于是李总给他的绩效评价为A。

然而，实际上线上和线下的运营模式和销量概念是完全不同的。去年另一位运营经理将一个单品卖出了120万件，而绩效评价只得到了B。这是因为当年还有两位运营经理的单品销量都超过了150万件，他们的绩效评价得到了A。

3.5.2　如何规避绩效管理的误差

绩效管理中的绩效评价，不仅关系到员工绩效评价结果本身，同时也关系到员工的薪酬福利、职业荣誉和职业发展等切身利益。通过有效的绩效评价结果，企业也能够为员工提供准确的绩效反馈，更加有效地改进员工的工作。因此，采取一些有效的措施来避免绩效管理过程中的误差是非常必要的。

针对绩效管理中常见的误差，绩效管理人员要做好如下工作。

1. 减少主观评价

减少绩效管理中的主观评价项目占比或取消主观评价项目。绩效评价应严格按照绩效指标的定义进行评价。对于能够量化的指标，以相关部门提供的真实数据为准。对于行为类指标，以员工是否做出某些具体行为来判断。

2. 明确评价标准

明确和细化绩效评价的具体内容。能够量化的必须量化；不能量化的，要制订评价的标尺，明确好的、不好的以及中间项的具体标准和评判依据，以便让考核人能够更加客观、准确地评价。

3. 强化培训学习

要定期对考核人进行培训，将绩效管理中所有可能出现的误差以及相关的问题以案例的形式向参训人员演示，并让参训人员实地演练绩效评价的全过程，亲自感受绩效管理过程中可能产生误差的过程，共同讨论如何减少或避免误差。

【疑难问题】绩效指标是不是越被量化越好

为了保证绩效评价体系的客观性和公平性，许多绩效管理人员在设置绩效指标时，希望把所有的绩效指标都设置成定量的指标，认为这样就能有效避免被考核人的一些负面情绪或者绩效申诉。

然而，绩效指标全部设置成量化的指标，并不一定就意味着绩效管理的结果一定会是公正和公平的。同时，公平和公正的绩效管理体系也并不一定需要把所有的绩效指标设置成定量的指标。

事实上，实务中那些特别强调并要求绩效指标必须全部量化的管理者，往往不愿意面对自己评价下属后下属可能会有的反应，或者自身不具备评价下属工作的能力。总之，从某种意义上说，这样的管理者往往是想逃避责任或者是不称职的。

"在绩效管理的实践中，不可能把每一项指标都量化"这种说法不一定确切。

但是从管理的成本、必要性、效率等各个维度考虑，把每一项指标都量化是不现实的。

📖 案例

某公司行政经理孙经理准备给保洁岗位设定绩效指标。孙经理在接受公司培训的时候，听人力资源部说绩效指标要设置结果指标，也要设置过程指标。孙经理当前给保洁岗位设置的结果指标是卫生抽查达标，自己每天实施一部分抽查工作。

可是在设置过程指标时，孙经理有点犯难，因为他抽查卫生状况的过程中发现有的保洁人员工作状态并不好。虽然这些保洁人员最后在他的抽查之下卫生也能达标，但是保洁人员在工作的过程中偷懒、聊天的现象比较严重。

于是他突发奇想，想给保洁岗位设置一项过程指标，即"保洁过程质量达标率"，含义是保洁人员工作的全过程都要遵守标准的工作准则，不能有玩手机、聊天、偷懒等情况，要保质保量地完成整个工作。

为了让这项过程指标得以实施，他认为自己对卫生结果的抽查是远远不够的。为此他又设置了一个后勤检查岗位，每天专门负责检查和记录每一个保洁人员的行为并最终形成这个量化的过程指标。

可孙经理这样做的目的，其实只是不愿意自己在抽查中，发现保洁人员在工作过程中有闲散状态时，当面指出并纠正他们。他害怕面对这样的管理过程，而想通过一个量化的方式表示出来，让保洁人员在接受绩效评价的时候"无话可说"。

绩效管理的过程不是简单的数据统计过程，一定要发挥考核人和被考核人的主观能动性，是双方为了更好地实现某个目标而就绩效共同努力的过程。因此绩效管理过程中的客观公正实际上是在强调考核双方的沟通，而不是数据结果。

过分强调量化，反而会出现问题。

📖 案例

许多公司设置绩效指标时会给部门设置一项培训计划完成率，即在规定的时间内，部门需要按照年初制订的培训计划来实施培训。要完成这项指标其实并不难，单就这项指标的完成情况来看，对企业最终目标的达成并不一定有绝对的正面意义。

有的部门与当初培训计划制订时相比，条件已经有所变化，部门内部的员工近期也都为了工作的事在忙，但是指标已经制订好了，为了完成指标，硬着头皮也要培训。这样的培训缺乏目的性和必要性,效果往往很差,还浪费了员工的时间,增加了企业的管理成本,得不偿失。可是从量化结果上看,却是完成了指标。

不是所有的指标都具备能够被量化的特点,只有当绩效指标可以被量化、相对容易被量化、相对容易被测量的时候,量化指标才是有必要的。如果不具备量化指标的特点,而硬要量化,结果将会演变成为了量化而量化、为了绩效考核而绩效考核,绩效管理最终很可能会演变成一种形式,而不是帮助企业解决问题、实现目标的工具。

当然,这里绝不是说量化指标不好,或者以后企业绩效管理不需要重视量化指标,而是绩效管理人员在设置绩效指标的过程中,不要过分强调量化指标的作用,也不能把一些原本不需要量化的指标硬要变成量化的指标。

用过于复杂的方法去追求绩效指标量化的绩效管理方法是没有意义的。事实上,没有人比一个称职的直属上级更了解员工的绩效情况。绩效管理人员在设置绩效指标时,要尊重直属上级的主观评价的作用,也要尊重行为类指标的作用。

【疑难问题】不同类别岗位绩效指标的特点

对于高层、中层和基层人员,由于其职位特性不同,所以其贡献的方式也不同,因此绩效指标的特点也应有所不同。越往高层,越应当注意长期绩效和短期绩效的结合,越应当注重结果,而不是行为;越往基层,越应当强调行为、任务或工作的过程。

一般来说,高层管理者注重综合性的财务指标和企业的关键业绩驱动要素;中层管理者注重效益、营运指标和部门对应的业务重点;基层员工注重相对单一的业务重点和营运工作内容。高层管理者、中层管理者和基层员工与企业、部门和岗位业务之间的对应关系如图 3-14 所示。

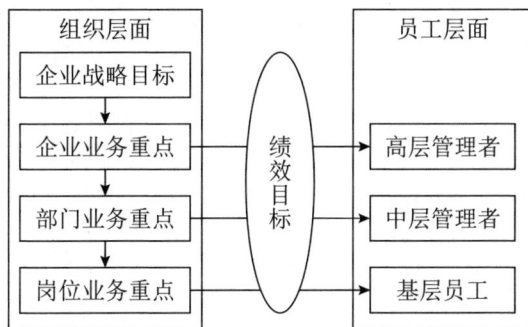

图 3-14 高层管理者、中层管理者和基层员工与企业、部门和岗位业务之间的对应关系

根据这一特点，不同职级绩效指标的设计特点可以简单地归纳成如图 3-15 所示的内容。

不同岗位职级的具体特点和绩效指标的设计原则可以参考表 3-7。

图 3-15   不同职级绩效指标的设计特点

表 3-7   不同岗位职级的具体特点和绩效指标的设计原则

岗位职级	职级特点	绩效指标设计原则
高层管理者	对企业或业务单元负主要责任， 具备较高的独立性， 需要处理的非程序化的工作较多， 工作内容不固定	以结果类指标为主
中层管理者	工作重点是部门的规划和策略， 部门计划的实施以及团队的打造； 工作内容一部分相对固定，另一部分有一定的灵活性	可以有结果类指标， 可以有流程类指标， 可以有业务类指标， 可以有管理类指标
基层员工	工作的程序化程度比较高， 工作内容相对比较固定， 工作目标与企业目标距离较远	可以以具体行动为主， 指标能够被清晰地描述， 指标能够被准确地测量

对于不同的岗位类型，如营销类、技术类、生产类和行政类岗位，绩效指标的设计同样有不同的特点和侧重点。不同岗位类型的具体特点和绩效指标的设计原则可以参考表 3-8。

表 3-8   不同岗位类型的具体特点和绩效指标的设计原则

岗位类型	类型特点	绩效指标设计原则
营销类岗位	以完成业务目标为导向， 工作的弹性和灵活性较大	以结果类指标为主， 以行为类指标为辅
技术类岗位	输出结果与个人专业技术水平相关， 工作的创新性较强	以能力类指标为主， 以行为类指标为辅
生产类岗位	工作内容比较单一， 工作的机械化程度高	以数量和质量类指标为主， 以能力和行为类指标为辅
行政类岗位	工作内容比较繁杂，工作量比较多， 工作中可能需要大量的沟通， 工作的不确定性较大， 工作产出主要是任务的完成质量	以任务类指标为主， 以行为类指标为辅， 以结果类指标为补充

【实战案例】如何与部门做绩效指标沟通

Carlos 是一位刚工作不久的 HR，有一次他找到我，说他们公司第一年开始做绩效考核，考核的范围是全体中层干部和各部门。他们公司现在遇到了一个棘手的问题，卡在了绩效指标的确定上。

事情是这样的，他已经提前跟公司领导层沟通确认过所有部门和干部的绩效指标，领导层比较认可。可当他与被考核人沟通时，许多被考核人对他说：用这个指标考核我不合理，用那个指标考核我不合适，总之你给我定的这些指标不好，你应该考核我某某指标。一边是领导已经确认了，一边是被考核人不认同，HR 夹在中间，两头都不敢得罪，他问我在这种情况下他该怎么办。

我问 Carlos："你认为好的绩效指标应该是上下级都同意并达成一致的吗？"

Carlos 说："唉，其实我本来也不这么想，但是我们公司的氛围就是这样，喜欢听大家的意见，没办法呀……"

我说："一般关于绩效指标的确定，可以先让大家多提意见，来补充你现有的指标，但最后指标的定义和确定更多地来源于顶层设计，而不是被考核人。因为人们总喜欢朝对自己有利的方向做自我判定，问本人意见不是'羊入虎口'？就算考核了，得到的考核结果也没有用。"

Carlos 说："不过，我们公司的领导似乎不这么想。"

我说："我觉得你们领导不是真的不这么想，否则，他当初就不会先和你确定指标，而是让你直接去问被考核人了。既然他与你确定了指标，又让你去商量，是因为他不想出面，所以把这个压力推给你。你觉得他会愿意自己确定的指标被修改吗？"

Carlos 说："嗯，很有道理，那我该怎么办呢？"

我说："你视具体情况定吧，我只提供一种方式供你参考——把领导已经定好的指标发给各部门，明确告诉各部门这是领导定好的，请他们补充或提意见。"

后来，Carlos 按照这种"狐假虎威"的方式做了之后，果然在绩效指标的沟通和确认方面没有再出现问题。

还有另一位 HR 朋友曾经对我说他最近为一件事很苦恼。在制订新一年度的 KPI 业绩指标的时候，他所在的分公司总经理与下属的一位部门主管因为目标值确认的问题意见不一致，他夹在中间很难做。

前几年的时候，该部门主管原本是很容易沟通的，对自己的 KPI 业绩指标很有担当，基本上领导定什么指标他都同意，而且平常的工作也非常积极主动。但是今年，他对自己的 KPI 业绩指标颇为不满。

这位主管认为分公司总经理给别的部门定的业绩目标增长幅度都是 10%～20%，但唯独今年给他的部门定的业绩目标增长幅度为 150%。而他的部门预期的业务量与上年相比基本持平，并没有这么大的增长空间，并且按其部门现有人员的工作强度，在没有增员计划的前提下，显然是没有能力承担这么大幅度的增长任务的。所以，他认为分公司总经理的这次绩效指标的制订缺乏公平性和合理性。

这位主管在跟分公司总经理沟通之后，并没有得到分公司总经理的认同和理解。分公司总经理没有理会这位主管的反馈，强硬地通知人力资源部，要按照他预定的指标对各部门进行考核。这位主管在得知自己沟通无果后，情绪低落，工作消极，时不时地会找人力资源部吐苦水，甚至萌生了离职的念头。

一面是强硬的分公司总经理，另一面是感觉受到不公待遇的部门主管，这位HR 不知该如何是好。这种情况该怎么办呢？我给出的意见如下。

HR 首先要与分公司总经理进行沟通，就其给该部门定的业绩目标增长幅度为 150% 的原因以及合理性做判断。如果是符合公司整体战略的、有原因的、有理由的，部门主管应该理解并遵守。这时候 HR 可以与部门主管做必要的沟通并给予安抚，目的是让他能理解就在理解中执行，不能理解就在执行中理解。如果该部门主管还是情绪低落，则需要考虑换人的问题了。

别的部门业绩目标增长幅度为 10%～20%，唯独他的部门业绩目标增长幅度为 150%，这也不一定就有问题。关键是"为什么"。有可能分公司总经理对明年的市场有预期，如有一个潜在的大订单，但暂时需要保密，不能公布；也可能是他经过市场调研，判断该部门的确有这么大的市场空间；还可能是他想通过这件事让该部门主管知难而退、主动离职。

如果与分公司总经理沟通之后发现这个指标并不符合战略，也不合理，只是他顾及面子，不愿意承认自己的错误。这时候 HR 就可以出面做个"和事佬"，打个圆场。可以先和分公司总经理说明这种情况存在的问题，期望能够与其沟通并形成一个他与该主管都能够接受的指标，最后让双方都有台阶可下。

如果难以判断合理性，还是以分公司总经理的意见为准较好，毕竟他是分公司的第一责任人，是权力中心。他怎么给下属分配指标，有一定的自主性。这种情况下，有一个能让该部门主管在心理上得到安慰的方式，就是 HR 可以给他的绩效奖金设计得适当多一些。毕竟，150% 的增幅比 10%～20% 的增幅高很多。当然，前提是各部门的基数都差不多。这个部门成为了公司今年业务增长的重点部门，多给他一些奖金也是合理的。

　　另外，如果分公司总经理仍然将该部门的业绩目标增长幅度定为 150% 的话，HR 可以从侧面帮助该部门主管争取到一些资源的支持。同时 HR 应跟这位主管深入沟通，把他的思维逻辑由"不行"变成"怎么样能行"。这里需要注意，向公司要资源要具备合理性，要有充分的论证和数据支撑。

　　总之，绩效指标确定的过程应该由考核人与被考核人双方共同参与，HR 在中间要当好"裁判员"和"润滑剂"的角色，过程中要遵循战略导向、顶层设计、上下协商、相互沟通的原则。

第 **4** 章

如何制订绩效计划

　　绩效计划是绩效管理的基础，对于整个绩效管理体系的实施起着重要的作用。绩效计划的质量决定了整个企业的工作是否可以围绕企业目标进行。如果绩效计划出了问题，后续的绩效辅导、绩效评价以及结果应用等环节都将失去方向，最终会导致绩效管理工作的失败。

4.1　如何认识绩效计划

绩效计划是考核人与被考核人根据既定的绩效标准共同制订并修正绩效目标以及共同制订为了实现目标而采取的行动计划的过程。绩效计划必须清楚地说明期望达到的结果，以及为了达到结果需要采取的行为和需要具备的技能。

4.1.1　绩效计划的作用

在实施绩效管理的过程中，很多管理者比较重视绩效评价方面的工作，但不够重视绩效计划的制订环节。尤其是对刚开始实行绩效管理的企业来说，其没有充分认识绩效计划的必要性。制订绩效计划有如下作用。

1. 形成约定

绩效计划是各部门、各岗位考核人与被考核人之间就需完成的目标，完成目标的形式、标准形成的约定。考核双方对绩效计划的认可和签字等同于企业和员工之间就工作目标和目标完成的标准形成了一致的意见。

2. 双向沟通

绩效计划的制订过程是考核人和被考核人就绩效相关事项进行充分沟通的过程。在这个过程中，考核双方就绩效问题能够达成一致的意见和理解。同时，这一过程也是加深被考核人对绩效目标和内容的了解的过程。

3. 提供依据

绩效计划能够为企业、部门和员工提供绩效评价的依据。员工制订绩效计划之后，在考核期末，企业就可以根据员工做出的绩效计划实施绩效评价。绩效计划完成出色的部门或个人将会获得奖励；对于没有完成绩效计划的部门或者个人，考核人可以帮助其分析没有完成绩效计划的原因，并帮助其改进绩效计划。

4. 提高承诺意识

绩效计划能够通过员工对绩效的承诺来增强员工的参与感。在绩效计划制订的过程中，员工可以表达对企业、对部门以及对个人绩效的观点和看法。这样能够让员工的个人情况与企业的目标相匹配，进一步确保个人对企业承诺的目标的完成情况。

5. 努力方向

绩效计划能够为员工提供努力的目标和方向。绩效计划中包含了绩效目标、绩效指标的权重以及绩效评价等各方面内容。这对部门和个人提出了明确而具体的期望和要求，同时明确表达了部门和员工在哪些方面取得成就会获得企业的奖励，让部门和员工朝企业期望的方向努力。

4.1.2　绩效计划的分类

绩效计划按照责任主体划分，可以分为企业的绩效计划、部门的绩效计划和岗位的绩效计划3个层面。一般来说，这3个层面的绩效计划是自上而下逐级分解形成的。企业的绩效计划决定了部门的绩效计划，部门的绩效计划决定了岗位的绩效计划。当部门内所有员工的岗位绩效计划完成时，部门的绩效计划也相应地完成；当所有部门的绩效计划完成时，企业的绩效计划也能相应地完成。

绩效计划按照责任主体分类的示意如图4-1所示。

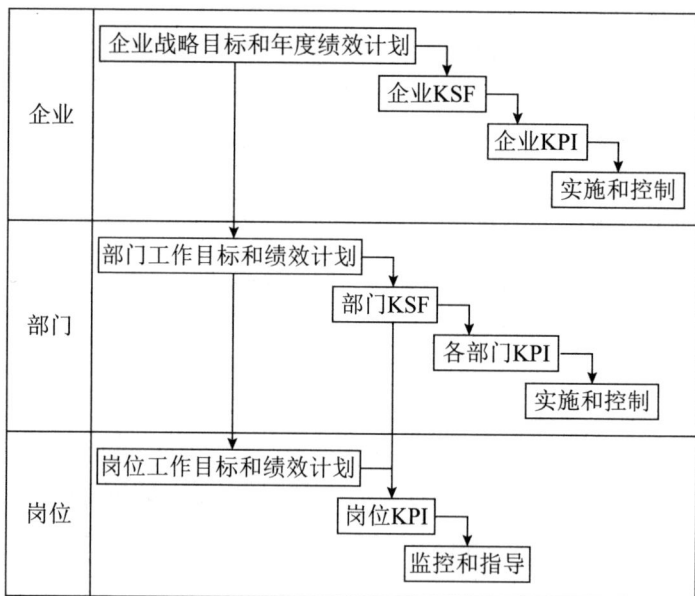

图4-1　绩效计划按照责任主体分类的示意

绩效计划的制订过程，是把企业层面的绩效目标往下层层分解，形成体系，最终落到个人层面的过程。从企业战略目标和年度绩效计划开始，通过KSF分析和KPI分解把目标分解到各部门和各岗位，同时考虑外部环境变化以及内部条件的制约，从而把岗位目标和企业整体发展战略联系起来。

企业层面的绩效计划对应企业的战略目标和年度绩效计划。企业层面的绩效计划需要包含企业的 KSF。企业的 KSF 可以分解为 KPI，并在企业层面的绩效计划执行过程中进行有效的实施和控制。

部门的绩效计划来源于企业的战略目标和年度绩效计划、部门工作目标和绩效计划。部门的绩效计划中应当包含部门的 KSF 以及各部门的 KPI。在部门绩效计划执行的过程中，同样需要有效的实施和控制。

岗位的绩效计划来源于企业战略目标和年度绩效计划、部门工作目标和绩效计划以及岗位工作目标和绩效计划。岗位的绩效计划中包含了岗位关键业绩指标。在实施岗位绩效计划的过程中，考核人需要不断地实施监控和指导。

在制订企业、部门和岗位绩效计划的过程中，通过协调，各方面的资源可以向对实现企业目标起到瓶颈或者制约作用的方面倾斜，促进部门和岗位绩效计划的实现，从而保证企业绩效计划和目标的实现。

绩效计划也可以按照时间周期分类，分成年度绩效计划、季度绩效计划、月度绩效计划、周绩效计划和日绩效计划。按照时间周期的绩效计划分类是将较长时间的绩效计划分解为较短时间的绩效计划。比如，年度绩效计划分解为季度绩效计划，季度绩效计划分解为月度绩效计划。

4.1.3 绩效计划的内容

简单地说，绩效计划至少要包括两个方面的内容，即做什么和如何做。在制订绩效计划以前，确定绩效目标是最重要的步骤，科学合理地制订绩效目标对绩效管理的成功实施具有重要的意义。

许多企业绩效考核工作难以开展的原因就在于绩效计划制订得不合理。有的员工把绩效计划中的目标定得太高，结果无论如何努力都完不成；有的员工把绩效计划中的目标定得太低，很容易就完成了。这种内部不公平，会对员工的积极性造成很大的影响。

绩效计划中的目标定得过高或者过低都会降低绩效薪酬的激励效应，达不到激发员工积极性的目的。

如果绩效计划中的目标很容易达成，与绩效计划完成情况对应的绩效薪酬很容易就能拿到，对公司来说，实际上浪费了薪酬成本，没有起到激励员工的目的；如果绩效计划中的目标很难达成，员工即使做出了较大努力也没有拿到与绩效计划完成情况对应的绩效薪酬，虽然公司没有因此付出薪酬成本，但是这必将打击员工的工作积极性。

所以，能否科学合理地制订绩效计划中的目标是绩效管理能否取得成功的关键环节。绩效计划应当包括的内容如下。

1. 基本信息

员工的基本信息一般包括员工的姓名、工号、所在岗位的基本信息、薪酬结构、薪酬等级、绩效与薪酬的对接关系。

2. 评估内容

评估内容包括员工的绩效指标以及目标。同时列出按绩效计划及评估内容划分的指标权重，以体现员工工作的可衡量性及对企业整体绩效的影响程度。

3. 工作计划

工作计划包括员工为了完成绩效计划需要做的具体行动，或者需要的协助、资源支持或工作上的帮助。

4. 评价标准

绩效计划中要写明对不同的绩效目标、指标和工作计划，应当通过什么样的方式来衡量。

5. 完成时间

完成时间包括每项指标、每个目标、每项行动的完成时间。

4.2　绩效计划制订的原则和流程

绩效计划的制订过程是考核人和被考核人沟通协商的过程。学习如何制订绩效计划比了解绩效计划本身包含哪些内容更加重要。

4.2.1　绩效计划制订原则

在制订绩效计划时，要遵循如下原则。

1. 战略性原则

考核人和被考核人要在企业的愿景、使命、核心价值观的指引下，以战略目标和经营计划为参照，制订绩效计划。

2. 价值性原则

绩效计划的制订要与提升企业的价值和追求股东权益最大化的宗旨相一致，突出以价值创造为核心的企业文化。

3. 系统性原则

绩效计划要与战略规划、资本计划、经营预算计划、人力资源管理计划等管理程序紧密相连，配套使用。

4. 协同性原则

企业、部门及岗位的绩效计划是以绩效目标为纽带而形成的全面协同的管理系统。

5. 参与性原则

在制订绩效计划的过程中，考核人和被考核人都应当积极地参与、充分地沟通，确保双方都能够了解计划的相关内容。

6. 一致性原则

绩效计划要与企业的发展战略和年度计划相一致。制订绩效计划的最终目的是保证企业总体发展战略和年度生产经营目标的实现，所以制订的绩效计划一定要与企业的发展目标保持一致。

7. 可行性原则

被考核人制订的绩效计划是能够通过努力而完成的。不能盲目地制订过高的目标，否则最终的目标将难以实现。

8. 激励性原则

绩效结果与经济性或者非经济性的报酬紧密相连，要有较强的激励性。这样才能体现"突出绩效"这一企业文化，被考核人才有制订绩效计划的动力。

9. 职位特色原则

因为每个岗位设置的目的、职责、工作重点、工作内容都是不同的，所以绩效计划要根据岗位的特点制订。

10. 突出重点原则

一般来说，员工需要承担的工作职责越多，所对应的工作成果也会越多。但绩效计划的内容有限，通常不能把所有的工作成果全部罗列出来。这时，要突出重点的工作。

4.2.2　绩效计划制订流程

绩效计划的制订可以参考如下步骤。

1. 绩效理念培训

对企业全体员工进行绩效管理基本理念的培训，让员工积极主动地参与到绩效管理的活动中。让每名员工都能够认识到，参与到绩效管理中既是每名员工的权利，也是每名员工的基本义务，从而为绩效计划的有效制订奠定坚实的基础。

2. 诠释发展战略

企业的管理层对企业的发展战略和目标的诠释，可以增强员工的主人翁意识，增强员工的主动精神。员工对企业的发展战略和目标了解得越多，就越容易认同企业的发展目标。通过对企业发展目标的层层分解，最终就能够形成各个岗位的绩效计划与目标。

3. 分解发展目标

将企业发展目标分解为各个部门的特定目标，再把部门的目标分解为岗位的目标。企业的目标可以比较容易地分解到销售、生产、采购等业务型的部门中；人力资源、财务、行政办公室等辅助型的部门，可以把工作目标和企业目标进行匹配。

4. 制订绩效计划

员工要为自己制订绩效计划。在制订绩效计划之前，员工应该对本岗位的工作内容进行回顾，重新思考自身岗位设置的目的和自己的主要职责。直属领导可以根据工作变化情况调整岗位的工作职责。

5. 审核绩效计划

考核人应当审核被考核人的绩效计划。有些被考核人制订的绩效计划不切实际，考核人要利用绩效管理的理论和工具审核出被考核人绩效计划中存在的问题。

6. 绩效计划沟通

针对被考核人绩效计划中的问题，考核双方应当共同讨论，充分沟通，将其修改为切实可行的绩效计划。考核人首先应当让被考核人说明制订绩效计划的出发点，然后再发表自己的观点。

7. 达成计划共识

考核双方就绩效计划沟通的最终目标是达成共识。这里需要注意，考核双方不一定要在所有事项上都达成共识。但是对于一些关键事项，双方沟通后，意见必须保持一致。如被考核人的工作目标、重点工作、需要考核人提供的支持等。

8. 明确评价标准

被考核人对绩效评价的指标和标准越清楚、越了解，绩效计划完成的可能性就越大。因此，考核双方在绩效计划制订的最后，都要把绩效评价的标准设定清楚。以免在绩效计划实施过程中，考核人或者被考核人存在误解而造成绩效评价的偏差。

9. 形成行动计划

员工的个人绩效计划是对员工想要做的事情以及做到什么程度的概括，而根据绩效计划形成的行动计划是员工通过什么样的努力，从而实现绩效计划的一系列行为。通过行动计划的制订，考核人也可以在未来的工作中监督被考核人的行动实施情况。

10. 双方签字认可

绩效计划制订的最后一步是形成绩效计划责任书。绩效计划责任书中包括了岗位的绩效目标、预期结果、衡量的标准、各项工作的权重、每项工作的行动计划等内容。双方签字表明绩效计划责任书是双方都认可的正式文件。

4.3　如何编制绩效承诺计划

PBC 指的是员工对绩效达成的个人承诺。它反映了团队合作、目标结果与执行措施之间的紧密联系，体现了一种价值观和企业文化，强调了在企业成员共同参与企业目标实现的过程中承诺的重要性，也体现了绩效管理的核心思想。

4.3.1　绩效承诺计划的编制流程

PBC 可以表格的形式体现出来，但它区别于考核表。个人绩效承诺主要体现在 3 个方面，分别是结果、执行和团队。这 3 个方面存在严谨的逻辑关系。另外，PBC 本身就能够体现企业的价值观和企业文化。个人绩效承诺更强调承诺和参与的重要性，真正体现了绩效管理的核心。

在 IBM 内，不论是高层管理者还是基层员工都在使用 PBC。华为实施绩效管理时，也学习 IBM，引入了个人绩效承诺，强调绩效管理而不是考核，强调上下级之间的双向沟通而不是"一言堂"的单向命令。

员工 PBC 模板如表 4-1 所示。

其中，"结果目标承诺"指的是在考核期内，员工承诺本人能达到的绩效结果目标，是员工准备"做什么"，准备"做到什么程度"。该项一般应有具体的衡量指标，明确"程度"以及"何时"完成。

制订"结果目标承诺"后，需要做如下检验。

- 是否是结果导向的。
- 是否是明确、具体的。
- 结果是否可以被衡量。
- 是否包含时间因素。

表 4-1　员工 PBC 模板

姓名		工号		部门		职位	
考核期			年　月　日—		年　月　日		
岗位应有的 KPI							

		在评估期内，我郑重承诺
计划栏 个人承诺	结果目标承诺	
	执行措施承诺	
	团队合作承诺	
	日期： 签字：	
结果栏 个人承诺 结果评估	结果目标 完成情况	
	执行措施 完成情况	
	团队合作 完成情况	
	评估日期： 评估人签字：	

- 预定时间是否与企业、部门、团队目标达成一致。
- 是否反映了需要完成的关键结果。
- 是否伴随合适的难度水平。
- 是否与员工的岗位和能力等级相匹配。
- 汇总所有员工的目标后是否与企业目标吻合。
- 是否反映了企业的价值观。

"执行措施承诺"指的是员工为了达成结果目标，准备采取的具体措施或行动，是员工准备"如何做"。该项不一定需要有明确的衡量指标，可以是一种对过程的描述。执行评价时，主要看员工是否按照规范要求做了。

制订 PBC 的主要目的是让考核双方能够就目标达成的关键措施互相沟通、认真分析，充分考虑外部障碍和风险。因此，PBC 中的"执行措施承诺"并不需要罗列每一个目标，罗列比较重要的、有难度的结果目标即可。

另外，"执行措施承诺"并不完全是具体的行动计划，而是行动计划的浓缩或者关键措施。为了更好地实现目标，尤其是那些比较复杂的目标，有时候还需要一个更加详细、具体的绩效行动方案，那就是"个人绩效行动计划"，如表 4-2 所示。

表 4-2　个人绩效行动计划

序号	对应目标	行动步骤	所需资源	完成时间	监督人	监督时间	备注

"团队合作承诺"指的是为了保证部门或团队能够实现目标，员工对在团队中协作、沟通、交流、参与、配合等方面的承诺，是员工准备"与谁做"。该项主要起到引导的作用，强调配合为主，不需要有非常明确的衡量指标。

4.3.2　绩效承诺常见问题总结与案例

绩效承诺制订过程中的常见问题包括如下内容。

- 其中的目标没有按照 SMART 的原则设置。
- 没有完成时间和衡量指标。
- 执行承诺与结果目标的对应关系不够清晰。
- 目标的合理性有待斟酌。
- 有的目标承诺没有衡量标准，不知道应该做到什么程度，无法衡量做得好不好。

案例

某公司人力资源部刚开始推行绩效管理不久，在实施 PBC 方面存在许多不足。其中，某绩效管理岗位的员工在制订 PBC 时，就出现了许多问题，具体内容如表 4-3 所示。

表 4-3　某公司人力资源部绩效管理岗位 PBC（修改前）

承诺类型		内容	存在的问题
结果目标承诺	季度目标承诺	明确任职资格与职位绩效的关系（包括资格认证结果的应用），任职资格体系宣传覆盖率达到 100%	没有说明准备什么时间完成（下同）
		无资格认证结果、定岗定级结果与原资格认证结果不匹配的员工（三级管理者、专业技术人员）的资格证复核完成 90%	
		干部任职资格考试完成 90%	
		参与 IPD-HR（一种人力资源管理产品理念、模式与方法）项目的推进、制度签发、宣传工作	制度签发工作并非是该岗位权责范围内能够掌控的。没有说明具体的衡量指标

续表

承诺类型		内容	存在的问题
结果目标承诺	季度目标承诺	监控各资源池建设（培训）工作的推进	没有说明具体的衡量指标
		跟踪并推动各资源池完成产品开发团队（Product Development Team，PDT）人员选拔工作	
	服务承诺	根据部门企业结构变动及时进行职位评估，3 个工作日内反馈评估结果	
		PDT 人员选拔计划及时完成 95%	
	改进承诺	清理任职资格管理制度，修订、整理成册	没有说明具体的衡量指标
		分析资源池实际运作中发现的问题，优化资源池运作机制	
执行措施承诺		编制任职资格体系宣传材料	执行承诺与结果目标之间的对应关系有待商榷。完成执行承诺后无法保证结果目标能够完成
		编写任职资格培训教材	
		与任职资格部成员一起清理无资格认证结果及定岗定级与原资格认证结果不匹配的人员名单，按各种情况分析，对各部门企业认证与复核提供指导	
		通过走访各部门，及时掌握各部门资格管理工作的进展情况，发现资格管理存在的问题	
		通过任职资格体系例会，传达企业有关精神，统一思想，安排工作，了解工作进展	
		定期进行企业任职资格专题研讨，针对有关问题提供解决思路，形成常见问题清单（Frequently Asked Questions，FAQ）	
		走访各资源池，发现问题，组织讨论，形成 FAQ	
团队承诺		与考核薪酬处共同探讨公司评价体系的内部关系	
		与各部门管理者确定资格认证操作办法，并给予指导	
		与总监办一起拟定人力资源管理考试试题及宣传材料，协助培训中心开展培训及考试的组织工作	

4.3.3 绩效承诺计划改进案例

延续 4.3.2 中的案例，经过讨论后，该公司人力资源部绩效管理岗位的 PBC 修改后的具体内容如表 4-4 所示。

表 4-4   某公司人力资源部绩效管理岗位 PBC（修改后）

承诺类型		内容
结果目标承诺	季度目标承诺	10 月 30 日前完成中基层员工绩效考核制度的签发和跟踪工作
		11 月 20 日前完成绩效考核电子流程功能的需求确定和改造工作

续表

承诺类型		内容
结果目标承诺	季度目标承诺	11 月 30 日前组织各部门干部完成各职位绩效考核关系的梳理工作，确定考核责任者、相关评价人和考核审核者
		12 月 20 日前，在理顺绩效考核关系的基础上，组织各部门制订本部门考核的操作细则
		12 月 30 日前完成跨部门的绩效考核培训和宣传
		12 月 30 日前完成绩效管理年度综合标准的修订和组织工作
	服务承诺	绩效考核申诉处理时间 ≤ 10 天（从接到绩效申诉书开始算起）
		绩效结果的更改时间 ≤ 2 天
		10 月 20 日前完成第三季度的绩效考核工作，并上报绩效考核结果
		10 月 25 日前将第三季度的绩效考核结果导入公司系统
		各部门上报数据与公司系统内的数据吻合度达到 99%
	改进承诺	当发现各部门绩效管理过程中出现相关问题后，发起并完成与各部门管理者的汇报、沟通或指导时间 ≤ 2 天
执行措施承诺		1. 理顺各职位的绩效考核关系
		10 月 20 日—11 月 25 日，在绩效考核工作例会上协助各部门管理干部讨论、确定各职位的绩效关系，并达成一致。
		11 月 10 日—12 月 31 日，将各职位的绩效考核关系在各部门进行公布、宣传。
		12 月 31 日前，确定第四季度考核和年度评定的相关评定者
		2. 绩效管理制度培训
		10 月 16 日前，确定培训范围和对象。
		10 月 17 日—11 月 15 日，确定培训责任主体
		人力资源部：
		（1）完成对 IPD-HR、ISC（集成供应链）项目组、推行项目组核心成员的培训
		（2）完成对推行组 HR 体系成员、各管理干部考核责任人的培训
		（3）组织推行组 HR 体系成员、各干部考核责任人进行培训、宣传工作
		IPD-HR 项目组成员：
		（1）完成对本系统各级主管的培训
		（2）完成对本系统所有员工的考核宣传
		11 月 10 日—12 月 30 日前，启动培训，组织各干部完成对本系统各级主管的培训
团队承诺		1. 协助培训中心完成跨部门培训教案的开发
		2. 协助任职资格部门进行相关考评工作的研讨和交流工作

【疑难问题】绩效计划常见问题解析

绩效计划是实施绩效管理的起点，计划的制订过程也是企业内高层管理者、中层管理者以及基层管理者和员工参与管理、明确自己职责和任务的过程。然而在实务操作中，制订绩效计划的环节往往会出现各种问题，比较常见的问题如下。

（1）高层的参与较少，所有绩效计划都是由人力资源部与各部门沟通而来的，高层只做最后的审批。这就造成一旦后续绩效管理实施过程出现的问题反映到高层那里，高层不知其所以然，不会对绩效计划保持应有的信心。

（2）绩效计划性较弱，绩效管理实施团队没有充分地考虑并设计好企业、部门和岗位层面应该做什么、为什么做、如何做、由谁评价、如何评价、由谁监督、如何监督、何时完成等一系列问题，就急于开展实施。

（3）忽略员工参与度，制订绩效计划的过程成了绩效管理实施团队单方面的顶层设计过程，缺少企业内上下级之间的沟通，最终让绩效管理成为单纯的绩效考核，阻碍了绩效管理发挥提升员工绩效和能力的作用。

（4）绩效指标不能量化，或定量的指标过少、定性的指标过多，绩效评价的标准模糊，或者定出来的绩效指标难以衡量，导致后续在实际进行指标评价时过于主观，企业各层级对绩效评价结果的信任度降低。

（5）绩效指标没有针对性，大多数岗位都用一套"通用指标"来衡量绩效，而不是针对每个岗位设定与该岗位对应的关键指标。"人人都适合用"的指标结果是"人人都没用到"。

（6）不指向最终目标，岗位绩效计划中列出的绩效指标成了因为该岗位存在而必须要完成的任务，而不是该岗位作为企业和团队的一分子，服务并保证上层目标达成。当岗位目标不能帮助上层目标实现时，企业和团队的目标将与岗位形成弱关联。

（7）人员能力不到位，实施绩效计划的团队成员没有相关经验，或者本身对绩效管理和企业业务的认识不足，不能正确地预估障碍、挫折和问题。当遇到问题时，不知道如何应对和沟通，最终让绩效管理变成了"走形式"。

（8）全员认识有问题，企业长期推行岗位职责的工作管理模式，造成全体成员都认为，在规定时间内，完成自己的本职工作以及上级要求的工作任务是自己的工作价值，而不是实现企业层面的某个目标。

【实战案例】某集团企业 PBC 绩效管理

某大型集团企业是世界领先的家电研发、制造企业。该企业要成为全球化的领先企业，必须建立起高效的绩效管理体系和高绩效企业文化。要实现这两点，不仅需要企业管理层的顶层设计，也需要全员的共同参与，需要有效的 PBC，把企业目标和个人目标、企业利益和个人利益紧密地捆绑在一起。

该企业的全球化战略为企业全体员工指明了未来发展的方向。企业未来的成功要靠企业的每一位员工按照战略目标的指引，为自己设置具体、明确、可衡量的个人绩效计划，并做出 PBC。所以，企业未来的成功取决于每一位员工个人绩效计划的实现程度。

该企业的 PBC 绩效管理体系有 4 个方面的特点。

（1）战略导向。绩效管理体系是以公司的战略为指导而设计和建立的。

（2）持续改进。绩效管理过程通过计划、反馈、辅导、评估、改善的逻辑持续改进。

（3）全员参与。绩效指标和工作目标通过层层分解，实现了全员参与。

（4）均衡发展。平衡短期利益和长期利益间的关系，构建基于员工能力发展的绩效管理体系。

为保证绩效管理的有效实施，企业把绩效管理的相关部门和执行者分成 4 个部分，具体职责如下。

1. 集团办公会

集团办公会是该集团企业绩效管理的最高领导机构，其主要职责如下。

- 推动集团绩效管理体系实施。
- 处理绩效管理体系实施过程中的重大问题。
- 制订年度绩效考核的原则。
- 决定绩效和薪酬之间的关系。
- 对绩效申诉做最后裁决。
- 召开集团和各部门的月度经营总结会议，进行绩效回顾和辅导。

2. 集团的人力资源部

集团的人力资源部是绩效管理规定的制订机构，其主要职责如下。

- 制订全集团的绩效管理规定、标准和指导原则，优化集团绩效管理体系。
- 为各子公司和各部门的 HR 推行绩效管理提供培训、指导和绩效规定解释等相关支持。
- 汇总、整理、分析、研究绩效管理过程中的相关问题，并制订改进措施。
- 研究分析企业内其他管理体系的相关规定与绩效管理体系的相关规定之间的配合关系；若不匹配，提供解决方案。

3.各公司、各部门的 HR

各公司、各部门的 HR 是绩效管理的支持者，其主要职责如下。

- 跟踪本公司、本部门绩效管理制度和规定的执行情况。
- 负责对本公司或本部门管理者提供必要的指导或培训。
- 汇总、统计、上报本公司或本部门的绩效考核结果。

4.各部门管理者

各部门管理者是绩效管理的主体和绩效考核的执行人，其主要职责如下。

- 按照规定执行集团制订的各项绩效管理制度。
- 负责本部门的绩效管理组织和实施。
- 指导和帮助员工确定绩效管理指标和目标，制订考核权重。
- 指导和帮助员工制订绩效管理的工作计划。
- 负责管理本部门所有员工的绩效结果的评价。
- 按照企业规定的流程处理员工的绩效申诉。
- 按月与员工进行绩效结果的回顾，并辅导员工。
- 培养员工能力，指导和帮助员工制订绩效改进计划。

该企业绩效管理的整个流程分成 4 个环节，分别是绩效计划、绩效辅导、绩效评价和绩效激励。

1.绩效计划

在绩效计划的环节，由考核人指导和帮助被考核人制订绩效指标、设定工作目标，并制订和签订被考核人的 PBC。

2.绩效辅导

在绩效辅导的环节，由考核人对被考核人进行月度业务目标的回顾和辅导以及年度中期绩效目标计划的回顾和辅导。考核双方进行绩效改进计划或者进行目标调整。

3.绩效评价

在绩效评价的环节，由考核人对被考核人进行季度业绩的评价、年度综合绩效的评估以及就评估结果进行绩效反馈和辅导。

4.绩效激励

在绩效激励的环节，企业根据被考核人的绩效结果，进行相应的薪酬发放、职位调整、员工能力发展以及绩效的改善等工作。

每位员工都要通过 PBC 做出个人对企业业绩的承诺。该企业的 PBC 包括 3 个部分。

1. 业务目标

员工根据所在岗位的工作性质、职责和企业年度工作计划的要求，在上级管理者的指导和帮助下制订个人的业务目标。

2. 员工管理目标

该企业通过为员工的上级管理者设置员工的管理目标，引导管理者关注团队建设、下属培育，培养管理者的领导力，支持业务目标的达成。

3. 个人发展目标

员工在上级管理者的指导、帮助下设置个人的发展目标并制订个人发展计划（Individual Development Plan，IDP），不断提高自己的工作能力，支持业务目标的达成。

企业的绩效管理指标分为定量的指标和定性的指标两类。定量的指标计算过程如图 4-2 所示。

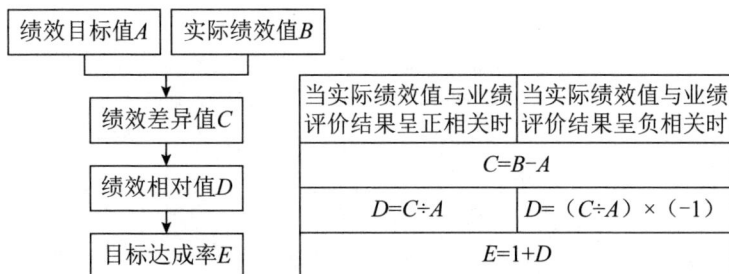

绩效目标值A	实际绩效值B	
	当实际绩效值与业绩评价结果呈正相关时	**当实际绩效值与业绩评价结果呈负相关时**
绩效差异值C	$C=B-A$	
绩效相对值D	$D=C÷A$	$D=（C÷A）×（-1）$
目标达成率E	$E=1+D$	

图 4-2 某企业定量的指标计算过程

该企业定性的指标根据绩效水平的高低共分成了 5 个等级，如表 4-5 所示。

表 4-5 某企业定性的指标等级

等级	绩效水平
1	远远超出绩效期望
2	明显超出绩效期望
3	基本达到绩效期望
4	与绩效期望有一些差距
5	与绩效期望有明显差距

该企业的绩效评价周期如表 4-6 所示。

表 4-6　某企业绩效评价周期

周期	评价周期	内容
定期	回顾辅导	月度业绩回顾辅导； 年度中期绩效回顾辅导
季度	业绩评价	季度业绩目标完成情况
年度	绩效考核	管理者的业务目标、员工管理目标、个人发展目标年度完成情况
		员工的业务目标、个人发展目标年度完成情况

　　该企业年度绩效评价由一线经理评估、二线经理审核，年度综合绩效等级量表如表 4-7 所示。

表 4-7　某企业年度综合绩效等级量表

绩效等级	定义	描述
PBC=A	非常出色的年度顶级贡献者	取得优异成果，业绩明显高于其他人；超出或者有时远远超出绩效目标；能够为他人提供极大的支持和帮助，并表现出其岗位所需要的各项能力和素质
PBC=B+	出色的、高于平均的贡献者	工作范围和影响力超越其工作职责；绩效表现超过大多数员工，有发展的眼光和影响力；总是能达到或有时超出绩效目标；为他人提供有力的支持和帮助，并表现出其岗位所需的各项典型能力和素质
PBC=B	胜任的、扎实的贡献者	始终能够实现工作职责；具有适当的知识、技能、有效性和积极性水平；基本能达到或有时超出绩效目标；为他人提供相应的支持和帮助，并表现出其岗位所需的各项技能
PBC=C	需要改进、提高的最低贡献者	与他人相比，不能充分执行所有的工作职责，或者虽执行了职责但水平较低或成果较差；并且（或者）不能证明其具有一定的水平的知识、技能、有效性和积极性；如果连续被定级为 PBC=C 是不可以被接受的，需要提高
PBC=D	不能令人满意的贡献者	不能证明其具备所需的知识和技能，或不能利用所需的知识和技能；不能执行其工作职责；在连续被定级为 PBC=C 之后仍未显示出提高

第 **5** 章

如何开展绩效辅导

　　绩效辅导指的是考核人就被考核人当前的绩效进展情况，与被考核人讨论可能存在的潜在问题和障碍，并与被考核人一起制订方案、解决问题的过程，是上级（考核人）辅导下级（被考核人）共同达成目标或计划的最重要的方式之一。

5.1　绩效辅导如何体现价值

考核人通过对绩效情况进行监控，能够保证被考核人达到工作标准，在这个过程中不断地提供反馈意见并在必要时提供指导。在辅导的过程中，通过被考核人的积极参与，保证他们对自己的绩效承担应有的责任。

5.1.1　如何有效进行绩效辅导

绩效辅导不应仅在绩效管理的前端或末端实施，而应贯穿绩效管理的整个过程。在绩效辅导的整个过程中，考核人的作用就是帮助被考核人最大化地发挥个人潜能，达到工作目标。为了达到这一目标，考核人必须及时、主动地告诉被考核人其个人的具体表现，使绩效辅导成为一个积极的、主动的、持续的沟通过程。

实务中，也可以把绩效辅导简单定义为在绩效管理的整个过程中，考核人为了让被考核人达到绩效目标而做出的一切努力，可以包括如下内容。

- 考核人与被考核人为了绩效改善而进行的沟通或交流。
- 考核人为被考核人提供的学习、培训和交流的机会。
- 被考核人经与考核人讨论而做出的 PBC 的更新。
- 考核人与被考核人就项目阶段性进展而做出的总结。
- 考核人与被考核人定期召开的工作总结或项目例会。
- 考核人与被考核人就工作过程中突发事件的紧急处理。
- 考核人对被考核人绩效目标或工作计划的跟踪或修改。
- 考核人对被考核人工作中的有效行为做出的激励。
- 考核人对被考核人工作中的无效行为做出的纠偏。
- 考核人对被考核人工作职责和工作内容的安排和修改。
- 考核人对被考核人工作内容中关键工作的讨论和反馈。
- 被考核人向考核人提出的工作请求、想法或资源协助。

绩效辅导最好选择在如下时机进行。

- 考核人认为被考核人采取其他办法能够更好地完成绩效目标时。
- 被考核人被安排参与一项重大的或非同寻常的工作时。
- 被考核人正在学习新技能时。

- 被考核人面临崭新的职业发展机会时。
- 被考核人未能按标准完成任务时。
- 被考核人没有认识到工作的重要性时。
- 被考核人刚结束培训学习时。

5.1.2　绩效辅导有哪些作用

实施绩效辅导能够保证考核人与被考核人之间就绩效完成情况进行沟通，保证被考核人始终明确企业和部门的目标和方向，特别是当企业或部门的战略目标或工作重点发生调整或变化时。

绩效辅导是绩效管理的核心，它对被考核人绩效水平的影响如图 5-1 所示。

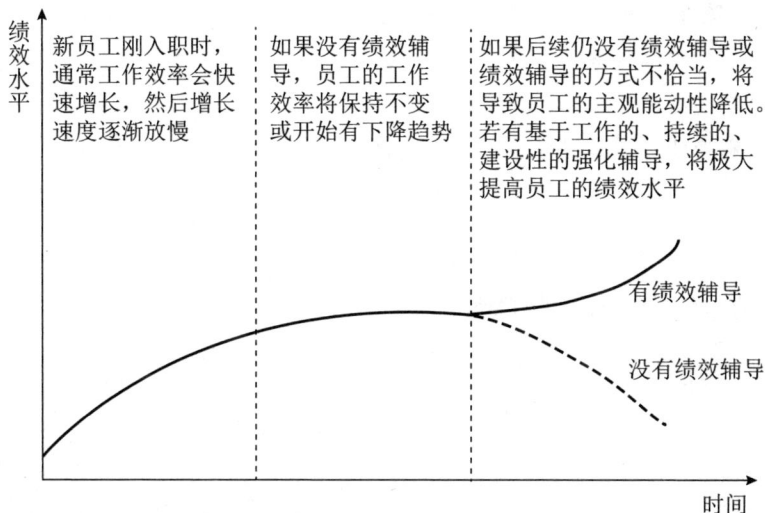

图 5-1　绩效辅导对被考核人绩效水平的影响

对于考核人来说，绩效辅导的作用包括如下内容。

- 能够针对性地为被考核人提供辅导。
- 能够针对性地为被考核人提供资源。
- 有助于被考核人快速提升工作能力。
- 有助于激励被考核人达成工作目标。
- 有助于掌握被考核人的工作进展情况。
- 有助于掌握绩效评价的参考依据。
- 有助于对被考核人做出客观的评价。

- 有助于评估被考核人工作的有效性。
- 有助于提高被考核人受激励的程度。
- 有助于提高被考核人工作的满意度。

如果被考核人能够及时、客观、准确地获得绩效辅导，将是绩效改进的起点。对于被考核人来说，绩效辅导的作用包括如下内容。

- 能够得到自己工作的反馈信息。
- 能够快速发现自身的缺点和不足。
- 能够及时获得相应的支持和帮助。
- 能够及时获取所需要的资源。
- 能够参与工作管理。
- 能够快速地提高自身的工作能力。
- 能够快速地提高自身的绩效水平。
- 能够更好地达成个人绩效目标。
- 能够更快地了解到企业目标的调整。
- 能够适应不断变化的工作任务。
- 能够及时调整个人目标。

5.1.3 绩效辅导工作中的角色

在绩效辅导的过程中，根据考核人为被考核人提供的不同支持类型，绩效辅导可以分为3个类别：第一类是为被考核人提供知识和能力的支持；第二类是帮助被考核人矫正行为的支持；第三类是给予被考核人职权、人力、物力、财力等资源的支持。基于此，考核人在绩效辅导中的角色分工应当包含如下3点。

1. 工作教练

当被考核人出现目标上的偏差时，考核人应帮助其及时纠正。纠正以启发为主、培训为辅，启发被考核人的思路，教会被考核人知识，锻炼被考核人技能。考核人可以成为被考核人的职业导师，帮助被考核人判断方向是否正确、方法是否得当、方式是否合理。

2. 合作伙伴

如果被考核人能够很好地履行岗位职责，能够按计划和目标有条不紊地开展工作，那么考核人应当放权或放手让被考核人进行自我管理。在这个过程中，如果被考核人遇到难题，考核人应当与被考核人一起解决难题，为被考核人提供一定的帮助，鼓舞被考核人的士气，和被考核人一起渡过难关。

3. 资源支持

被考核人因为自身职责和权限的限制，在某些方面可能会有资源的需求，而这些资源又是完成工作必需的。这时候，考核人应当帮助被考核人协调并获得开展工作所必需的资源，协助其完成工作任务。在整个过程中，考核人和被考核人之间应加强沟通，做好工作关系的衔接，克服工作中的困难。

被考核人在绩效辅导的过程中同样承担着一定的职责，毕竟被考核人是工作实施的主体，是绩效改善的主要实施人。被考核人在绩效辅导工作中的表现，同样是绩效辅导工作能否有效实施的关键。被考核人在绩效辅导工作中的主要职责是完成工作，实现最佳的绩效目标，主要包括如下内容。

（1）请求绩效结果情况的反馈和绩效的辅导。

（2）积极参与绩效辅导，与考核人积极相互沟通。

（3）与考核人探讨绩效目标的达成进度。

（4）为自己建立工作成果记录。

（5）客观地提出自己工作开展中遇到的困难。

（6）如果外界情况发生较大的变化，可以和考核人沟通一致后修改绩效目标。

（7）随着绩效管理的实施不断完善 IDP。

5.2　常见的绩效辅导形式

绩效辅导的形式可以分为正式和非正式两大类。正式的绩效辅导形式可以分成书面报告、一对一面谈和会议沟通 3 种，非正式的绩效辅导形式可以分成走动式管理、开放式办公、非正式会议、非正式交流 4 种。

本书重点介绍 3 种正式的绩效辅导形式的特点和应用。书面报告、一对一面谈和会议沟通这 3 种正式的绩效辅导形式各有优缺点，它们之间没有绝对的优劣之分，分别适用于有不同的企业文化背景和管理习惯的企业。

5.2.1　如何应用书面报告绩效辅导

书面报告指的是考核人和被考核人之间通过正式的书面报告的形式传递绩效辅导的信息。书面报告绩效辅导的操作一般可以按如下步骤进行。

（1）被考核人首先形成绩效情况的书面报告，报到考核人处。

（2）考核人对书面报告进行批示并提出改进意见。

（3）被考核人针对考核人的书面意见，提出个人的补充意见。

（4）在规定时间内，把绩效辅导的书面报告提交至相关部门（人力资源部）。

采用书面报告绩效辅导形式的操作步骤如图5-2所示。

| 被考核人形成书面报告 | → | 考核人对书面报告进行批示并提出意见 | → | 被考核人针对考核人的意见提出补充意见 | → | 上交绩效辅导书面报告 |

图5-2　书面报告绩效辅导形式的操作步骤

书面报告绩效辅导形式的报告样表如表5-1所示。

表5-1　书面报告绩效辅导形式的报告样表

绩效周期		被考核人所在企业	被考核人所在部门
考核人姓名	考核人职位	被考核人姓名	被考核人职位

被考核人绩效自述

被考核人下一步工作计划

考核人评价意见

被考核人意见

考核人签字	日期	被考核人签字	日期

填写书面报告时，需注意如下事项。

（1）"被考核人绩效自述"由被考核人填写，内容包括被考核人对当前绩效完成情况的自我评价以及对当前做得好的方面和存在问题的方面的自我总结。

（2）"被考核人下一步工作计划"由被考核人填写，是被考核人下一步的具体工作计划，可以包括工作内容、完成时间、责任人以及被考核人需要的支持等。

（3）"考核人评价意见"由考核人填写，内容包括考核人对被考核人的绩效自述和工作计划的想法，可以包括工作改进的建议、技能提升的建议以及考核人能够为被考核人提供的支持。

（4）"被考核人意见"由被考核人填写，由被考核人根据考核人的意见再补充一些工作计划的修改、工作内容的想法、工作的建议、工作内容的进一步描述等。

5.2.2　书面报告绩效辅导的适用情况及优缺点

书面报告绩效辅导的适用情况包括如下两种。

（1）在管理过程中习惯用书面报告的企业。

（2）考核人和被考核人之间存在时间上或空间上的距离。

书面报告绩效辅导的优点包括如下内容。

（1）要求被考核人定期提供书面报告可以帮助其养成及时收集信息、做好工作记录的好习惯。

（2）考核人能够在较短的时间内收集到大量关于被考核人工作进展情况的信息。

（3）书面报告的内容相对比较严谨、准确，便于资料的保存。

（4）突破了空间和时间的局限，能够让经常出差的人员或者不在同一个物理环境中的考核人和被考核人，保持方便、灵活的沟通。

书面报告绩效辅导可能存在的缺点包括如下内容。

（1）书面报告可能需要形成大量的文字、图形、表格，这些资料的收集、整理和呈现可能会占用被考核人比较多的时间，可能会引起被考核人的不满。

要避免这一潜在缺点，书面报告应当设计得尽可能简单、实用，报告中只保留重点的、必须要报告的内容要点。关于报告可能会用到的细节，可以口头汇报，可以形成一段语音，或者可以备注说明在哪里可以查看，而不必刻意要求被考核人整理，这样能够节省被考核人整理和形成报告的时间。

（2）书面报告如果操作不当，被考核人会得不到来自考核人及时的信息反馈。书面报告可能会演变成一种被考核人向考核人汇报的单向信息传递，而起不到沟通、探讨和绩效辅导的双向沟通的目的。同时，有可能会演变成"走过场"。

要避免这一潜在缺点，书面报告时，考核人对被考核人书面报告的反馈应当及时。必要的时候，书面报告可以和面谈、电话、会议等其他的沟通形式结合起来使用，保证信息的及时传达与交互。同时注意反馈的信息要实用，要真正能对被考核人绩效起到帮助作用，而不只是一种点评。

（3）书面报告因为是被考核人和考核人之间的信息交流，如果团队中的考核人及其他成员无法了解到与被考核人相关的信息内容，导致信息不对称，可能不利于被考核人绩效的改善或者整个团队绩效水平的提升。

要避免这一潜在的缺点，考核人可以在书面报告的绩效辅导周期过后，总结本团队中其他成员需要获取的信息，通过统一的工作会议，把信息传达给相关人员。必要情况下，考核人也可以直接引入会议沟通的绩效辅导方法作为辅助。

5.2.3　如何应用一对一面谈绩效辅导

一对一面谈是指考核人与被考核人采取单独交流沟通的方式来实施绩效辅导。一对一面谈绩效辅导的操作一般可以按照如下步骤进行。

（1）考核双方按照企业规定的时间实施绩效辅导的一对一面谈。

（2）绩效辅导过程中，双方共同填写绩效辅导记录表。

（3）双方在绩效辅导记录表上签字确认后，在企业规定的时间内，统一交到企业的人力资源部，由人力资源部负责绩效辅导记录表的检查和存档工作。

一对一面谈绩效辅导的操作流程如图5-3所示。

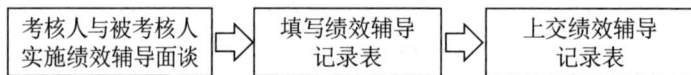

考核人与被考核人实施绩效辅导面谈	⇒	填写绩效辅导记录表	⇒	上交绩效辅导记录表

图5-3　一对一面谈绩效辅导的操作流程

一对一面谈绩效辅导的记录至少应当包括以下3个方面的内容。

1. 工作进展回顾

通过对被考核人工作进度的评估和记录，可以明确被考核人当前的绩效处在怎样的阶段，被考核人还需要实现哪些阶段性的目标。

2. 工作行为反馈

通过工作行为的反馈的记录，可以明确考核人对被考核人在哪些方面的行为持积极、肯定的态度，对哪些方面的行为持保留和建议改进的态度，并能够明确考核人对被考核人行为改进的建议。

同时，反馈的意见还应当包括被考核人的个人想法，通过对被考核人想法和意见的记录，能够记录考核双方不同的意见和想法，为将来的工作改进、工作评判和绩效回顾提供书面依据。

3. 下阶段工作计划

通过对下阶段工作计划的记录，能够明确经过考核双方的交流之后，被考核人下一步的行动方针和工作计划。同时，能够明确针对被考核人存在的问题，考核人承诺做出哪些具体的行为、提供哪些具体的支持。

绩效辅导的记录工作可以采用固定的绩效辅导记录表，样表如表 5-2 所示。

表 5-2　一对一面谈绩效辅导谈话记录样表

绩效辅导时间		被考核人所在企业	被考核人所在部门
考核人姓名	考核人职位	被考核人姓名	被考核人职位

被考核人目标及工作进展回顾

绩效辅导内容

改进方向及措施

需要其他部门支持

被考核人意见

考核人签字	日期	被考核人签字	日期

填写一对一面谈绩效辅导谈话记录表时，需要注意如下内容。

（1）"被考核人目标及工作进展回顾"由被考核人填写，内容包括被考核人当前的绩效工作进度、做得好的方面、需要改善的方面等。

（2）"绩效辅导内容"由考核人填写，内容包括被考核人工作中的亮点和不足，考核人将会为被考核人提供的帮助和支持、这些帮助和支持发生的时间以及将会帮助被考核人解决哪些问题等。

（3）"改进方向及措施"由被考核人填写，内容包括被考核人下阶段的工作计划，工作计划的内容要包括具体的时间、需要的资源、需要的协助人、相关的责任人等。

（4）"需要其他部门支持"由考核人填写，内容包括被考核人完成绩效还需要哪些部门的支持，还需要哪些考核人没有能力提供的培训或学习机会等。

（5）"被考核人意见"由被考核人填写，内容包括被考核人对于绩效辅导还有哪些想法、建议或者对一些行为、事件的进一步的解释说明等。

考核人在运用一对一面谈的绩效辅导方式时，需要注意如下事项。

（1）考核人要掌握绩效辅导的时机，最好在被考核人最需要帮助和最需要激励的时候实施绩效辅导。

（2）绩效辅导面谈过程中探讨的内容应当是被考核人在工作过程中发生的事实，而不应该是一些考核人主观的猜测或者是没有事实依据的评价。

（3）一对一面谈的过程中，考核人与被考核人之间应保持双向的沟通，而不是只有考核人一方在下达指令。考核人要学习引导的技能，鼓励被考核人讲出自己的真实想法，甚至讲出自己的不满。

（4）如果绩效辅导过程中考核人发现被考核人有比较错误的想法，应当及时与其进行沟通、对其进行引导或纠正其错误的想法。如果是违背企业大方向的或者原则性的问题，应当客观地指出；如果是模棱两可的问题，引导过程中同样应当以双向沟通的态度和原则与被考核人探讨。

（5）在一对一面谈绩效辅导的过程中，考核人应当注意使用非语言的沟通技巧，养成有效倾听的习惯。让被考核人在整个一对一面谈的绩效辅导过程中，感受到心理上的温暖、舒适和被尊重。

5.2.4　一对一面谈绩效辅导的实施步骤

一对一面谈绩效辅导的步骤可以分为6步。

1. 发现问题

考核人要建立良好的沟通氛围，说明绩效辅导的目的；倾听并让被考核人积极参与绩效辅导工作；要了解被考核人的目标进展情况、工作情况、态度情况，有意识地观察、发现被考核人的问题。

2. 描述行为

考核人要描述被考核人的具体行为，而不是概括性地直接总结和推论，要解释这个行为对绩效目标可能产生的具体影响。考核人可以向被考核人表达自己的感受，但是必须说明这只是主观感受，还需要进一步征求被考核人的想法，让被考核人能够自我分析、表达心声。

3. 积极反馈

考核人要积极、真诚、具体地表扬被考核人的行为，必要的时候，可以嘉奖被考核人表现积极的行为。

4. 达成共识

考核人要与被考核人确认需要改善的工作内容、需要提高的知识和技能、需要给予的资源和支持，并最终与被考核人达成一致。

5. 鼓励结尾

在谈话快结束的时候，考核人要着眼于未来，给予被考核人一定的鼓励、支持或帮助，并和被考核人一起，做出正面的工作规划，让谈话在考核人对被考核人的鼓励中收尾。

6. 形成记录

要按照企业的要求，形成书面的记录，写清楚考核人与被考核人双方都认同的事情、具体的行动计划、改进的措施以及还有哪些没有达成一致的事项。

考核人通常可以把被考核人所有的绩效问题归结为态度、知识、技能和外部因素四大类。要弄清楚被考核人出现的问题究竟是哪一类的，考核人可以重点关注并问自己和被考核人如下问题。

- 被考核人是否有正确的态度和自信心？
- 被考核人是否有做这方面工作的知识和经验？
- 被考核人是否具备应用知识和经验的相关技能？
- 被考核人是否有不可控的外部障碍？
- 被考核人的问题是否是企业层面的绩效问题？
- 绩效问题是否来源于被考核人的工作目标不明确？
- 被考核人是否清楚自己工作的完成情况？

- 被考核人是否曾经圆满完成过工作目标？

考核人在实施绩效辅导之前，要在工作中不断进行绩效过程的监控，不断关注如下问题。

- 被考核人工作完成得怎样？还有哪些不足？
- 被考核人是在实现目标的轨道上运行吗？
- 如果偏离轨道，被考核人需进行哪些改变才能回到轨道上来？
- 自己能做些什么来支持被考核人？
- 是否发生了影响被考核人工作任务或重要性次序的变化？
- 如果发生了，被考核人在目标或任务方面应做哪些改变？

5.2.5　一对一面谈绩效辅导的适用情况及优缺点

一对一面谈绩效辅导的适用情况包括如下4种。

（1）企业的管理文化比较强调隐私性。

（2）考核人的管理时间相对比较充裕。

（3）考核人所负责的被考核人数量相对比较少。

（4）被考核人存在的问题比较多或者比较严重。

一对一面谈绩效辅导的优点包括如下内容。

（1）一对一面谈能够让被考核人感受到被尊重，有利于拉近考核双方的心理距离，有利于在上下级之间形成愉快、融洽的人际关系，使日常的管理变得简单。

（2）可以让考核人与被考核人之间进行深入讨论，考核双方能够在这个过程中讨论一些不宜被公开的信息。

（3）考核人可以根据被考核人的情况，具体问题具体分析，做到因材施教，提供个性化的帮助和辅导。

一对一面谈绩效辅导可能存在的缺点包括如下内容。

（1）如果提前准备不充分，可能会浪费考核双方大量的时间。

要避免这一潜在的缺点，考核人应当提前做好绩效辅导面谈的各项准备。

（2）在一对一面谈过程中，考核人对被考核人的评价可能存在一定的主观性，可能会有个人的感性判断。

要避免这一潜在的缺点，考核人应当学习并掌握一定的面谈交流技巧，以真诚、客观的态度与被考核人交流。

（3）有时候一对一面谈会给被考核人比较大的心理压力，尤其是当被考核人在某段考核期内工作成果不理想或者出现错误的时候。

要避免这一潜在的缺点，考核人在与被考核人沟通前，要给予被考核人一定的鼓励。同时要做好一对一面谈的开场，避免被考核人过分紧张，影响绩效辅导的效果。

5.2.6　如何应用会议沟通绩效辅导

会议沟通绩效辅导是指一名考核人与多名被考核人一起召开以绩效回顾和绩效辅导为主题的会议，是共同探讨绩效情况、共同查找存在的不足、共同提升绩效能力的过程。

会议沟通绩效辅导的操作一般可以按照如下步骤进行。

（1）考核人确定绩效辅导会议的主题、内容、时间、地点之后，通知相关的被考核人召开绩效辅导会议。

（2）绩效辅导会议应当按照预定的主题和内容运行。其中，必要的程序是考核人与不同的被考核人一起回顾当前的绩效问题，确定未来的发展方向。

（3）在探讨问题和展望未来的过程中，考核人与被考核人就问题、需要的支持、改进的方向充分讨论后，形成双方认可的一致意见。

（4）整个会议过程要形成详细的会议纪要，并在规定的时间内，统一交人力资源部存档。

会议沟通绩效辅导的操作流程如图 5-4 所示。

召开绩效辅导会议 ⇒ 回顾绩效问题，确定未来方向 ⇒ 讨论形成一致的意见 ⇒ 上交绩效辅导会议纪要

图 5-4　会议沟通绩效辅导的操作流程

会议沟通绩效辅导至少应当包括如下 3 项内容。

1. 会议召开的原因和准备

这部分内容包括如下事项。

● 会议召开的原因都有哪些？

● 会议预期解决的问题是什么？

● 准备邀请哪些人员参加会议？

● 需要提前做好哪些方面的准备？

2. 会议过程中探讨的内容

这部分内容包括如下事项。

● 会议的具体运行程序是什么？

- 会议中探讨的主要内容是什么？
- 当前绩效存在的问题是什么？
- 当前绩效较好的部分是什么？

3. 会议最终解决了的问题

这部分内容包括如下事项。

- 会议做出了什么样的决定？
- 会议形成了什么样的目标？
- 会议制订了什么样的计划？

会议沟通绩效辅导形成的会议纪要样表如表 5-3 所示。

表 5-3　会议沟通绩效辅导形成的会议纪要样表

会议时间	会议地点	主持人	参会成员
考核人姓名	考核人职位	考核人部门	

会议主题

会议议程

会议内容

行动计划

参会人员签字确认

在填写会议沟通绩效辅导会议纪要表时，需要注意如下内容。

（1）在"会议主题"处，填写本次绩效辅导会议的主题。

（2）在"会议议程"处，填写本次绩效辅导会议的议程进展。

（3）在"会议内容"处，填写会议过程中的进展情况以及会议中沟通或讨论的主要内容。

（4）在"行动计划"处，填写经过会议的讨论，最终形成的具体行动计划。行动计划要包括会议的时间、目标、责任人。

（5）在"参会人员签字确认"处，所有的参会人员必须全部签字。

考核人在运用会议沟通绩效辅导方式时，需要注意如下事项。

（1）不要为了开会而开会，为了辅导而辅导。开会不是目的，辅导也不是目的，更好地改善绩效、解决问题才是目的。所以，会议的召开一定要能够对被考核人的绩效情况有所帮助，要解决当前某项实际的、具体的问题。

（2）召开绩效辅导会议前应合理安排时间，以免影响正常工作。如果绩效管理运行正常，各被考核人的工作情况都表现较优的话，绩效辅导会议的时间可以适当缩短。会议应当注重快节奏、高效率，而不要变成"文山会海"。

（3）注意会议的主题、数量和频率，不一定要求考核人负责的被考核人在同一时间参加同一个会议，可以是不同的被考核人在不同的时间参加不同的会议。保证在同一个会议上，参会人员探讨的主题具有一定的共同点或协同性。

（4）绩效辅导会议的主旨是改善绩效，为了达到这一目的，要注意整个会议的氛围。不要把绩效辅导会议开成被考核人的批评会。即使被考核人真的有问题，会议过程中也要照顾到被考核人的自尊心和个人情绪。苛责往往并不会真正帮助被考核人自愿改变行为，而充分的善意和关怀往往能够起到比较好的效果。

（5）会议过程中，一定要详细做好会议的书面总结和记录。每次会议最好都用录音笔录音并存档。有条件的企业可以把录音转化成文字稿并突出重点，没有条件的企业至少要整理出其中的要点形成文字稿。

5.2.7　会议沟通绩效辅导的适用情况及优缺点

会议沟通绩效辅导的适用情况包括如下 5 种。

（1）企业的管理文化比较强调公开性。

（2）考核人负责的被考核人人数比较多。

（3）考核人的时间紧张，管理时间有限。

（4）被考核人之间的绩效存在一定的协同性和相关性。

（5）通过被考核人之间的绩效信息共享和共同探讨能够有效提升管理效率。

会议沟通绩效辅导的优点包括如下内容。

（1）考核人与团队成员可以共同了解绩效工作的进展情况，能够让团队成员之间了解彼此的工作状况，能够在一定程度上避免信息不对称，增强团队成员之间工作的默契和配合度。

（2）考核人可以借此机会向团队的全体成员传达企业的发展战略以及企业文化等信息，及时传达企业和部门层面工作重点的变化或调整。

（3）能够提供给考核人和所有被考核人面对面直接交流和沟通的场合，能够弥补书面报告或者一对一面谈的一些缺点。

会议沟通绩效辅导可能存在的缺点包括如下内容。

（1）有一些问题，比如个别被考核人的个别问题或者只有个别被考核人需要知道的保密问题，可能不便在会议上讨论和交流。

要避免这一潜在的缺点，考核人可以在会议中回避这类问题，在会议开始之前或者结束之后，找相关人员单独交流。如果需要回避的问题太多，那么建议采取一对一面谈的方式进行绩效辅导。

（2）对于一些管理文化有问题、管理方法缺失的企业，采用会议的方式进行绩效辅导可能最终会让会议变成"走形式"。开会变成了一种习惯，而不是需要。会议内容只有固定不变的几个，而不会根据具体情况调整。

要避免这一潜在的缺点，企业首先要建立良性的管理文化，同时要提高考核人在会议管理方面的素质和能力。

（3）会议沟通需要多名被考核人共同参与，有可能会影响部分被考核人的正常工作。会议过程中的绩效辅导可能并不能针对每一位被考核人，也可能在一定程度上造成时间上的浪费。

要避免这一潜在的缺点，考核人可以利用互联网，采取视频会议或电话会议的形式；可以把会议安排在团队工作相对比较少的时候；也可以精简会议的主题，提高会议的效率，缩短会议的时间。

5.2.8 如何实施绩效辅导检查

为了保证绩效辅导能够有效实施，不论是从企业管理的角度，还是从人力资源部绩效管理的角度，企业都应当为各部门绩效辅导的实施提供保障机制。人力资源部应当对绩效辅导的实施进行检查，并评估各部门绩效辅导工作的质量，修正考核人不良的绩效辅导行为。

管理中常说有检查才有执行、有检查才有落实、有检查才有追踪。因此，绩效辅导工作能否落实和执行到位，人力资源部的检查工作尤为重要。

对于绩效管理工作推行时间不长，或者绩效管理目前还处在初级阶段的企业来说，考核人和被考核人没有形成绩效辅导的意识和习惯，普遍会认为绩效辅导是一项多余的、没有意义的工作。这时候，绩效辅导的检查工作显得尤为重要。

人力资源部对绩效辅导的检查工作，可以分成 3 个方面的内容。

1. 检查绩效辅导书面记录

绩效辅导保障机制的第一环是企业应当规定绩效辅导的过程要形成详细的书面记录。比如，书面报告中的绩效辅导书面报告、一对一面谈中的绩效辅导记录表以及会议沟通中的会议纪要。

形成书面记录的好处是不仅可以为绩效辅导提供发生的证据，还可以为被考核人行为的改进提供书面的依据，必要的时候，也是企业用来证明被考核人绩效情况的证据。

检查考核人与被考核人之间绩效辅导的书面记录是绩效辅导检查的基础工作。绩效辅导的书面记录的填写是否完备，从一定程度上反映了绩效辅导工作运行的质量。

检查人在检查绩效辅导书面记录的情况时，要重点检查 3 项内容。

（1）完整性。

内容填写的完整性是判断绩效辅导书面记录质量的评判标准之一。如果在绩效辅导的过程中，考核人和被考核人之间的交流是完整的，是按照企业的要求进行的，那么绩效辅导的书面记录理应是完整的。如果绩效辅导的书面记录不完整，那么检查人可以合理推断绩效辅导的过程可能是有问题的。

（2）及时性。

在检查绩效辅导书面记录时，检查人要注意绩效辅导书面记录填写的时间。如果企业对绩效辅导的时间有明确的规定，那么绩效辅导发生的时间不应当晚于企业规定的时间。

比如，有的企业规定每月的 15 日之前是绩效辅导的时间，各部门要在每月 20 日之前将绩效辅导记录表全部上交给人力资源部。人力资源部可以在每月的 15—20 日这几天内进行抽查，按照企业的规定，在这个时间段各部门应当已经结束绩效辅导，已经形成了绩效辅导记录，只是由于收集汇总需要一定的时间，所以还没上交。

如果人力资源部在此期间发现某部门的绩效辅导记录并不完整，那么说明该部门并没有按照企业的规定执行绩效辅导的程序。有些对绩效辅导不重视的考核人可能会在绩效辅导记录表上交之前临时抱佛脚，这样做就失去了绩效辅导的意义。

（3）有效性。

检查人同样要注意绩效辅导书面记录的内容是真实有效的，是与工作过程相关的，还是为了填满表格而应付了事的。从绩效辅导书面记录的内容中，检查人能够看出考核人究竟是把绩效辅导作为一种改善绩效的工具，还是作为一项不得不完成的工作任务来对待。

绩效辅导书面记录检查表如表 5-4 所示。

表 5-4   绩效辅导书面记录检查表

被考核人企业	被考核人部门	被考核人姓名	考核人姓名	检查人姓名	绩效辅导书面记录			综合评价
					完整性	及时性	有效性	

2. 与被考核人面谈

检查人除了检查书面的绩效辅导记录之外，还应当定期与一些被考核人面谈，检查绩效辅导是否真实有效地发生。检查人可以重点抽查那些绩效辅导记录常出问题的，或者做得相对不好的部门中的被考核人。

检查人与被考核人的面谈，至少应当包括如下内容。

（1）被考核人是否在企业规定的时间内接受了考核人的绩效辅导？

（2）被考核人与考核人填写的绩效辅导记录表是否是真实的？

（3）被考核人对绩效辅导的理解和认识是怎么样的？

（4）被考核人认为考核人对自己进行的绩效辅导是否真正帮到了自己？

（5）被考核人认为考核人在绩效辅导方面还可以有哪些改善？

（6）被考核人认为企业的绩效辅导工作还可以有哪些改进？

检查人与被考核人面谈后，应形成谈话记录，被考核人访谈记录表如表 5-5 所示。

检查人在填写被考核人访谈记录表时需注意如下内容。

（1）在"访谈内容"处，填写检查人与被考核人的谈话内容。

（2）在"被考核人意见"处，填写被考核人对绩效辅导的想法、对绩效辅导工作提出的意见或建议，以及被考核人需要的企业层面的支持或帮助等。

（3）在"检查人意见"处，填写检查人对本次谈话的感受，以及对于企业或者该部门绩效辅导工作的意见或建议。

表 5-5 被考核人访谈记录表

访谈时间	检查人姓名	被考核人所在企业	被考核人所在部门
考核人姓名	考核人职位	被考核人姓名	被考核人职位

访谈内容

被考核人意见

检查人意见

检查人签字	日期	被考核人签字	日期

检查人应定期把访谈记录表中的关键内容形成汇总表，报送到企业的相关领导处查阅。对被考核人绩效辅导检查结果的汇总如表 5-6 所示。

表 5-6 被考核人绩效辅导检查结果汇总表

检查被考核人	检查人	反映出的问题	改进建议	备注

在填写被考核人绩效辅导检查结果汇总表时，不需要像被考核人访谈记录表那样填写得过于详细。关键是检查人要把反映出的问题和改进的建议形成要点并表述清楚。

3. 与考核人面谈

检查人的面谈检查除了要面向被考核人外，还应了解考核人的想法。

检查人与考核人的面谈，至少应当包括如下内容。

（1）考核人是否每次都按时对被考核人实施绩效辅导？

（2）考核人在实施绩效辅导时，有哪些难以克服的困难？

（3）考核人认为企业的绩效辅导流程还存在哪些问题？

（4）考核人对企业的绩效辅导流程有哪些改进的建议？

（5）考核人认为有哪些被考核人的工作态度存在问题？

检查人与考核人面谈后，应形成谈话记录，考核人访谈记录表如表 5-7 所示。

表 5-7　考核人访谈记录表

访谈时间	检查人姓名	考核人所在企业	考核人所在部门
考核人姓名	考核人职位	考核人管理被考核人数量	
访谈内容			
考核人意见			
检查人意见			
检查人签字	日期	被考核人签字	日期

检查人在填写考核人访谈记录表时需注意如下内容。

（1）在"访谈内容"处，填写检查人与考核人的谈话内容。

（2）在"考核人意见"处，填写考核人对绩效辅导的想法、对绩效辅导工作提出的意见或建议，以及考核人需要的企业层面的支持或帮助等。

（3）在"检查人意见"处，填写检查人对本次谈话的感受，以及对考核人实施绩效辅导工作的综合评价等。

对考核人的访谈检查，检查人同样应当定期形成固定的汇总表，并报相关领导处。考核人绩效辅导检查汇总表与被考核人绩效辅导检查汇总表的样式和填写方式类似，如表 5-8 所示。

表 5-8　考核人绩效辅导检查结果汇总表

检查考核人	检查人	反映出的问题	改进建议	备注

5.3　绩效辅导实用操作技巧

学会利用一些技巧，考核人在实施绩效辅导时能够事半功倍。考核人经常能用到的技巧有营造氛围的技巧、有效倾听的技巧、有效沟通的技巧、传授技能的技巧以及激励行动的技巧。

5.3.1　营造氛围的技巧

考核人对被考核人实施绩效辅导时，交流的氛围至关重要。好的交流氛围能够让被考核人更容易接受考核人的信息，而紧张、压抑等不好的氛围会让被考核人感受到压力，不利于考核双方信息的传递。

要营造良好的交流氛围，考核人可以采用如下技巧。

1. 平时下功夫

考核人要在平时注重营造氛围，而不是只在绩效辅导的时候营造氛围。一个平时就对员工不闻不问或者呼来喝去的管理者，不论他在绩效辅导的时候怎么假装，员工都不会"买账"。

所以，考核人在日常的工作中，就应当把被考核人当成是合作伙伴，坦诚相待、彼此信任、互相帮助。考核人可以在平时多搞一些能够增进团队氛围的小活动或者小节目，非工作时间多与团队成员联络感情等。

同时，要公平和公正地对待每一位被考核人，不能有偏袒和偏激的行为。总之，考核人要在平时树立自己在被考核人心中良好的形象。

2. 环境要求

考核人对被考核人实施绩效辅导谈话时最好选择安静、明亮的房间。双方的谈话过程中最好不要有任何电话、访客或者噪声的干扰。考核双方就座的位置最好不是相对的，而是紧挨着的。

3. 充分肯定

许多不好的谈话氛围都源于考核人一开场对被考核人工作的批评。考核人要善于发现被考核人的闪光点，善于发现被考核人工作做得比较好的地方，而且要不吝啬地说出来。考核人对被考核人工作的肯定要自始至终贯穿在整个绩效辅导的过程中。

即使是被考核人工作并不十分出色，考核人依然不要一开始就点明对方的缺点，而应当以肯定开头，以积极性的祝愿结束，在中间加入对员工的意见和建议。

5.3.2 有效倾听的技巧

认真倾听是体现考核人对被考核人充分尊重的一种方式。考核人如果不会倾听，绩效辅导很可能会演变成考核人单向的指示或命令。

要有效地实施倾听，考核人可以采用如下技巧。

1. 表现专注

考核人可以通过一些非语言的行为，如友好的表情、眼神的接触、时不时点头、身体自然放松、身体稍微前倾等，让被考核人感受到考核人对谈话是有兴趣的，考核人已经接收到了被考核人的信息。

2. 认真听完

在被考核人把话讲完之前，考核人不要急着做出评判或给予纠正，也不要轻易发表自己的观点。考核人要认真地把对方的话听完，认真地体会和理解对方想要表达的观点，再给予回应。考核人要站在被考核人的立场上去思考和理解他讲出的观点或提出的问题。

3. 善用反馈

考核人在倾听的过程中，要适时地给被考核人一些简单的反馈，如"哦""嗯""是的""没错""这个有意思""我明白"等，来认同对方的陈述。也可以通过说"讲一讲，我们讨论一下""我想了解一下你的想法""这个我很感兴趣"等来鼓励被考核人继续表达。

反馈不仅来源于言语上的表现，行动上的表现同样也是一种反馈。比如，考核人应当适时地点头、微笑，还可以在本子上记录需要记录的内容，这些行为同样能够给被考核人继续表达的动力。

4. 事实重复

为了表示考核人在认真地倾听被考核人的讲话，考核人可以针对被考核人陈述的一些事实或者观点做简单的重复。比如，"我注意到，你刚才说……，我非常认同""你刚才说的……，我的理解对吗？"等。

5. 寻找共鸣

对于被考核人表达的事项，考核人可以先表示自己的认同和理解，表达自己对该事件的想法和被考核人是相同的。考核双方交流中的共鸣是下一步有效沟通的保障。

5.3.3　有效沟通的技巧

沟通的过程是决定考核双方绩效辅导质量的关键要素。良性的沟通能够把信息充分地表达出来，不良的沟通往往表达的信息是不全面的。要实施有效的沟通，考核人可以采用如下技巧。

1. 双向沟通

沟通过程一定要是考核双方的交流，而且应当适当地以被考核人为主。有的绩效辅导过程是考核人或者被考核人一方的单向信息输出，这样是无法实现信息的交流互通的，不利于被考核人绩效的改进。

2. 平等沟通

考核双方虽然在职位上有所差异，但是绩效辅导的谈话过程不应当过分强调这种等级差异。沟通的双方能够在同一个位置上平等交流的时候，才是沟通效果最好的时候。所以考核人在实施绩效辅导时要放下架子，和被考核人平等地沟通。

3. 高效沟通

绩效辅导中沟通的主要目的是解决实际问题，而不是漫无边际地拉家常。沟通开始的时候，双方可以为了缓和气氛，简单聊一些非绩效相关或者非工作相关的话题，但时间不宜过长。当正式进入绩效辅导的时候，考核双方应保持高效率的沟通，快速地聚焦问题，针对问题迅速讨论，以便形成方案、解决问题。

4. 多样沟通

对于不同性格、岗位、能力、态度的被考核人，考核人所采取的沟通策略应当是不同的。对于有能力的被考核人，沟通内容可以更倾向于激发他的责任心；对于能力一般的人，沟通的内容可以更倾向于辅导和技能培养；对于既没有能力态度又不端正的被考核人，可以适当严厉。

5. 肢体语言

考核人在沟通过程中要注意自己的肢体语言。肢体语言会显示人们的真正想法，如有的人心里并不赞同，但是嘴上却表达自己认可这个观点，这时候可能他会不自觉地摇头。考核人不要做一些无意义的肢体语言，以免分散对方的注意力，影响沟通的效果。

5.3.4　传授技能的技巧

不是每一位考核人都懂得如何向被考核人传授技能。许多考核人工作做得非常出色，但是当要教别人的时候却不知道从何处下手。要有效地向被考核人传授技能，考核人可以采用如下技巧。

1. 告知

考核人可以告诉被考核人某项工作或者某个技能的具体操作流程、步骤、方法以及操作过程中的注意事项等。总之就是把如何做好这项工作相关的一切信息传递给被考核人。

2. 示范

考核人实际操作一遍，让被考核人观摩学习。被考核人可以针对考核人的操作提出自己的疑问或想法。

3. 模拟

考核人要求被考核人按照自己传授的方法以及自己的示范操作一遍。在这个过程中，考核人要观察被考核人的操作与自己传授的方法是否一致。

4. 改善

考核人针对被考核人操作中存在的问题，给予指导和纠正。必要的时候，考核人可以重复第一步告知和第二步示范的内容，并让被考核人重新模拟一遍。持续重复，直到被考核人能够独立操作并达到考核人的要求为止。

5. 固化

被考核人在工作中不断地按照考核人传授的方法持续练习，直到将这种方法变成习惯，固化成自己不需要思考的操作。在这个过程中，考核人仍然需要不断进行指导和纠偏。

6. 创新

被考核人与考核人一起探讨，在现有方法的基础上，是否有可能进一步创新，达到提高效益或效率、降低成本或风险的目的。

5.3.5　激励行动的技巧

人们的行为来源于大脑复杂的过程，并不会因为别人简单的说教或指挥就有所变化，考核人要激励被考核人采取某项行动是需要技巧的。要有效地激励被考核人采取某种行动，考核人可以采用如下技巧。

1. 识别考核人期望的行为

考核人首先要识别出自己期望员工做到的行为是什么样的。这个行为要是具体的，而不是靠感觉或主观判断的；要是能够被员工理解的；要是能够被客观地判断和测量的；而且对员工来说，这个行为要是有意义的。

2. 传达对被考核人的期望

考核人要明确地向被考核人传达期望他做的行为，要确保被考核人能够理解这个期望行为的具体表现、这个行为能够为他带来的好处以及如果不执行这个行为他可能要为此承担的后果等。

3. 对被考核人持续评价

考核人要客观地评价被考核人做出这个行为的结果，过程中要以具体的行为事实为依据而不是主观的判断。考核人要评价这个行为在多大程度上表现出了考核人的期望，行为进展得是否顺利，有没有出现问题，需要如何改进。

5.4　绩效过程监控的方法

绩效过程监控，是在整个绩效周期内，考核人为了预防和解决绩效周期内可能存在的问题，持续地观察和记录被考核人工作的关键行为、关键事件和绩效进展情况，为绩效评价提供依据的同时，更好地帮助被考核人完成绩效计划的过程。

5.4.1　绩效过程监控的关键层面

绩效过程监控不是绩效管理的某一个过程，而是贯穿绩效计划和绩效评价的全过程，在整个绩效管理过程中发挥着重要的作用。绩效过程监控也不是只监控绩效管理的某一类人群或指标，而是对整个企业的绩效情况实施全过程的监控。

绩效过程监控的全过程可以分成 3 个层面。

1. 组织层面的绩效过程监控

组织层面的绩效过程监控，是企业的最高管理层对整个企业绩效的监控。当组织层面的绩效出现问题时，企业的最高管理层需要协调组织层面的资源，在整个组织层面做出努力，以调整整个企业的绩效水平。

组织层面的绩效过程监控的关注点包括如下内容。

- 企业整体以及各业务部门、事业部门之间的协同情况。
- 企业整体的业务部门以及各职能部门的协同情况。
- 企业整体与外部的政府、企业、机构间的协同情况。
- 企业整体的日常经营管理与全部被考核人之间的协同情况。
- 企业的价值主张是否达到了原本的预期？
- 企业董事会或股东是否影响绩效的达成？
- 企业业务部门或支持部门是否影响绩效达成？
- 企业的客户或供应商是否影响绩效达成？

2. 流程层面的绩效过程监控

流程层面的绩效过程监控，是企业的相关管理层对企业中的关键流程对绩效影响的监控，并根据企业、部门或员工个人的绩效运行情况，有目的性、有针对性地对相关流程进行完善和修改。

流程层面的绩效过程监控的关注点包括如下内容。

- 管理层针对绩效情况对战略性流程的识别。
- 管理层针对绩效情况对战略性流程的衡量。
- 管理层针对绩效情况对战略性流程的改进。

3. 个人层面的绩效过程监控

个人层面的绩效过程监控，是企业中最普遍的，是所有的上级（考核人）对下属（被考核人）个人绩效进展情况的监控。

个人层面的绩效过程监控的关注点包括如下内容。

- 个人绩效计划的完成情况。
- 个人行为的优劣判别情况。
- 个人能力的缺失补充情况。

5.4.2 绩效过程监控的操作方法

绩效过程监控的主要内容是绩效计划环节中确定的各种绩效评价要素、绩效的具体目标以及绩效评价的指标。绩效过程监控过程中获得的信息在考核周期结束时，在绩效评价的环节也是可以用到的。

因此，在操作绩效过程监控时，需要保持前端的绩效计划和末端的绩效评价在内容上的一致性。对不同企业、部门或具体情况，绩效过程监控的重点应当是不同的。但是对具体的考核人和被考核人对象，在外部条件没有发生较大变化的情况下，绩效过程监控的过程和关注点应是基本相同的。

绩效过程监控需要做好如下工作。

1. 事前的监控

在绩效考核开始之前，确定绩效指标时，要确保各部门的目标、任务能够有效地分解。在初步确定绩效指标时，要做好与被考核人的充分沟通，确保个人、部门的绩效指标能够保证企业目标的完成。

2. 事中的监控

在绩效管理运行的过程中，要随时监控绩效指标的达成情况、绩效任务的完成情况，及时总结、回顾、汇报，及时修正绩效管理中存在的问题。对于需要调整的绩效指标、绩效任务或工作方法，要根据需要及时调整。

3. 事后的监控

在绩效考核结束之后，要综合企业、部门或个人对年度、季度、月度的绩效完成情况，找出差距和原因，对企业有利的方法或行为要及时进行推广，对企业不利的方法或行为则及时进行更正。

为有效地实施绩效过程监控，可以成立绩效过程监控小组，具体操作步骤如下。

1. 成立绩效过程监控小组

企业可以根据情况，选择部分成员组成绩效过程监控小组。一般绩效过程监控小组的组长可以由总经理担任，组员可以由其他的中高层管理者组成。绩效过程监控小组的主要任务是对整个企业的绩效进行监控。

2. 实施绩效过程监控

绩效过程监控小组在实施绩效过程监控前，要制订详细的绩效过程监控计划，根据企业绩效情况分别对组织层面、流程层面和个人层面的绩效过程进行监控。同时，对考核人日常对被考核人的绩效评价实施监控。

3. 绩效过程监控处理

在绩效过程监控过程中发现问题时，绩效过程监控小组要及时地把问题反馈给当事人；需要企业层面进行讨论的，要纳入企业的会议议程，寻找解决方案。

5.4.3　绩效过程监控的注意事项

在绩效过程监控工作中，要重点注意以下 3 个方面的事项。

1. 考核人的绩效辅导能力

考核人的绩效辅导能力对被考核人绩效目标的实现、绩效任务的完成而言关系重大。考核人如果不懂得根据不同下属的类型有针对性地进行辅导的话，那么绩效辅导通常不会起到应有的效果。

所以在实施绩效过程监控时，不仅要关注考核人是否对被考核人实施绩效辅导，还要关注考核人对被考核人实施的绩效辅导是否有效，考核人对绩效辅导的理解和实施能否达到企业要求的水平，而不能只是为了完成任务。

2. 考核人沟通的有效性

考核人与被考核人之间对绩效问题的沟通方式决定了绩效管理能否真正发挥作用。只有当考核人就绩效问题与被考核人进行充分沟通后，绩效管理的效果和目的才能够实现。没有针对绩效问题进行充分沟通，绩效管理很可能会变成只停留在纸面上的工作，而失去了绩效管理的实际意义。

3. 绩效评价信息的有效性

绩效评价信息是否足够客观、有效，同样影响着绩效过程监控的实施。如果绩效评价信息得不到有效的记录和处理，接下来的绩效评价工作就会犯"对人不对事""主观不客观"的错误，将会造成整个绩效管理体系的失败。

【疑难问题】绩效辅导中常见问题解析

实务中，绩效辅导环节常出现考核人没有辅导意识、以各种理由不配合绩效辅导工作开展或者考核人自身能力没有达到能够识别被考核人能力缺陷并辅导被考核人等实际问题，比较常见的问题及对应的解决方案如下。

（1）考核人日常工作业务繁忙，没有时间和被考核人接触，或没有时间辅导被考核人。

参考的解决方案包括如下内容。

- 企业层面设定统一的绩效辅导时间，即使每天只有1～2分钟也比没有好。
- 设定每月度、季度、年度的绩效辅导表格，以双方亲自填写的绩效辅导表格为绩效辅导实施的输出和依据。
- 绩效管理团队定期检查督导，必要时实施相应的奖罚。

（2）考核人缺乏辅导被考核人的意识，不想知道被考核人的问题所在；考核人认为与其辅导不如自己做，既正确又快速；考核人担心"教会徒弟，饿死师傅"。

参考的解决方案包括如下内容。

- 绩效管理团队针对考核人的辅导意识实施教育和培训。
- 借助绩效管理制度的规定，从企业层面严格要求。

- 通过继任者计划，培养考核人的接班人。
- 为考核人设立职业发展通道，晋升的判断标准是对被考核人辅导和培养的效果。
- 绩效管理团队定期检查督导，必要时实施相应的奖罚。

（3）考核人无法正确地把握被考核人的能力，不知道被考核人完成工作需要具备哪些态度、知识或技能，不知道该教被考核人什么，也不知道如何教。

参考的解决方案包括如下内容。

- 绩效管理团队针对绩效问题识别以及如何辅导被考核人对考核人进行培训。
- 定期在企业层面组织绩效辅导的交流会，请绩效辅导优秀的考核人分享经验。
- 设计绩效辅导的参考问题及解决方案的资料，供考核人查询、参照。
- 与考核人一起讨论、制订、定期修改岗位胜任力模型，并在工作中实际运用此模型。

（4）绩效辅导过程中，被考核人的情绪比较强烈或者激动。

参考的解决方案包括如下内容。

- 让被考核人自由地发言，把想说的话说出来，不要试图中途打断。
- 考核人在绩效辅导过程中要做到心平气和，做好心理调节和情绪控制。
- 搞清楚被考核人产生情绪的原因，考核人不需要着急做辩护或者解释。
- 待被考核人情绪平复之后，与被考核人共同商讨解决方案或支持需求。

另外，需要注意如下内容。

- 在绩效辅导过程中，考核人要对被考核人表现出充分的信任。
- 对被考核人的辅导应该是经常性的，而不是等到出了问题才进行辅导。即使被考核人绩效表现出色，也应该对其进行辅导。
- 要给被考核人独立工作的机会，将传授和启发相结合，注意挖掘被考核人个人的主观能动性及潜能。

【实战案例】失败的绩效辅导案例分析

某公司推行绩效管理，要求各部门考核人必须对被考核人进行绩效辅导，绩效辅导的具体方式可以由考核人自行决定，但是每月须提交绩效辅导的书面记录。

某日上午 9：00，某部门管理者李总的助理小刘找到李总，说："李总，这个月的绩效辅导表该交了，人力资源部已经开始催了。您看咱们怎么办啊？"

李总说："哦，对啊，你不说我都忘了！快召集大家，咱们现在就开会！"

小刘马上把该部门所有人召集到会议室。

结果该部门的一名员工今天正好约见了一名客户，另一名员工定好了上午要给客户回电话，还有一名员工家里有事请假了，其他的员工手头多多少少也都有工作在处理。大家纷纷表示了不满。

身为李总的助理，小刘可不管三七二十一，对大家说道："这会可是李总说要开的，你们有什么事找李总说去，别跟我嚷嚷啊！总之我通知你们了，9：30在会议室开会，你们自己看着办吧！"

上午9：45，这个部门的员工才陆陆续续到齐，李总看人到齐了，清了清嗓子，说道："咱们今天开个绩效辅导主题的会，大家轮流说一下自己手头的工作和当前的绩效问题吧。小刘啊，先从你开始吧。"

于是，部门的员工就开始说起来。李总一边听，一边点头。

大家都讲完了以后，已经接近中午12：00了，李总说："大家说得都挺全面的，工作也都挺充实的，我也没什么好补充的，大家继续做好自己的工作吧！好了，散会！"

这类的会每过两周左右就会开上一次，这个部门的员工即使很不喜欢，却已经有些麻木了。

一位员工回到座位叹了口气，对旁边的同事说："开了这一上午的会，晚上又要加班补今天上午的工作了。"另一位员工表示赞同，点头说："可不是！"

📖 案例点评

李总对本部门人员的绩效辅导是典型的失败案例。他没有真正领会绩效辅导的意义和价值，没有按照绩效辅导的规范步骤操作，主要问题出现在如下5个方面。

（1）绩效辅导会议的召开是临时抱佛脚的，没有提前准备、通知。

（2）会议耽误了本部门许多员工的正常工作，对员工产生了比较差的影响。

（3）会议让所有员工参加，并没有体现员工之间绩效情况的协同性。

（4）过程中只倾听了员工的工作情况，并没有给出任何反馈。

（5）会议结束后，没有结果、没有计划、没有建议、没有落实、没有记录。

总之，从案例中能够看出李总召开的这类绩效辅导会议是无效的，是为了开会而开会、为了应付了事而开会、为了公司规定而开会，结果不但没有通过绩效辅导会议真正帮助员工解决问题，反而给员工正常的工作造成了许多障碍。

【实战案例】成功的绩效辅导案例分析

某公司生产统计岗位的小王平常工作认真仔细，极少出现错误。最近，小王的直属上级、生产考核人张总发现小王提交给他的生产统计日报表连续 3 次出现低级错误。张总觉得就这件事有必要与小王谈一下。

某天上午，张总对小王说："小王啊，我知道生产统计岗位上午都挺忙的，你看看今天下午什么时间方便，抽个 20 分钟左右的时间咱俩聊聊？你想想看工作上有没有需要我提供帮助的？也想想最近工作的状况，好吗？"

小王对张总说："好的，张总，您看下午 2：00 可以吗？您的时间怎么样？"

张总说："好，正好我下午 2：00 没安排，咱们就定 2：00 吧！"

下午 2：00，小王来到张总办公室。

张总请小王坐在自己旁边，对小王说："小王啊，这已经是你这个月第三次生产统计日报表出现问题了。第二次的时候我提醒过你一次，这次又出现了。统计岗位要求报表不能出现错误，这不仅会影响你的绩效考核成绩，而且报表一旦出现问题，可能会影响整个生产计划，甚至可能会给公司造成严重的损失。我想听你好好谈谈，最近工作上是怎么回事？"

小王说："张总，真对不起，是我工作的失误。一是因为咱们新上的 ERP 系统我用得还不太习惯，报表导出系统时有几个数据没弄明白；二是因为最近我母亲病了在住院，我上班的时候是我爱人在照顾，我上班时老是惦记着她的病。"

张总说："小王啊，ERP 系统的操作我们可以逐渐学习，你有什么不会的，我们请项目团队来单独培训也没问题。你母亲的病你怎么不早说呢？现在病情怎么样？有需要我可以准你请假去照顾一下。一会儿我和你一起去看看她。"

小王颇为感动，说："张总，太谢谢您了！现在不用了，医生说我母亲恢复得很好，后天就可以出院了，以后自己在家静养就可以。"

张总说："你还和我客气什么，一会儿你一定要带我去一趟！明天开始给你放两天假，在医院好好陪陪你母亲，看看还有什么需要检查或注意的，后天一起回家安顿好。回来上班以后，我找 ERP 系统项目团队的人来手把手教你操作几遍，以你的聪明劲儿，以后肯定不会再出问题了！"

小王的眼泪已经在眼睛里打转了，对张总说："张总，您放心，我保证不会再犯那些低级错误了！休假回来以后，我一定会加倍努力工作的！"

张总送走了小王，然后在公司发放的绩效辅导面谈记录表上写清楚了本次面谈的具体内容。

案例点评

张总对小王的绩效辅导是比较成功的，是按照绩效辅导的6个步骤完成的。

（1）发现下属小王工作中的异常，及时与小王沟通。

（2）绩效辅导过程中，描述小王的行为以及对公司造成的影响，没有做出对小王行为的主观判断，而是让小王自我分析和查找原因。

（3）整个谈话过程中，张总对小王持续进行着积极的反馈，表扬小王的优点。

（4）张总与小王达成了行动方针的共识，让小王更愿意接受。

（5）张总与小王的谈话最后以鼓励和表扬结尾，提高了小王的积极性。

（6）绩效辅导的最后，张总按照公司的要求，形成了绩效辅导的记录。

第**6**章

如何进行绩效评价

绩效评价是对员工的绩效结果做出评价的过程。绩效评价常用的方法包括关键事件法、行为锚定法、行为观察法、加权选择法、强制排序法、强制分布法在绩效管理工作中的应用，以及如何建立奖罚机制、绩效信息收集方面的内容。另外，绩效信息的收集是开展绩效评价工作的前提，如何收集真实、有效的绩效信息和数据，关系到企业的绩效管理能否有效地实施。

6.1　关键事件法

关键事件法以事实为依据，考核人在进行绩效评价的时候不仅注重对行为本身的评价，还要考虑行为所处的情境。这种绩效评价方法的内容通常是员工的特定行为，而不是他们的个性、态度或者品质。

6.1.1　如何应用关键事件法

关键事件法比较适合用来评估岗位职责比较难于量化，但是工作的流程和工作的行为标准相对比较容易明确的岗位。

关键事件法可以用来为员工提供明确的信息，让他们知道自己在哪方面做得比较好，在哪方面还有进步的空间。通过这种方法，企业不仅能获得一个岗位的静态情况，也能够获得这个岗位的动态情况。

关键事件法需要认定员工为了完成工作职责需要做出的相关行为，并且选择那些最重要、最关键的行为进行记录并评判结果。当然，这里的行为有时候是积极的、企业想看到的，有时候是消极的、企业不想看到的。

应用关键事件法时，一般是目标岗位的上级收集下属履行职责过程中的一系列行为。通过对这些行为中最成功、最有效的事件和最失败、最无效的事件进行分析和评价，由上级和下级进行面谈讨论后，改进员工的绩效。

关键事件描述的内容包括如下情况。

（1）事件发生的背景或原因。

（2）员工有效的行为。

（3）员工无效的行为。

（4）员工关键行为的结果。

（5）员工能否控制行为结果。

在上级管理者和下属能够总结和运用这些信息之后，人力资源部可以汇总各岗位的关键事件情况分析记录并进行分类，总结出不同岗位的关键行为和关键行为的具体要求。

应用关键事件法，需要遵循的原则包括如下 4 项。

1. 行为主体原则

关键事件描述的主体是实际从事某岗位的工作者，主要描述的内容是该工作者在该岗位上表现出来的、可以被观察到的、外在的行为特征，而不是这个岗位工作者的内心世界。

2. 特定明确原则

应用者在描述岗位工作者的某个特定事件时，要确保该事件的单一性，对该特定事件的描述要全面和详细。

3. 行为背景原则

如果孤立地看某个行为，人们无法判断其有效性。某个行为只有运用在某个场景中时，才能说明问题。应用者在描述岗位工作者的行为时，要描述清楚行为的具体场景。

4. 行为结果原则

应用者在描述岗位工作者的行为时，要能够描述出行为具体产生的结果。

关键事件法的优点包括如下4点。

（1）能够为考核人提供客观的事实依据。

（2）能够帮助员工全面改善不良的绩效。

（3）绩效评价方案的设计成本相对比较低。

（4）员工的参与性比较强，该方法容易被员工接受。

关键事件法的缺点包括如下4点。

（1）对关键事件的观察记录费时又费力。

（2）能做定性分析，但不能做定量分析。

（3）员工一些工作中较小失误的积累可能会引发过高的负面评价。

（4）不能区分和比较出工作行为的重要程度。

6.1.2 关键事件法设计步骤

关键事件法的设计过程可以分成如下4步。

1. 识别关键事件

运用关键事件法进行绩效评价时，最重要的工作是对关键事件的识别。如果关键事件识别存在偏差，将会对后续的一系列评价工作产生误导。

识别关键事件，对应用者有比较高的专业要求，如果应用者对岗位了解不多或者经验较少，很难在短时间内识别出岗位的关键事件。

为了有效识别关键事件，企业可以通过成立专业小组来实现，具体包括如下步骤。

（1）成立岗位分析小组，小组成员中包含对岗位有一定了解的专业人员。

（2）分析小组中要包含懂得关键事件法运作原理并有操作经验的人员。

（3）分析过程中组员充分互动、沟通和讨论，要兼听，不要盲目听从片面之言。

企业也可以利用其他的分析方法，如可以利用岗位的工作日志或周报提取资料、进行个别访谈、发放调查问卷等方法。

2. 记录信息资料

识别关键事件时，分析人员需要观察和记录的关键信息和资料至少应当包括如下 6 点。

（1）导致关键事件发生的前提条件。

（2）关键事件发生的背景和过程。

（3）关键事件发生的直接或间接原因。

（4）关键事件的具体行为表现。

（5）关键事件发生之后的结果。

（6）员工控制和把握关键事件的能力。

3. 归纳总结特征

汇总关键事件分析和设计过程中的所有资料后，分析小组归纳和总结出这个岗位的主要特征、具体的行为控制要求和需要的具体行为表现。

在对关键事件进行分析、记录和评估的过程中，都可以用到 STAR 工具。

S（Situation）代表情景，指的是该岗位工作内容所处的环境和具体的背景。

T（Task）代表任务或者目标，指的是该岗位某个行为的具体的目标。

A（Action）代表行动，指的是为了实现目标，该岗位的工作人员需要采取的具体的行动。

R（Result）代表结果，指的是通过不同的行为，最后达到的结果。

案例

分析小组调查某技术岗位，该岗位主要工作任务之一是保障某产品的某个生产环节的技术突破的实现。

分析小组成员可以按照如下的逻辑询问该岗位人员。

这个产品开发的背景是什么？该生产环节技术需要突破的背景和原因是什

么？（S）

具体的任务目标是什么？（T）

该任务中，该岗位员工需要具体做出哪些行动，才能够保证目标的达成？（A）

通过该岗位员工的不同行动，能得到什么样的不同结果？（R）

4. 形成规范应用

企业可以根据归纳总结的各岗位的关键事件情况，在企业内相关岗位推行关键事件法，可以要求部门按考核期形成部门关键事件评估结果表，样表如表 6-1 所示。

表 6-1　部门关键事件评估结果表

部门	姓名	关键事件描述					打分	评估日期	评估人签字
		S（情景）	T（目标）	A（行动）	R（结果）	其他补充			

人力资源部可以通过关键事件法的应用和设计原理，在本企业中进行更加灵活的应用。比如，有的企业要求部门管理者在月度、季度或年度的报告中统一指出自身或团队成员绩效较优的行为或较差的行为；有的企业是把关键事件法和量化的绩效评价方法相结合。

企业若要顺利实施关键事件法，需要提前做好如下工作。

（1）争取高层管理者的支持和认可。

（2）制订适合实施关键事件法的管理机制和制度。

（3）明确关键事件法相关人员的权限和职责。

（4）确定企业内部关键事件的具体标准。

（5）确立关键事件的申报、审批、录入的机制和流程。

（6）建立员工关键事件的信息库，并最好有 IT 系统的支持。

（7）在实施关键事件绩效评价方法前，需要对实施部门的管理者进行培训和指导。

6.1.3　关键事件法实施案例

美国通用汽车公司（General Motors Corporation，GM）在 1955 年开始运用关键事件法对员工的绩效进行评价。

在实施关键事件法之前，GM 首先成立了一个绩效评价委员会，负责领导和实施绩效评价工作。

绩效评价委员会经过对公司各岗位的分析和调研，制订出针对不同岗位的评价项，包括身体条件、身体协调性、运算能力、了解和维护机械设备的能力、生产率、与他人相处的能力、协作性、工作积极性、理解力等，并要求生产一线的管理人员针对下属的关键事件进行描述。

描述的要求包括如下 4 点。

（1）事件发生的背景。

（2）事件发生时的环境。

（3）行为的有效性或无效性。

（4）事件后果受个人控制的程度。

有一位管理人员对他的一位下属在协作性方面的记录如表 6-2 所示。

表 6-2   GM 关键事件记录

日期	姓名	有效行为	无效行为
某年某月	约翰	虽然今天并没有轮到约翰值班，但他还是主动留下来加班到深夜，协助其他同事完成了一份计划书，以便公司第二天能够顺利与客户签订合同	公司总经理今天来视察，约翰为了表现自己，当众指出了杰克和麦克的错误，导致同事之间的关系紧张

GM 使用关键事件法，获得了良好的效果。各岗位员工的有效行为越来越多，无效行为越来越少，公司的管理效益快速提升。

当时 GM 绩效评价委员会的主任、人力资源部的负责人说："大多数员工并不愿意做错事，如果管理者能不厌其烦地指出员工的不足，他们会设法纠正自己的行为。"

某公司学习 GM 的关键事件法，固化了管理者对下属的关键行为记录样表，形成固定的结构化样表，如表 6-3 所示。

该企业将此样表发给了生产部门的每一位管理者，要求该生产部门的管理者每月按照此表格的要求，由评价人和被评价人填写签字后，交人力资源部存档。

这种结构化的表格能够让评价人根据各项要求，以文字的形式记录员工的行为，做到有理可依、有据可查。使用结构化的表格，也便于评价人参与，使采取关键事件法进行绩效评价变得相对简单，聚焦性、准确性也都有所提升。

不过，该企业在采取这种结构化方法之后，也发现了一些新的问题。

（1）该方法的可靠性和准确性在一定程度上考验评价人和被评价人的文字功底。

（2）可能需要花费评价人和被评价人大量的时间和精力，以形成总结文字。

（3）依然解决不了评价的主观性问题，考核结果仍然受评价人主观因素的影响。

表 6-3　关键事件法结构化评价样表

姓名	员工编号	部门名称	岗位名称

员工的有效行为

员工的无效行为

管理者为改变员工的无效行为都采取了哪些措施？

该岗位的说明书是否有需要修改的部分？建议如何修改？为什么？

评价人（直属上级）评语

签字：　　　　　日期：

被评价人自述（可以包括结果申诉，也可以解释有异议之处）

签字：　　　　　日期：

双方面谈纪要（包括双方协商一致的部分和未统一的问题）

签字：　　　　　日期：

6.2　行为锚定法

行为锚定法也叫行为定位法、行为定位等级法或者行为决定性等级量表法。这种方法是一种将同一职务可能发生的各种典型行为进行分析、度量和分级之后，形成一个行为锚定评分表，并以此为依据，对员工工作中的实际行为进行分级测评的绩效评价方法。

6.2.1　如何应用行为锚定法

行为锚定法是通过制订行为等级的评价表，将行为从优秀到较差划分成不同等级，并予以量化，从而当员工的行为达到一定等级时得到相应的绩效评分结果的方法。行为锚定法适用于对强调行为表现的工作岗位进行绩效评价。

案例

某学校教师有两项重要的岗位职责，一是关心学生，二是课堂教学。

关心学生，指的是教师要积极地熟悉学生情况，真诚地对待学生，发现学生在学业或生活上的需要，并且能够及时帮助他们解决问题。在关心学生方面，该学校为教师制订的行为锚定评价表如表 6-4 所示。

表 6-4　教师关心学生行为锚定评价表

评价等级	描述
最好	学生面露难色时，询问其是否有问题需要讨论
较好	向学生提供所学课程的学习方法的建议
达标	遇到学生时，与学生打招呼
较差	虽然和学生讨论问题，但不能跟踪落实和解决问题
最差	批评学生无法独立解决问题

课堂教学，指的是教师在课堂上要有效地传授学生知识，要具备课堂传授知识的技巧。在课堂教学方面，该学校为教师制订的行为锚定评价表如表 6-5 所示。

表 6-5　教师课堂教学行为锚定评价表

评价等级	描述
最好	能够使用多样化的教学方法，引导学生创造性地思考，鼓励学生提出不同的意见，提高学生的自我学习能力
较好	授课时，能够把具备关联性的知识有效地联系在一起，使学生形成完整的知识体系
达标	能够使用清楚、易懂的语言授课，能够恰当地使用案例
较差	讲不清楚有难度的问题，不接纳学生的不同意见
最差	授课过程照本宣科、枯燥乏味，经常讲错一些重要概念

行为锚定法的优点包括如下 4 点。

（1）能够监控员工的日常工作行为。

（2）能够指导员工实施企业期望的行为。

（3）能够给评估人提供基于行为的反馈结果。

（4）评价的标准相对客观。

行为锚定法的缺点包括如下 3 点。

（1）使用方法较烦琐。

（2）不能涵盖实际工作中的全部工作行为。

（3）量表中的各项目比较难以把握。

6.2.2　行为锚定法的设计步骤

建立行为锚定等级评价体系可以按照如下 5 个步骤进行。

1. 确定关键行为事件

在制订某一个岗位的行为锚定评价前，首先要通过对该岗位的分析、岗位说明书以及实际从事该岗位工作且表现优秀的人员了解该岗位的关键行为事件，并对关键行为事件结果形成绩效评价的指标，根据重要性，对各绩效指标划分占比。

2. 建立评价等级

对该岗位关键事件的最优行为和最差行为进行客观描述。根据最优和最差行为的描述，关键事件可以划分成几个绩效等级。常见的等级划分为 5 个，一般不超过 8 个。对各等级的行为进行界定并详细描述。

📖 案例

某企业要制订客户服务岗位的"客户服务行为"的行为锚定等级划分。

经过一系列的调研和分析之后，发现该岗位"客户服务行为"中最优的结果是能够把握企业长远的盈利点，与客户之间形成伙伴关系；最差的结果是被动地对待客户回应，拖延和含糊回答客户的问题。

该企业将测评的等级划分为 7 级，7 级代表最优，1 级代表最差。客户服务行为等级划分如表 6-6 所示。

3. 验证评价标准

就初步完成的行为锚定绩效评价表，与实际从事该工作，或者对该工作理解较深刻的优秀人员进行沟通，验证绩效评价表中各绩效指标项的占比、指标定义、评价等级、行为描述以及打分结果的合理性。

表 6-6 客户服务行为等级划分

等级	描述
7 级	能够把握企业长远的盈利点，与客户之间形成伙伴关系
6 级	关注客户潜在需求，能为客户起到专业参谋作用
5 级	为客户而行动，为客户提供超常规的服务
4 级	勇于承担责任
3 级	能够与客户保持紧密而清晰的沟通
2 级	能够跟进客户的回应，有问必答
1 级	被动地对待客户的回应，拖延和含糊回答客户的问题

4. 绩效评定实施

针对某一类岗位或某一类事件，实际应用行为锚定绩效评价表进行测试。测试该样表在实际运用过程中测评打分的可操作性、分数项的合理性、上下限之间的差距等可能存在的问题，以便在正式运用之前及时做出调整。

案例

某企业对营销策划部策划文案岗位在方案设计工作方面的评价采用的是行为锚定法。经过对该岗位的调研和评估，该企业制订了该岗位方案设计工作的评分表，如表6-7所示。

表 6-7 行为锚定法对某岗位方案设计工作的评分表

评价指标	占比	指标定义	评价等级		对应得分
方案可行性	40%	方案设计合理，具有可操作性，与案例结合	7	方案设计合理，与案例充分结合，具有很强的可操作性	40
			6	方案设计合理，与案例充分结合	35
			5	方案设计合理，与案例结合	30
			4	方案设计与案例结合	25
			3	方案设计与案例有大部分联系	20
			2	方案设计与案例有小部分联系	15
			1	方案设计与案例完全没有关联，完全主观臆造	10

续表

评价指标	占比	指标定义		评价等级	对应得分
方案 创新性	40%	方案内容完整准确，形式新颖，具有创造性	7	方案内容完整、丰富，完全满足要求，形式美观新颖，极具创造性	40
			6	方案内容完整、丰富，完全满足要求，形式美观新颖，但创造性不足	35
			5	方案内容完整、丰富，完全满足要求，形式美观	30
			4	方案内容完整，完全满足要求，形式普通	25
			3	方案内容完整，满足基本要求	20
			2	方案内容基本满足要求	15
			1	方案内容不太满足要求	10
方案 清晰性	20%	方案整体结构清晰，层次分明，重点突出	7	方案整体结构清晰明了，重点突出，层次分明，一目了然	20
			6	方案整体结构清晰，层次分明，重点基本突出	18
			5	方案整体结构明了，层次分明，重点不够突出	15
			4	方案整体结构基本明了，层次分明，找不到重点	10
			3	方案整体结构基本明了，但看不出基本层次结构	8
			2	能看到方案的整体结构	5
			1	方案杂乱无章	0

5. 建立评价体系

针对前4步的结果，建立行为锚定法的绩效评价体系。确定评价的周期、评价人、评价的用途，确保员工指导与培训、薪酬的匹配等各项工作的支持与配合。

6.2.3 行为锚定法的实施案例

在实施行为锚定法的等级评价时，可以把中间层级定义为岗位要求的最低等级。中间层级往上，代表超过岗位基本要求；中间层级往下，代表低于岗位基本要求。最底层代表员工的最差表现，最高层代表员工的最佳表现。

某企业对员工的行为表现采取行为锚定法，评价标准如表6-8所示。

有的企业在实际应用行为锚定法的过程中，认为行为锚定等级设置的数量多并不会给实际评价效果带来好处，反而会令评价的设计和实际操作环节变得复杂，提高管理成本。所以，这类企业后来在应用行为锚定法时，对等级的设置不超过5个。

表 6-8　员工行为等级评价表 1

评价等级	描述	行为表现
7	能够以极高的热情对待工作，能够自觉地投入工作	最佳表现
6	当企业发生危急情况时，可以依靠该员工	较好表现
5	当领导不在时，依然可以自觉完成本职工作和额外的工作任务	
4	日常工作能够达到工作的基本要求	一般表现
3	当工作有压力时，员工以各种借口缺勤	较差表现
2	员工对公司漠不关心，工作中出现问题也不向上级领导汇报	
1	员工消极怠工或者有意放慢工作节奏	最差表现

　　某银行对营业厅大堂的迎宾经理岗位在迎接顾客方面的行为要求是做好进入营业厅顾客的迎宾工作，为顾客提供微笑接待、本行的业务介绍和业务办理指引等服务。人力资源部根据该岗位特点，按照行为锚定法设定的行为等级评价表如表 6-9 所示。

表 6-9　员工行为等级评价表 2

评价等级	描述	行为表现
5	不仅能够做好引导工作，还能向顾客主动介绍本银行的基本情况和包含的业务，同时能向顾客介绍业务方式	最佳表现
4	不仅能够做好迎宾工作，还能引导顾客办理业务	较好表现
3	能够微笑着实施迎宾工作，能够为顾客解答业务办理的问题	一般表现
2	迎宾工作和解答顾客的业务问题只能做好其一	较差表现
1	既不能做好迎宾工作，又不能解答顾客的业务问题	最差表现

　　有的企业认为，当员工行为低于岗位最低要求时，不论比最低要求低多少，评价和研究的意义都不大，因为这表明企业的日常管理已对员工无效。因此，不论员工是处在低于岗位基本要求的哪个等级，企业对员工的处理方式基本是相同的，下一步通常都会采取转岗、培训甚至淘汰措施。

　　所以，这类企业不允许员工存在低于岗位最低要求的情况，或者直接把低于岗位最低要求的等级归为一级——不合格。

　　某电器销售企业对直营门店内的销售经理岗位的评价表如表 6-10 所示。

表 6-10　销售经理岗位的评价表

评价等级	描述	行为表现
7	能全面领导直营店，并能够把两名以上新员工培养成部门的优秀员工	高于岗位要求
6	充分信任部门员工，能授权他们重点的工作，能有效激发员工的责任心	
5	能够胜任培养销售人员的工作任务，满足培训计划和培训大纲的要求	
4	能够听取下属销售人员的意见和合理化建议	
3	能够及时提醒下属热情接待顾客并认真遵守劳动纪律	
2	根据直营店实际情况，制订并修改规章制度	
1	能够要求下属按公司要求出勤并坚守工作岗位	岗位基本要求
不合格		低于岗位要求

6.3　行为观察法

行为观察法又称行为观察量表法、行为观察评价法或者行为观察量表评价法。该方法是在关键事件法和行为锚定法的基础上发展起来的，是从另外的角度、采取另外的方式观察和评价被评价人的行为。

6.3.1　如何应用行为观察法

与行为锚定法不同的是，行为观察法不是确定某岗位员工的工作行为处于哪一种水平，而是确定该员工某种行为出现的概率。这种方法通常是评价人根据员工某一行为出现的频率或次数的多少来对被评价人打分。

行为观察法中用到的量表与行为锚定法中的量表原理有一定的相似性，但是结构有所不同。行为观察法中的量表通常有一定的量化概念。通过汇总行为观察法各项分数后，企业最终能够得出量化的分数。

行为观察法的优点包括如下 6 点。

（1）相对较简单，有利于员工理解和运用。

（2）该方法有助于给员工提供清晰、明确的反馈。

（3）关键行为和等级标准内容清晰，一目了然。

（4）通过量表可以区分企业想看到的和不想看到的行为。

（5）允许员工参与，加强了员工的认同和理解。

（6）经过测试，该方法的可信度和有效性都比较高。

行为观察法的缺点包括如下3点。

（1）应用前和应用时的工作量较大，比较费时费力。

（2）完全考虑行为发生的频率，可能忽略行为结果。

（3）管理者管理人数较多时，难以观察到每一个人。

6.3.2   行为观察法的设计步骤

要对各岗位实施行为观察法，可以按照以下4个步骤来设计和实施。

1.归纳行为标准

聚焦该岗位的关键事件，将关键事件归纳成具体的行为标准。

2.形成观察量表

对关键行为进行归纳，把员工的优秀行为指标归为一组，形成观察量表。

3.评估检查修改

对行为观察评价量表做进一步的评估、检查、分析和改进，判断该量表在企业的这一类岗位中的适用性和适应性。

4.保证内部一致

在对某一类岗位应用行为观察法之前，要保证该岗位的所有人员都能适应该量表，同时保证评价人的评价标准具有一致性。

案例

某产品销售企业A除了对销售专员岗位进行业绩考核之外，对日常的管理行为同样有一定的要求。企业的人力资源部经过岗位分析后，归纳出企业销售专员岗位的关键行为项目为合同规范、市场信息搜集、团队协作、专业学习4项。

其中，合同规范，需要销售专员能够保证所有业务签署的合同遵守企业时间性、完整性的规范。

市场信息搜集，需要销售专员能够了解同行业或竞业的具体情况，及时、准确地搜集和反馈市场信息。

团队协作，需要销售专员能够在团队内彼此协作，按照上级管理者的指令行事，并具备较好的执行力。

专业学习，需要销售专员具备销售相关的专业知识和一定的学习能力。

经过对在职销售专员岗位关键行为的分析和归纳，得出该岗位4项关键行为的观察量表如表6-11所示。

表6-11 A企业销售专员岗位行为观察量表

行为评价项	5分	3分	1分	0分	权重
合同规范	□完全能够按期提交合同，且合同完全符合公司规定	□存在逾期提交合同的情况，但能够积极配合、及时改进，合同符合公司规定	□存在逾期提交合同的情况，且存在合同不符合公司规定的情况，但愿意配合改正	□存在逾期提交合同的情况，且存在合同不符合公司规定的情况，也不愿意改正	25%
市场信息搜集	□熟悉外部市场情况，经常能够为公司提供有价值的信息	□基本了解市场信息，偶尔能够为公司提供有价值的信息	□不太了解市场情况，基本不能为公司提供有价值的信息	□对市场信息不了解，无搜集市场信息的概念和意识	30%
团队协作	□团队协作意识强，始终能做到令则行，执行力强	□团队协作意识一般，执行力有时候较强，有时候一般	□团队协作和执行力一般，偶尔较差	□不具备团队协作意识，执行力通常较差	25%
专业学习	□专业知识和专业能力较强，学习能力较强，学习意识较强	□专业知识和专业能力一般，学习能力一般，学习意识较强	□专业知识和专业能力一般，学习能力一般，学习意识较差	□专业知识和专业能力较差，学习能力和学习意识较差	20%

在制订出该岗位的行为观察量表后，人力资源部召集管理层、销售相关部门主要领导和几位优秀的销售专员代表组成一个评审小组，召开评审会议，对行为观察量表进行评估、分析和修改。

评审会议中，不同管理者和销售专员代表对当前行为观察量表各项具体行为标准进行了细化，并结合整个绩效评价的实施流程，提出了具备可行性和可操作性的修改意见和改进建议。

经过两轮修改之后，形成了最终的行为观察量表，并按照讨论后的绩效评价流程实施。

A企业开始正式运用行为观察法对销售专员进行评价时，遇到了一个问题。不同的销售经理，对于行为观察评价量表的运用水平是不同的。

有的销售经理非常关注销售专员的日常行为表现，对下属观察得比较仔细，对量表的评估和反馈非常客观、及时。

有的销售经理更关注业绩结果，并不关心下属的日常行为，对行为观察评价量表的反馈不认真，也不及时。

对此，人力资源部召集企业管理层、销售部门经理以及部分销售专员代表召开了交流会，就该绩效评价方法实施过程中的问题在会上做了通报，指明这种绩效评价的意义，明确当前的问题，统一各方的意见，指导评价人应用。会后，该企业行为观察法的应用得到了明显的改善。

保证内部一致性可以采取的方法如下。

（1）争取最高管理层的重视和关注。

（2）培训评价人对该方法的应用。

（3）培训被评价人对该方法的理解。

6.3.3 行为观察法的实施案例

行为观察法是评价人根据被评价人某类行为出现的频率给予量化评分的一种方法。所以，实务中的行为观察法评价量表往往与行为出现的频率的关联性较大。

某企业实施组织机构和流程调整。由于组织调整引起的企业内的制度、流程、汇报关系、工作习惯等各方面的变化较大，为保证组织调整能够顺利地实施，企业最高领导层要求所有管理层都能够在日常管理工作中为企业此次调整做出积极的行为和贡献。

可是，如何保证各级管理者能够按照企业最高领导层的要求贯彻和实施对组织调整有利的行为呢？企业各级管理者又是否清楚地知道自己该做哪些对组织调整有利的行为呢？

为此，该企业成立绩效评价小组，采取行为观察法测评各级管理者日常对组织调整所做出的行为贡献，由上级管理者对下级管理者以月为单位进行评价。通过对各级管理者所做的推动组织调整的有利行为的归纳和总结，人力资源部形成了对各级管理者行为观察的绩效评价量表，如表 6-12 所示。

表 6-12 某企业管理者组织调整支持行为观察量表

行为类目	5分	4分	3分	2分	1分	权重	得分
能够向下属详细介绍组织调整的内容						20%	
能够向员工解释为什么企业需要做组织调整						20%	
能够倾听员工对组织调整的意见，必要时能够召开会议集中讨论						20%	
能够与员工讨论组织调整对员工工作的影响，并帮助员工						20%	
能够要求员工积极配合企业的组织调整活动						20%	

其中，表 6-12 中的评分依据内容如下。

5 分表示 90% 以上的概率能够观察到这一行为。

4 分表示 80%（不含）～ 90% 的概率能够观察到这一行为。

3 分表示 70%（不含）～ 80% 的概率能够观察到这一行为。

2 分表示 60% ～ 70% 的概率能够观察到这一行为。

1 分表示 60% 以下的概率能够观察到这一行为。

　　某企业原来对前台接待岗位实行的是 KPI 绩效评价，更关注工作结果，但是运行一段时间后，发现只关注工作结果并不能很好地引导和控制该岗位的具体行为。前台主管在运用 KPI 绩效评价时，往往采取"秋后算账"的方式告知员工结果，员工并不知道该如何改进自己的工作行为。

　　后来，该企业对前台接待岗位采用行为观察法实施绩效评价，人力资源部指导前台主管运用该方法在日常工作中管理和引导前台员工的行为。前台主管对前台员工的具体行为进行观察和记录，并根据行为观察量表给予评价和打分。打分后，将结果反馈给前台员工，帮助其修正和改变行为。

　　该企业用到的前台岗位行为观察量表如表 6-13 所示。

表 6-13　某企业前台岗位行为观察量表

评分项目	评分标准			权重	得分
	5 分	3 分	0 分		
仪容仪表	□工作时间着正装，仪容仪表整洁	□大部分工作时间着正装，仪容仪表较整洁	□工作时间较少着正装，仪容仪表常常不整洁	15%	
行为礼仪	□行为礼仪总是规范得体	□偶尔出现礼仪不规范或行为不得体的情况	□经常出现礼仪不规范或行为不得体的情况	25%	
接听电话	□电话铃声响起 3 声以内接听电话	□电话铃声响起超过 3 声后接听电话	□一直无人接听电话	10%	
礼貌用语	□总是使用礼貌用语	□偶尔使用礼貌用语	□从不使用礼貌用语	15%	
微笑服务	□始终面带微笑	□偶尔面带微笑	□从不微笑	15%	
提交报表数据是否准确	□完全准确	□偶尔出错	□经常出错	10%	
提交报表是否准时	□总能非常准时	□偶尔不准时	□经常不准时	10%	

6.4   加权选择法

加权选择法又被称为加权选择量表法，也是一种通过观察客观行为来进行量化评价的方法。加权选择法设计的复杂程度比前3种行为评价方法更复杂，但是对评价人来说，评价的过程较简单。

6.4.1   如何应用加权选择法

加权选择法是通过一系列的描述性或形容性的语句，说明员工各种具体的工作行为和表现，并对每一项进行多等级的评分赋值的方法。行为表现越好、对企业越有利，等级评分越高；行为表现越差、对企业越不利，等级评分越低。

将这些行为表现以及对应的等级评分写在一张量表上，由评价人根据被评价人是否存在某方面的行为或者是否具备某项能力进行勾选，然后把各项的分值加总后得出被评价人最终的评价分数。

加权选择法的优点包括如下3点。

（1）对评价人来说，打分更加容易。

（2）对组织者来说，算分更加简单。

（3）对被评价人来说，反馈更加快捷。

加权选择法的缺点包括如下3点。

（1）不同岗位，需要设计不同的考评量表。

（2）适合运用此方法的岗位类别数量较少。

（3）组织者设计量化考评表的过程较复杂。

6.4.2   加权选择法的实施步骤

加权选择法可以按照如下3个步骤设计和实施。

1. 收集资料

组成岗位评价小组，进行工作岗位的调查、评价和分析，采集该岗位人员的有效行为和无效行为，或者对企业有重大影响的行为、对企业有利的行为和对企业不利的行为，并用简洁明了的语言描述出该行为的特征或表现。

2. 等级判断

对每一类行为进行等级判断，合并同类项，删除缺乏代表性的项。

3. 评分赋值

对每一个行为项目进行等级的评价并做分数赋值，行为表现越好，等级分值就越高。对企业不利的行为，可以赋予其较低的分数，也可以赋予其负值。

案例

　　某企业准备对某部门的管理者实施加权选择法。为此，该企业成立了岗位评价小组，对该部门管理者进行调查评估后，发现这类岗位对企业有重大影响的，企业期望看到的行为和不期望看到的行为如表 6-14 所示。

表 6-14　某企业管理岗位行为评估（部分）

类别	行为
对企业有利的行为	能够有效地制订部门计划
	能够实施并推进部门计划
	布置工作前，能够和下属进行讨论和沟通
	做出重要决策前，能够征求下属意见
	耐心倾听下属的意见
	能够接受来自各方的意见、建议或批评
	自己愿意承担责任，也能让下属承担责任
	能够给予员工适时的表扬
	深入观察员工的行为
	愿意深入了解员工
对企业不利的行为	不能准确识人
	不能用人所长
	不愿意和下属有工作以外的任何接触
	对下级的承诺无法兑现
	刚愎自用，一意孤行
	不考虑下属的感受
	因自己判断失误错怪下属，也不向下属道歉

　　根据表 6-14 的结果，经过该岗位评价小组的讨论以及与企业相关管理层的进一步讨论，合并同类项，并删除一些缺乏代表性的项之后，讨论得出每项行为的具体分值如表 6-15 所示。

表 6-15　某企业管理岗位加权选择法评估量表（部分）

行为	分值
能够有效制订、实施并推进部门计划	5
布置工作或做出重大决策前，能够和下属讨论、沟通，征求下属意见	4.5

行为	分值
日常工作中能够耐心倾听和接受来自各方的意见、建议或批评（包括下属）	4.5
勇于承担责任，同时能够让下属也承担责任	4
能够适时地表扬员工	4
能够深入观察和了解员工工作之外的其他行为	3.5
不能准确识人，不能用人所长	-2
不愿意和下属有工作以外的任何接触	-2
对下级的承诺无法兑现	-1.5
刚愎自用，一意孤行，不考虑下属的感受	-1.5
因自己判断失误错怪下属，也不向下属道歉	-1.5

6.4.3 加权选择法的实施案例

某面包连锁企业原来对各直营店的店长只采取经营业绩的考核，总部规定了门店的销售额、毛利额、利润额等基本的财务指标之后，根据指标完成情况，评判各门店的业绩达成情况。

后来，该企业发现有的店虽然能够完成财务指标，但客户数量却在逐渐减少。实际上，这些店经营业绩的达成很多时候靠的是大客户和团购。而通常情况下，评判直营店经营水平的高低主要应当看零售客户的忠诚度和满意度，而不是大客户。

大客户和团购通常来源于店长，即使不是来源于店长，这些客户关系的日常维护几乎也都是店长在做。如果该店的店长离职后到竞争对手处就职，就很可能会把大客户和团购单都带到竞争对手那里。因为该店存在的主要运营问题是日常维护的零售客户较少，所以这类店即使能够完成企业下达的销售业绩，未来的经营仍然存在较大风险。

与这类店相反的是，有的店虽然没有完成财务指标，但是这些店的会员总数在不断增加，而且重复购买的客户数量也在逐渐增加。这说明这类门店处在成长期，正在逐渐地培养客户群体。随着门店持续的运营，客户规模的不断扩大和重复购买的不断增加，这类店未来的经营一定会越来越好。

因此，单纯的财务业绩考核无法准确对这类数据进行评价。于是，企业的人力资源部为了加强门店对客户的重视，分别尝试在店长的绩效指标中加入了客户满意度、客户忠诚度和客户流失率等客户维度的指标。

运行一段时间之后，企业发现情况有所改观。可是，即使如此，仍然无法改变一些直营店长的短期行为，总有一些直营店长存在不顾门店长远利益的行为，而这些行为是无法通过财务指标和客户维度的指标直接反映出来的。

于是，该企业又引进了另外一种对直营店长日常行为的绩效评价方法。这种绩效评价方法是指企业负责运营工作的运营专员到各门店检查店长的工作行为，并根据存在的对企业有利的行为和对企业不利的行为对应的分数进行加权汇总后，得出该店长的行为评价分数，并将该分数与该店长的整体绩效考核相关联。

该企业对连锁直营店店长实施加权选择法的行为量表的一部分如表6-16所示。

表 6-16　某企业连锁直营店店长实施加权选择法的行为量表样表（部分）

考评项目	分值	是否存在该行为
他门店的产品总是保持较高质量	8.4	
他门店的产品的准备和烘焙工作经常持续到午夜 12：00 甚至更晚	8.2	
他会定期对所有产品进行抽样检查	8	
员工们喜欢和他一起工作	7.6	
对所有产品，他都能够准确地进行成本核算	7.2	
他会定期购买一些竞争对手的产品回店里分析研究	6.8	
他会组织店员进行技能比赛或技能测试	6.4	
他关注员工成长，能够检查员工行为和指导店内员工提升技能	6.4	
他加入了至少一个行业协会	6	
他参与了一次以上有效的面包配方的改良	5.8	
他喜欢与客户交流，积极建立良好的客户关系	5.4	
他的门店卫生、整洁	5	
他门店产品的陈列总是品种丰富，布局合理	4.5	
他的门店偶尔会有卫生问题	-2	
他的门店陈列的商品偶尔会出现问题	-2	
他的工作报告经常是不准确的	-2	
他对员工总是有过高的期望	-2.5	
他不知道如何做经营分析	-2.5	
店内设备出问题时，他不主动修理	-2.5	
他总是不能充分履行工作职责	-3	
他在订货方面经常考虑不周全	-3	
他店里的某种产品经常出现异常的损耗或积压	-3	
他日常管理过于自我，没有大局意识	-3.5	
他常常没有缘由地指责员工	-4	
他总是抱怨员工，自己却不做出努力	-4.5	

表 6-16 中的内容为该企业连锁直营店店长对企业有利的行为（对应正数）和对企业不利的行为（对应负数）。对企业有利的行为分值越大，代表该行为对企业越有利；对企业不利的行为分值的绝对值越大，代表该行为对企业越不利。

企业通过对不同直营店店长的评分，能够从行为角度了解哪些直营店店长的行为企业应当鼓励（不一定是业绩好的直营店），哪些直营店店长的行为企业应当要求其改正（不一定是业绩差的直营店）。

通过应用这种方法，企业能够从统计数据上观察到各连锁直营店店长行为的转变。分数较低的店长，可以根据评分量表上的评分项查找自身存在的问题，改变自己日常经营管理活动中的行为，并养成习惯。

6.5　强制排序法

强制排序法又叫强制排列法，是一种生活中比较常见的、简单易行的辅助性综合绩效评价方法。这种方法通常是指上级或者评价人对下级或者被评价人的工作表现按照优劣的顺序从第一名到最后一名进行排序。实务中因为各种原因，对被评价人排出先后顺序有主观上的难度，这种方法刚好可以克服这种主观上的困难，进行强制排序，所以被称为强制排序法。

6.5.1　如何应用强制排序法

强制排序法的操作方法比较简单，其核心就是建立一个排行榜，把员工按照排行榜的规则从高到低进行排列。有时候为了提高排序的精准程度，也可以根据岗位工作内容进行适当的分解，按照分解后的分项进行排序，再求出平均排序数，作为绩效评价的最终结果。

强制排序法被广泛应用在组织结构稳定、人员规模较小的企业。当企业既希望节约管理时间或管理成本，又期望达到判断绩效优劣的目的时，强制排序法就是一种比较好的选择。

学校的考试成绩排名、体育竞技比赛中的成绩排名、各类电视选秀节目的成绩排名等都是生活中常见的对强制排序法的应用。企业中常见的强制排序法应用领域包括但不限于如下方面。

- 销售业绩排名。
- 销售增长排名。

- 销售回款排名。
- 客户增长排名。
- 出勤天数排名。
- 合理化建议排名。

这些排名的周期根据需要可以分成月度、季度或年度。根据排名的需要，实际应用的过程中可以只展示前 3 名或后 3 名。企业在应用强制排序法之后，一般也会伴随有相应的奖罚措施。

强制排序法可以分成两种，一种是客观强制排序法，另一种是主观强制排序法。客观强制排序法指的是排序过程中用到的数据是量化的财务、生产统计等客观的数据；主观强制排序法是根据上级的评价、同级的评价或者评价小组的评价等主观判断进行排序的方法。

强制排序法的优点包括如下 3 点。

（1）操作简单，容易执行。

（2）可以避免管理中的趋中倾向。

（3）能够强制分辨出优劣等级。

强制排序法的缺点包括如下 4 点。

（1）只适用于考核评价相同岗位类别和职务的人员，不适用于考核评价跨部门或职级的人员。

（2）当员工的绩效情况相近时，很难进行排序。

（3）不能对员工行为进行反馈，缺乏对员工的指导。

（4）运用这种方法时对部门人数有限制，一般不应超过 20 人。

6.5.2　强制排序法的实施步骤

客观强制排序法可以直接通过收集量化数据，根据数据量值的高低进行排序。

实施主观强制排序法时，可以参考如下步骤。

1. 确定评价人选

强制排序法的评价人可以是员工的直接上级，也可以是专门的评价小组。

2. 选择评价因素

可以设置细分因素直接排序，也可以设置不同的因素主观打分后排序。

强制排序法可以采用两种不同的做法，一种是直接排序法，另一种是交替排序法。直接排序法就是直接从高到低地排序；交替排序法是可以先排第一名，再排最后一名，再排第二名，再排倒数第二名，这样前后交替依次排序。直接排序法和交替排序法没有好坏之分，主要根据评价人或评价小组的应用习惯和实际需要而定。

3. 评价汇总排序

收集主观打分情况，汇总后得出最终的评价结果。

案例

某企业的某销售部门有张三、李四、王五、赵六和徐七 5 位销售专员，该部门对销售专员的考核评价分成业绩考核和日常行为的强制排序两种。员工在一个考核期内最终的绩效评价由这两部分按照相应的公式计算出结果。

业绩考核根据财务部门提供的数据计算得出，日常行为的强制排序根据分管 5 位销售专员的销售经理依据 5 人日常的行为表现进行排序。

该销售经理认为直接给 5 人排序有些欠妥，在咨询了人力资源部以后，决定根据工作态度、团队意识、执行力和业务能力这 4 项，分别对 5 人排序，然后计算这 4 项排序值的平均值。汇总后按平均值从小到大的顺序排序，得出的结果如表 6-17 所示。

表 6-17　某企业某销售部门 5 位销售专员排序结果

被评价人	工作态度	团队意识	执行力	业务能力	汇总平均	最终排序
张三	4	3	1	5	3.25	3
李四	1	2	2	1	1.5	1
王五	2	1	4	2	2.25	2
赵六	3	5	3	3	3.5	4
徐七	5	4	5	4	4.5	5

注：表 6-17 中的数字代表排序，数字越小代表排序越靠前。

6.5.3　强制排序法的实施案例

某企业对难以用数据量化的各部门按照强制排序法进行排序。该企业为了保证排序的公正性，成立了一个由 3 人组成的绩效评价小组。排序时，由该小组成员独立采取直接排序的方式对不同部门的被评价人进行排序。

综合汇总不同评价人的排序结果，计算出排名之和后取平均值。平均值越小，代表排名越靠前；平均值越大，代表排名越靠后。最后，得出最终排序结果。

其中，对该企业某部门甲、乙、丙、丁 4 名员工的主观强制排序结果如表 6-18 所示。

表 6-18　某企业某部门主观强制排序结果

姓名	评价人 1	评价人 2	评价人 3	汇总平均	最终排序
甲	1	2	1	1.3	1
乙	2	1	3	2	2
丙	3	3	2	2.7	3
丁	4	4	4	4	4

注：表 6-18 中的数字代表排序，数字越小代表排序越靠前。

　　在实际应用中，为保证主观强制排序法的准确性和可靠性，企业可以要求评价人员对被评价人员进行多维度的评价。比较常见的评价维度包括个人品质、工作态度、知识水平、团队意识、执行力、能力水平、工作绩效结果等方面。

　　如果需要，企业可以对评价维度中的各项指标进行权重划分。例如某企业选取个人品质、行为态度、业务能力、工作成效为评价依据，各项的定义和权重如表 6-19 所示。

表 6-19　员工分维度评分样表

个人品质 最高 20 分	行为态度 最高 20 分	业务能力 最高 30 分	工作成效 最高 30 分
正面：品行端正、以身作则、责任心强、言行一致、坚持原则、具备团队精神和奉献精神等。 负面：言行不一、推卸责任、个人主义等	正面：爱岗敬业、顾全大局、遵纪守法、积极主动、勇于创新、勇于担当等。 负面：投机取巧、不按时打卡上班、消极怠工、无故离开工作岗位等	正面：精通业务、有领导力和执行力、有沟通协调能力、有逻辑思维能力、工作思路清晰、有学习能力和理解能力、有创新能力等。 负面：业务、管理能力差，眼高手低，缺乏沟通，不思进取等	正面：实现部门价值、与其他部门密切配合、决策准确、合理分工等。 负面：只顾自己、不配合其他部门工作、无法按时保质保量地完成工作任务等

　　设置评分表时需要注意，由于个人主观评分的特点，评分项不宜设置得过多，一般以不超过 5 项为宜。如果设置的项过多，评价人在评分时可能会感到过于复杂、思维混乱，而且在主观评价中的分项实际上并不能提高准确度。

　　利用这种方法，该企业的 3 人绩效评价小组对该部门甲、乙、丙、丁 4 名员工重新进行了评分和排序。

　　评价人 1 对 4 名员工打分和排序结果如表 6-20 所示。

表6-20　评价人1对某部门4名员工评价结果汇总

姓名	个人品质 最高20分	行为态度 最高20分	业务能力 最高30分	工作成效 最高30分	得分	排序
甲	15	14	24	22	75	3
乙	17	16	25	24	82	2
丙	18	19	26	28	91	1
丁	12	15	22	21	70	4

注：表6-20中最后一列数字代表排序，其他数字代表分数。

评价人2对4名员工打分和排序结果如表6-21所示。

表6-21　评价人2对某部门4名员工评价结果汇总

姓名	个人品质 最高20分	行为态度 最高20分	业务能力 最高30分	工作成效 最高30分	得分	排序
甲	14	13	21	21	69	4
乙	16	16	23	22	77	2
丙	19	19	25	27	90	1
丁	14	14	22	21	71	3

注：表6-21中最后一列数字代表排序，其他数字代表分数。

评价人3对4名员工打分和排序结果如表6-22所示。

表6-22　评价人3对某部门4名员工评价结果汇总

姓名	个人品质 最高20分	行为态度 最高20分	业务能力 最高30分	工作成效 最高30分	得分	排序
甲	15	15	22	23	75	3
乙	17	17	25	24	83	2
丙	19	19	27	28	93	1
丁	15	15	22	22	74	4

注：表6-22中最后一列数字代表排序，其他数字代表分数。

综合3位评价人的评价结果，汇总后得出结果如表6-23所示。

表6-23　3位评价人评价结果汇总表

姓名	评价人1排序	评价人2排序	评价人3排序	汇总平均	最终排序
甲	3	4	3	3.33	3
乙	2	2	2	2.00	2
丙	1	1	1	1.00	1
丁	4	3	4	3.67	4

注：表6-23中的数字代表排序，数字越小代表排序越靠前。

6.6 强制分布法

强制分布法也叫强迫分配法或硬性分布法。与强制排序法的方式不同，这种方法是先把被评价人进行分类，人为地设置出几个分类，再把被评价人按照不同的绩效、行为、态度、能力等标准归到不同的分类中的方法。

6.6.1 如何应用强制分布法

强制分布法源于美国通用电气公司（General Electric Company，GE）的前CEO 杰克·韦尔奇（Jack Welch）提出的"活力曲线"。杰克·韦尔奇按照绩效和能力，将所有员工分成 3 类。活力曲线中员工的分类和占比如表 6-24 所示。

表 6-24 活力曲线中员工的分类及占比

	分类		
	A 类	B 类	C 类
占比	20%	70%	10%

对于 A 类员工，杰克·韦尔奇对他们采取的策略是不断奖励，包括岗位晋升、提高工资、股权激励等，有的 A 类员工得到的奖励是 B 类员工的 2 ～ 3 倍；对于 B 类员工，杰克·韦尔奇会根据情况，适当给其提升工资；对于 C 类员工，不但不会有奖励，其还会被企业淘汰。

强制分布法就是根据员工优劣通常呈现"两头小、中间大"这一正态分布规律，进行企业的等级划分以及计算每个等级中员工的数量占比，然后按照每个员工绩效和能力的情况，强制按照所占比例将员工列入其中的某一个等级。

当被评价人员的数量较多时，企业适合采用强制分布法。由于员工优劣呈正态分布的规律适用于大部分企业，所以强制分布法在一定程度上可以减少评价人主观判断所产生的误差。

强制分布法便于企业顶层统一管理和控制，尤其是对于需要引入淘汰机制的企业，采用这种绩效评价方法具有一定的激励作用和鞭策功能。

强制分布法的优点包括如下 3 点。

（1）操作简单，等级清晰。

（2）奖惩关联，刺激性强。

（3）执行严格，强制区分。

强制分布法的缺点包括如下两点。

（1）如果员工的业绩和能力事实上并不符合企业预想的正态分布规律，如有的部门80%的员工的绩效和能力都非常优秀，那么采用这种方法将会受到员工的排斥，同时评价的客观性和准确度也会大打折扣。

（2）强制分布法只能把员工分成有限的几类，不能比较同一类别中员工之间的具体差异，如果管理者期望通过进一步比较来帮助员工查找问题，那么该方法无法提供有效的信息依据。

6.6.2　强制分布法的实施步骤

企业实施强制分布法，可以分成如下4个步骤。

1. 区分等级

确定企业期望的划分等级和每个等级中的人数比例，并且确定不同等级所对应的不同奖励，各个等级之间的差别应当有一定的激励效果。

2. 绩效评分

对员工进行绩效评分。如果是直属上级或某位特定的评价人评价，则可以直接得出结果；如果是评价小组评价，则由评价小组成员分别评分后，计算平均分，得出员工的绩效评价分数结果。

3. 等级划分

根据员工的绩效评价得分结果，员工被对应划分到事先划分好的等级中。

4. 开展实施

依据事先确定的规则，参照员工最终的等级划分结果，实施并兑现相关激励政策。

案例

某企业实施强制分布法评判企业内所有员工的年度绩效结果。企业管理层讨论后，决定把企业所有员工分成A、B、C、D、E 5个等级，每个等级对应的人数占比如表6-25所示。

表6-25　某企业绩效分布等级和人数占比

	绩效类别				
	A	B	C	D	E
人数占比	10%	20%	30%	30%	10%

年度绩效等级评定为A的员工第二年薪酬将提升20%。

年度绩效等级评定为B的员工第二年薪酬将提升15%。

年度绩效等级评定为C的员工第二年薪酬将提升10%。

年度绩效等级评定为 D 的员工第二年薪酬将提升 5%。

年度绩效等级评定为 E 的员工第二年薪酬不变。

该企业按照大部门评价绩效和划分人员等级这一方式，要求每个大部门的人员同样按照该比例划分。大部门内，人员绩效评定工作由部门负责人负责组织，由人力资源部负责监督和协助部门负责人实施。

某部门共有 10 名员工，该部门负责人为了体现公正性，成立了评价小组，按照工作态度、工作能力和工作绩效 3 个维度，对部门内的成员进行评价，评分表如表 6-26 所示。

表 6-26　某企业某部门绩效评价样表

部门	姓名	工作态度 权重30%	工作能力 权重30%	工作绩效 权重40%	得分

汇总平均各评价小组成员的评分结果，得到部门所有员工的绩效分数结果，并根据分数结果，参照等级划分比例，划分出了不同员工所属的绩效等级，如表 6-27 所示。

表 6-27　某企业某部门绩效评价结果和等级划分

姓名	绩效分数	所属绩效等级
张晓萌	82	C
李舒淇	87	B
王海燕	83	C
徐峰	89	A
王磊	75	D
张强	72	E
李艳	81	C
刘乐乐	78	D
徐晓梅	76	D
王晓明	86	B

该部门负责人将该结果提交至人力资源部。人力资源部汇总全企业的绩效评价结果后，按照此结果实施第二年薪酬提升方案。

6.6.3　强制分布法的实施案例

随着杰克·韦尔奇在 GE 推行强制分布法的成功，这种方法得到了国内越来越多企业的认可和青睐。许多企业采用这种方法后同样取得了较好的成效，但是也有一些企业使用这种方法后却收获了失败的苦果。

某企业决定采取强制分布法评价员工的绩效结果。该企业的方案是根据员工绩效考核分数，把员工分成4类，各类别和占比如表6-28所示。

表6-28　某企业强制分布法员工分级样表

	绩效类别			
	A	B	C	D
人数占比	20%	30%	40%	10%

对考核结果为A的员工，工资提升15%，享受企业的效益奖金是C类员工的3倍；对考核结果为B的员工，工资提升5%，享受企业的效益奖金是C类员工的2倍；对考核结果为C的员工，工资不变，享受企业的效益奖金；对考核结果为D的员工，工资不变，且无任何奖金奖励。连续2次考核结果为D的员工，将会被淘汰。

然而，没想到这个方案实施之后，却出现了一系列问题。

1. 团队氛围问题

被分在B、C、D这3类的员工对被分在A类的员工不满。尤其是被分在B类的员工，有的人可能和A类员工的分数差别不大，但是得到的工资提升和奖励差别却很大。这造成了B、C、D这3类员工的士气下降，工作变得消极，工作都推给被分在A类的员工做。被分在A类的员工虽然工资和奖金高，但在团队中受到了排挤，也因此士气低落。

2. 结果公正问题

企业的人力资源部、行政办公室、财务部等部门由于员工人数较少，就采取了打包考核的方法，把这些部门的员工放在一起，根据绩效考核分数进行排序。然而，有的部门管理者为了让自己部门的员工排名靠前，就想方设法提高本部门员工的绩效考核分数。公正的部门管理者所在部门的员工反而分数较低，都被分到了B类和C类，公正的部门管理者反而受到员工的埋怨，有的管理者甚至为此选择了辞职。渐渐地，管理者和员工之间的关系又变得复杂起来。

3. 应用实施问题

考核结果难以服众，难以按照考核结果实施奖励，不少公认的好员工由于种种原因被分为了B类或C类，而一些公认表现和成绩平平的人，却不知为何被分为了A类。企业总经理看到这种结果后，没有按照这样的结果实施，结果员工认为企业总经理言而无信。

另外，企业个别岗位的员工虽然连续两次被分为 D 类，但是由于该岗位专业性较强，是企业需要的主要岗位，而且这类人才难以从外部获取，所以企业实际上并没有对其淘汰。有的这类岗位的员工因为一次被分为 D 类，就跳槽到别的企业，工资反而提高了不少。

在该企业实施强制分布的绩效考评方法后，A 类员工对总经理有意见，B 类员工不服气，C 类员工推卸责任，对于一部分 D 类员工企业还要尽力挽留。原本安静祥和的企业，却在实施这种方法后变得有些混乱。

上述案例中的问题，最主要的原因在于绩效评价方法操作不当。

1. 认识方面

强制分布法是在绩效管理过程中，对绩效考核人员分类的方法，并不能代替绩效考核。绩效考核本身的质量决定了强制分布法能否有效实施。如果前端的绩效管理本身的质量有问题，盲目实施后端的强制分布法就会出现上述案例中的问题。

2. 支持方面

由于强制分布法对应着不同类别人员的奖励，没有实施过这种方法、对这种方法理解不深的企业运用这种方法时要特别小心。完善的绩效管理体系中，客观公正的人才评价、绩效结果的合理反馈、员工的沟通与辅导等这些工作对实施强制分布法而言至关重要。

3. 实施方面

在实施强制分布法之前，要做好充分的调研工作。选取的人才分类和比例要具有一定的依据和科学性，不能凭感觉划分比例。在实际实施的过程中，可以存在一定的灵活调整空间。企业最终保证的是整个企业人员的类别划分达到方案的基本要求，而不是强调每个部门或每一类岗位都严格按照该比例划分。对于一些特殊岗位或不适合实施强制分布法的部门或岗位，企业可以在实施前确定其不使用强制分布法。

6.7　如何建立奖罚机制

企业中的奖励和惩罚，有时对应着奖金的增加或减少，有时对应着绩效考核分数的增加或减少。即使有的企业的奖罚机制与绩效评价无关，但其实奖罚机制本身也是一种类似于绩效管理的员工行为修正机制。

6.7.1 奖罚的实施流程

员工奖罚的通用操作流程如图 6-1 所示。

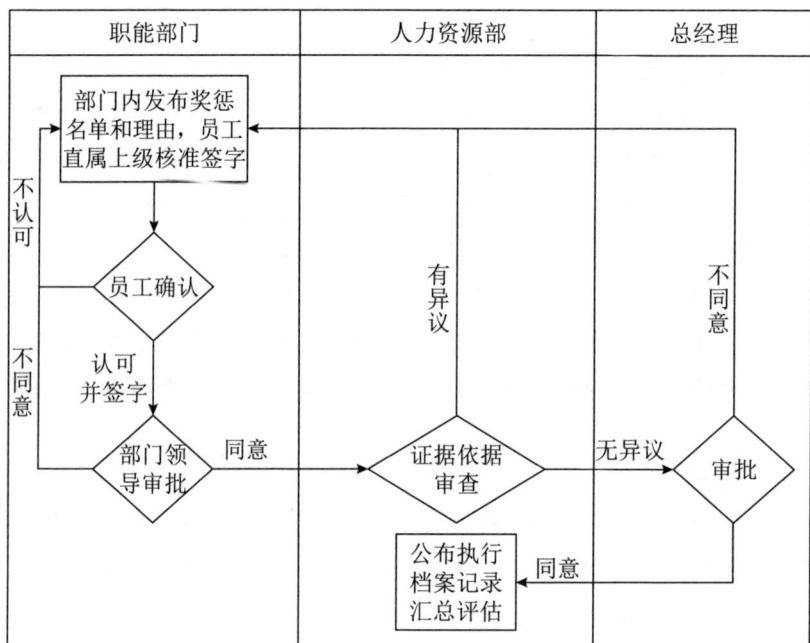

图 6-1 员工奖罚的通用操作流程

员工奖罚流程的具体操作一般可以参考如下步骤。

1. 流程发起

当员工出现符合企业奖罚规定中规定的情况时，员工直属上级根据情况提出奖励或惩罚需求，填写员工奖罚申请单。员工奖罚申请单的模板如表 6-29 所示。

填写员工奖罚申请单时需要注意如下事项。

（1）员工奖罚的发起人是员工的直属上级，不能是员工本人。

（2）写明奖罚的类型，如果是奖励，具体是哪一种奖励（嘉奖、小功、大功）；如果是惩罚，具体是哪一种惩罚（警告、小过、大过）。可按照企业奖罚规定中的具体分类填写。

（3）写明奖罚原因，若内容较多，可以附件的形式在单据后附奖罚行为的具体事实、证据及详细的情况说明。这里须注意，奖罚原因和证据要符合企业奖罚规定的内容，要事实清晰、证据充分、内容详尽。

（4）说明奖罚依据的具体文件以及文件中条款的具体规定。

表 6-29 员工奖罚申请单模板

部门		岗位	
姓名		员工编号	
奖罚类型	□奖励（□嘉奖　　□小功　　□大功） □惩罚（□警告　　□小过　　□大过）		
奖罚原因		直属上级 签字	
奖罚依据文件 及条款		员工本人签 字	
分管部门领导 意见		人力资源部 意见	
总经理意见			

2. 员工确认

由受到奖罚的员工本人确认该奖罚的行为是否属实，员工本人是否认可。如果员工认可，应在员工奖罚申请单上签字；如果员工不认可，则需要员工的直属上级与员工进一步沟通和确认具体情况。

3. 核准审批

员工确认后，由员工所在部门的分管领导（一般为分管副总经理）核准并签字确认。若分管领导有异议，返回到发起人处；若无异议，则转到人力资源部。

人力资源部须做真实性和合规性审查，须核准员工行为是否真实发生，核准奖罚依据的准确性。若有异议，返回到发起人处；若无异议，则报总经理审批。

总经理是奖罚的最终审批人，审批通过后，人力资源部可以开始准备正式的文件，以备公布实施。

4. 奖罚实施

所有奖罚行为应当以通告的形式告知企业全体员工。

奖罚通告一般以月度为单位统一传达，对于临时发生的重大事件，可单独传达。

奖罚通告的模板可以参考如下内容。

奖罚通告

某年某月某日，某企业某部门某人，工号某，因在某事件中做出了某项行为，对公司造成了某类影响。

根据企业某制度文件某章某节某条款的某项规定，企业决定给予其某项奖励/惩罚。

特此公示。

对此奖励/惩罚结果有异议者，请自本通告公示起的3日内告知人力资源部，并提供相应证据；若无异议，自本通告公示3日后正式实施。

对于每一次的奖罚通，人力资源部应当根据本企业公文格式编制具体的公布文号，并做好相应的记录。奖罚通告记录表模板如表6-30所示。

表6-30　奖罚通告记录表模板

员工编号	姓名	奖罚事项	公布文号	奖罚类型	发布日期	备注

填写奖罚通告记录表时需注意如下事项。

（1）"奖罚类型"可以直接写奖励或惩罚，也可以把奖励或惩罚详细到嘉奖、小功、大功，警告、小过、大过。

（2）若有对该奖罚行为提出异议并提供证据的情况，应在备注中说明。

（3）根据需要，发布日期后面可以加一列生效日期。

对于一段时期的员工奖罚情况（月度、季度或年度），人力资源部应形成报表，供本部门记录和相关管理层参考。员工奖罚记录表模板如表6-31所示。

表6-31　员工奖罚记录表模板

部门	岗位	姓名	员工编号	奖罚原因	奖罚类型	发布日期	备注

人力资源部可以根据一段时期的员工奖罚情况做汇总和统计，统计不同的子公司、不同的部门或者不同类型的岗位中的奖励和惩罚的人数，或者奖励和惩罚的类型，可用模板如表6-32所示。

填写员工奖罚统计表时需注意如下事项。

（1）部门可以是企业下设的各类大小部门，也可以是分公司、分店。

（2）奖励和惩罚情况的分级可以根据本企业的规定设置不同的等级。

（3）除了记录人数外，还可以在表头中加入该部门总人数，在奖罚类型中对应加入受奖罚人数占总人数的比例。

表 6-32　员工奖罚统计表模板

部门	奖励情况（人数）			惩罚情况（人数）			备注
	嘉奖	小功	大功	警告	小过	大过	
A 部门							
B 部门							
C 部门							

6.7.2　奖罚的应用原则

奖罚机制在绩效管理、人力资源管理乃至整个企业管理中都有着举足轻重的作用，它是兼具激励和纠偏双重功能的重要机制。团队行为产生的合力不等于团队全体成员的力量之和，原因就在于团队中成员的认识不同、想法不同、行为不同。

如果出现优秀的行为不给予激励，让优秀的行为得不到保持；如果出现不好的行为不给予惩戒，让不好的行为得不到控制，那么再完备的管理制度、再规范的管理流程都如同纸上谈兵，落不了地。相反地，如果企业能够赏优罚劣，那么就能够引导员工的行为，提升员工的积极性和行动力，员工们也更容易劲儿往一处使。

企业在应用奖罚机制时，需要注意如下原则。

1. 适应性原则

所有的奖罚机制必须做到合法合规、合情合理。奖罚机制的设立，应当适应企业的发展阶段，同时要符合实际，做到奖罚得当。奖励和惩罚都必须对应着员工的行为事实，而不是员工的主观想法、心理活动或未来的预期行为。

有的企业员工迟到现象严重，管理层为杜绝迟到现象的发生，规定不论任何理由，员工上班迟到一次罚 1 000 元，而该企业员工的平均工资为每月 4 000 元。考虑到企业的工资标准及相关法律法规的规定，这项惩罚机制显然并不合适。

2. 平等性原则

上到企业的总经理，下到企业的所有员工，奖罚机制应当对所有人的影响力、效力和应用都是相同的。企业应当做到不特殊对待每一个人，不分层级地同等实施奖罚机制。不可以因为某人在企业的地位高，就可以不受罚；也不可以因为某人在企业的地位低，就可以不奖励。

坚持奖罚的评判标准统一、尺度一致、方法相同；坚持有过就罚、有功就赏，不能区别对待，也不能随意为之。要避免个别管理者把企业的奖罚机制变成表达个人爱憎的工具，专门用来对待个别员工。

　　3. 即时性原则

　　奖罚行为对应的奖罚措施应当即时兑现，快速实施，不能拖拉和延迟。奖罚规则确定后，不管是管理层违规，还是没有预料到的基层员工做到了应当奖励的行为，都应马上兑现奖罚承诺。如果拖延时间，可能错过奖罚实施的最佳时机，而得不到奖罚的效果。

案例

　　联想公司的柳传志在联想公司创业最危难的时期，带领联想公司渡过了难关，让联想公司的经营和管理步入了正轨。其中一个重要原因是柳传志在联想公司内建立了规章制度以及实施奖罚机制。

　　柳传志从最小的开会迟到问题开始抓起。那个时候的联想公司，员工的时间观念较差，开会较散漫，迟到是家常便饭。为此，柳传志从学校老师对学生的管理中得到灵感，规定不论什么理由，只要开会迟到，就罚站一分钟。一分钟后，才能坐下开会。不论是创业功勋还是公司元老，都要遵守这个规则。

　　有一次，联想公司在某日下午2:00将要召开董事会。柳传志在外地与大客户谈业务，订了当天上午9:00的机票。不料天气不好，机场暂时关闭，航班延误，飞机落地时，已经是下午1:30。当柳传志马不停蹄地赶到会议室时，已经是下午2:10了。这时候，所有人的目光都投向了柳传志。

　　"董事长迟到，会怎么样呢？"这也许是当时会议室内所有人心里想的问题。柳传志没有太多犹豫，说道："对不起各位，因为航班延误，今天我迟到了。但不论有什么理由，会议迟到是不允许的，因此我也罚站一分钟！"

　　柳传志在一次接受记者采访时说："我当然要自觉站在那儿了，而且我们有一个规定，就是如果主持会议的人没有按照规定去罚他而被检举，主持会议的人要到我的办公室罚站一分钟。罚站虽然是个平常的事，但是我在1990年定的规矩，到今年都20多年了，依然被保留着。这说明了制度就是制度，它能一直严格地被遵守，我看除了这个规定以外，以身作则起了非常重要的作用。"

　　从订立开会迟到罚站的规矩以来，柳传志本人一共受罚过3次。董事长也要受罚的消息很快在联想公司内部传开。在联想公司，开会迟到要罚站，谁都不能幸免。从此，联想公司内部再没有人抱有侥幸的心理，员工的时间观念变得特别强，开会迟到的现象很少出现。

有意思的是，在这个氛围之下，员工遵守其他制度的自觉性也提高了，工作的主动性和工作质量也提高了。

6.7.3　奖罚的应用策略

奖罚机制的应用不能生搬硬套，也不能任意而为。要想有效应用奖惩机制，还需要遵循一些策略。当然这里的策略不是让企业投机取巧、玩弄心计，而是让企业思考如何利用有限的资源，通过有限的努力，得到最有效的结果。

常见的奖罚应用策略包括如下内容。

1. 奖励必须公开，处罚可以不公开

榜样是员工行为的标尺。企业对一个员工行为的赞扬，表明企业对该行为的鼓励和支持，表明当其他员工做出类似行为的时候，也能够得到企业的奖励。奖励的公开能通过对一个人的奖励带动更多人行为的转变。

对于企业明令禁止的"高压线"制度，处罚时也应当公开，表明企业对该行为是零容忍的，同样能够给其他员工以警示作用。而对于某些并不十分严重的处罚，有时候考虑到员工的自尊心，在策略上可以不公开。

通常情况是，即使企业没有公开某些处罚，但通过员工间私下非正式的交流，也会产生一定的传播效果。

2. 赏小立信，罚大立威

管理是技术，更是艺术，对奖罚的应用同样如此。

有时候为了树立员工对企业的信任，企业可以通过细微的小事激励员工，让员工在心理上对企业其他政策产生信任，取得以小博大的效果。

有时候企业为了树立管理的威信，可以重点惩罚级别较高、能力较强或者比较典型的员工。

商鞅变法能够在秦国顺利推行，与商鞅在变法之前的立木为信有很大关系。商鞅通过小小的奖赏，为秦国树立了信誉。

3. 先奖疏远，先罚亲近

这个策略并不是要企业对不同的人采取不同的奖罚政策，而是在进行奖罚时，在奖罚顺序上采取一种小技巧。

当奖罚有先后顺序时，先惩罚与管理者关系比较亲近的人、先奖励与管理者关系比较疏远的人，这样能够在员工心理上产生较强的效果，能够让员工感受到企业管理者是公正的，从而激发员工对企业管理者的信任，有效抑制一些不良风气的形成。

📖🔍 **案例** ─────────────────────────────

惩罚并不一定就是生硬地罚，要考虑合情的因素。合情，就是不能太偏激，要让对方在心理上能够接受。惩罚毕竟不是目的，目的是改变他人的行为。合情、合理、合法、合规的惩罚，被罚者才能印象深刻、无话可说，旁观者才能引以为戒、改变行为。

《三国演义》中讲述了诸葛亮挥泪斩马谡的故事。诸葛亮任命参军马谡为前锋，镇守战略要地街亭。临行前，诸葛亮再三嘱咐马谡："街亭虽小，但关系重大，它是通往汉中的咽喉。如果失掉街亭，我军必败。"诸葛亮还具体指示，让马谡"靠山近水安营扎寨，谨慎小心，不得有误"。

马谡到达街亭后，不按诸葛亮的指令依山傍水部署兵力，骄傲轻敌，自作主张地将大军部署在远离水源的街亭山上。副将王平曾多次好言相劝，他都一意孤行、拒不理会。最后蜀军被魏军围困在山上断了粮草，失了街亭，大败而归。

为了严肃军纪，诸葛亮下令将马谡革职入狱，斩首示众。马谡临刑前，诸葛亮老泪纵横。为了严肃军法军纪，他不能免马谡的死，否则将失去众将士之心；可是要斩掉跟随自己这么多年、自己十分器重和赏识的将领，他心如刀割。于是，他强忍悲痛，告诉马谡，让他放心地去，自己将收他的儿子为义子。

诸葛亮挥泪斩马谡的故事，既体现了诸葛亮对待纪律和规则赏罚分明、刚正不阿的态度，又表现了他有情有义、大仁大义的风范。马谡死得心服口服，全军将士也无不为诸葛亮的公正和仁义所动容。

6.7.4　奖罚的注意事项

企业在运用奖罚时，需要注意如下常见问题。

1. 不能用奖罚代替管理

有的管理者认为有了奖罚，自己的管理工作就简单了。有的管理者认为员工在行为上做得好或者不好的地方，都可以全部照搬企业的奖罚规定，不需要通过与员工沟通交流来帮助员工改变行为。

若管理者不针对员工的行为与员工进行沟通和交流，员工就不知道自己究竟哪里做得好或者哪里做得不好，该如何改进，只能机械地等待奖罚结果。这其实是一种管理的倒退。

管理者和员工在日常工作中的沟通、交流、指导等管理过程不能靠制度取代。制度能够帮助管理者更好地管理，让管理者有法可依、有章可循，但无法代替管理者管理员工的行为。

2. 不能只有奖或只有罚

有的企业的规章制度特别注重惩罚，完全没有奖励，这种制度确实形成了一定的约束力，但是缺乏温情。员工在这样的环境下，更多的感受是压迫和压抑。

个别企业特别注重正激励，只有很少的几项惩罚，结果导致企业温情有余、约束力不足。员工工作很随意，认为不遵守企业制度，企业也不会把他怎么样。

奖与罚就像是两条平行的铁轨，引导着员工行为这趟列车行驶的方向。可是如果只有奖或者只有罚，就像是只有一条铁轨，必然会引起员工行为的偏离，起不到奖罚制度应有的引导作用。

3. 奖罚机制的实施要有配套措施

奖罚机制要发挥作用，不是只有一套奖罚制度就可以了，还需要其他相关配套措施的建设。

比如，如何定义奖罚制度的实施部门的具体职责并保证其职责得到有效落实？如何建立完善的奖罚评价标准和评价体系？如何追究相关人员奖罚执行不到位的责任？如何防止管理者利用奖罚制度徇私舞弊？

4. 控制情感在奖罚过程中的应用

奖罚制度考验着管理者和员工的情感。管理者在采用奖罚措施时，不能感情用事。对自己不喜欢的人该奖励的时候不奖励，该惩罚的时候格外严厉；或者对自己喜欢的人该惩罚的时候不严厉，该奖励的时候还有额外的奖励。这些行为都是错误的。

管理者在奖励员工时，应当抱着亲切、热情的态度，营造出良好的情感氛围，让员工感受到管理者在情感上对他是充分认可和支持的。这时候员工往往会再接再厉，继续创造更好的业绩。

管理者在实施惩罚时，应当抱着严肃、庄重的态度，在营造出威严氛围的同时保持对员工的关爱，让员工感受到管理者虽然认可自己，但是自己做错了事，管理者不得不罚自己。这时候员工往往会悔恨交加，努力不再犯错。

【疑难问题】如何保证绩效信息的真实有效

既然绩效信息产生的误差有无意和有意两种情况，为了保证绩效信息的真实有效，人力资源部在设计绩效信息或进行数据的收集和核准时，应当分情况对这两个方面有针对性地采取措施。

对于绩效信息提供人无意为之的情况，人力资源部可以做好如下工作。

1. 减少信息传递的流程

不要让绩效信息在部门间传递，而应当把绩效信息全部归到人力资源部统一收集整理。

如果绩效信息传递有如图 6-2 所示的线性结构，应当将其修改为如图 6-3 所示的网状结构。

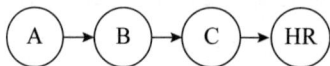

图 6-2　绩效信息传递线性结构　　　图 6-3　绩效信息传递网状结构

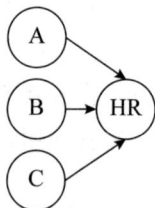

2. 增加绩效信息的检查机制

这里可以采取 3 步检查法。

（1）第一步，由绩效信息提供人自行检查并在提交绩效信息前签字确认。

（2）第二步，由绩效信息提供人的直属上级检查并在提交绩效信息前签字确认。

（3）第三步，由人力资源部做最终的检查确认。

3. 用工具代替人脑

人难免会犯错，但如果依靠信息系统或者计算机程序，犯错的概率相对就会变小。当然，人力资源部可以使用的工具不仅包括信息工具，其实传统的文档、模板、表单、清单，日常的工作记录等，都是能防止人们犯错的非常好用的工具。

对于绩效信息提供人有意为之的情况，也就是绩效信息提供人刻意歪曲事实、弄虚作假的情况，人力资源部应当做好如下工作。

1. 增加犯错的成本

增加绩效信息提供人犯错的成本，这对于有意或者无意地提供失真信息都有一定的效果。但是对于故意提供虚假信息的绩效信息提供人，人力资源部应当给予其较大力度的处罚。对于这种刻意为之的行为，企业要严厉杜绝、严肃处理。

比如，企业可以把这一条写入企业的规章制度中，将其定义为严重违纪行为。一旦违反，企业可以与故意提供虚假绩效的绩效信息提供人解除劳动关系；给企业造成损失的，企业可以依法追究绩效信息提供人相应的责任。

2. 加强检查

人力资源部不仅要注意信息的核准，为了提高检查的效力和效果，还可以联合企业内部的总经办、审计部、风控部等本身就具有管理、监督、检查职能的部门，整治不良之风，强化内部管理，强化绩效信息的审计、监督和检查工作，做好绩效信息的核查和核实工作。

3. 宣导教育

强化对企业员工的宣传、教育或培训，同样可以影响绩效信息提供人的行为。培训的内容可以同时涵盖绩效管理的各个方面，如企业实施绩效管理的原因、如何确认工作活动、如何观察工作情况、如何记录和评价绩效、如何使用绩效评价表格、如何提供绩效信息、如何使评价误差最小化、如何进行绩效评价面谈、如何向员工提供咨询和教练式辅导等。

【疑难问题】如何应对绩效信息的收集困难

人力资源部在实施绩效管理的时候，常常明确了各部门的绩效指标，制订了绩效信息和数据提交的模板和具体要求，确定了各部门提交绩效信息的具体时间，可是到了各部门需要提交信息数据的时候，总是会有很多部门交不了数据。

当人力资源部找到生产部的时候，生产部可能会说，有几个数据关联着销售部。

当人力资源部找到销售部的时候，销售部可能会说，有几个数据财务部还没有给他们。

当人力资源部找到财务部的时候，财务部可能会说，这才刚到月底，报表还没审计呢。

当人力资源部找到审计部的时候，审计部可能会说，这个不仅需要内部审计，还需要外部审计。

当人力资源部找到外部审计的时候，外部审计可能会说，财务数据还有几个问题需要解决。

当总经理问人力资源部怎么绩效结果还没出来的时候，人力资源部无奈地对总经理说，没有数据哪来绩效结果。

总经理说，人力资源部就是负责这个的，怎么连收集数据这么点事都做不好！

这时候，多数人力资源部的人员都会开始对绩效管理工作产生疑虑，有的甚至会打退堂鼓，不知道再这样下去企业的绩效管理工作还能否推行下去。

绩效信息和数据收集难的问题，在很多企业都很常见。尤其是对于那些实施绩效管理时间不长、绩效体系建设还不完善、绩效管理理念还没有深入员工心中的企业来说，这种情况更是非常普遍。

要应对这种情况，我们可以从以下3个层面找出原因，做出努力。

1. 管理层面

人力资源部首先要审视，在设置企业机构时，有没有明确各部门对于绩效信息提供的权责？在组织机构和部门设置的层面，有没有影响部门履行绩效信息提供职责的问题？有没有促进部门职责履行的设计？

当企业已经明确规定某个绩效信息数据应由某个部门在某个时间节点之前提供，下一步就是要明确这项工作由谁来负责实施？如果该部门没有提供应当怎么办？是否有相应的惩罚措施？如果这位管理者没有起到应有的作用，应当怎么办？

最高管理层对此同样有相应的职责。当人力资源部在各部门之间收集绩效信息数据时，如果企业最高管理层不闻不问，只是把这项工作推给人力资源部，那么数据的收集一定会出问题。如果最高管理层能够起到一定的监督和督促作用，那绩效信息的收集会容易很多。

如果绩效信息难收集的问题较严重，人力资源部可以组织一次针对这个问题的专门研讨会，请企业的最高管理层和各数据提供部门参加，由人力资源部把存在的问题客观地提出来，由与会人员讨论，形成一致认可的解决方法并付诸实施。

2. 操作层面

流程是保证制度实施的有效措施。但是在设计流程时，也要注意流程中的关键控制点和关键负责人。要明确谁对流程的实施进行管理、谁对流程的运行负责、谁负责流程的监控。

绩效信息或数据收集不到位，很多时候是因为部门之间沟通协调不到位。信息的提供部门没有全局观念，是因为没有人告诉这个部门绩效管理的全貌，没有人告诉这个部门如果他们的数据提供延误，会给企业带来什么样的管理后果。

3. 意识层面

绩效信息提供部门的管理者和员工对绩效管理的理解和认识决定了他们将会如何对待绩效信息和数据提供这项工作。因此，人力资源部还要在企业各部门管理者和员工的意识层面下功夫。

如果员工的认识到位，那么这项工作可能不需要人力资源部过多督促，他们就能自觉做好。如果他们并不理解，认为这项工作不是自己的工作职责，这项工作占用了他们的工作时间或者浪费了他们的时间，那么这项工作将很难有效地开展。

人们对事物的认识决定了人们的思维，人们的思维决定了人们的行为。从这一点也能够看出，在整个绩效管理的过程中，人力资源部对相关人员就绩效管理体系相关问题进行持续的宣导、教育和培训是非常重要的。

【疑难问题】绩效评价过程的常见问题解析

绩效评价如果做不好，将直接影响整个绩效管理工作的进展和实施效果，影响员工对自身绩效的评价和改善，甚至将直接影响员工的经济利益。许多企业绩效管理工作开展不下去，就是因为在绩效评价的环节出现了问题。

绩效评价过程中的常见问题及参考的改进措施如表 6-33 所示。

表 6-33 绩效评价过程中的常见问题及参考的改进措施

常见问题	参考的改进措施
绩效评价的标准不科学，可衡量性差或不贴近企业真正的目标	明确岗位的工作要求，明确考核标准和水平标度，把评价标准建立在对工作进行分析的基础之上
绩效评价走形式，没有真正对绩效评价结果进行认真、客观的分析，没有真正利用绩效评价过程和评价结果来帮助员工提高业绩和能力等	不断进行宣导教育，不断强化培训，企业的"一把手"带头进行
晕轮效应：以偏概全，放大某一次或几次并不关乎绩效重点的失误，而忽略绩效的真正要求	以 KPI 达标情况或工作目标达成情况为依据
近因误差：以近期印象代替全部印象，或仅做某一时期的短暂评价，而忽略一贯表现的好与坏	做好绩效管理过程中的数据收集、记录，按照客观绩效结果进行评价
感情效应：管理者的非理性因素，导致评价结果不自觉地受感情影响	以客观绩效指标为依据，二次考核为监督
集中趋势：绩效评价的结果都趋于中间（合格层），彼此拉不开差距	结果以统计百分比进行衡量，或强制排名
暗示效应：绩效评价人受某几位领导或专业人士的影响	以客观绩效指标为依据，进行二次考核，并与相关领导沟通
倒推化倾向：先因某人平时的表现，为其确定出一个考核层级，而后倒推出各考核项目的得分	不带有色眼镜，以客观绩效指标为依据

【实战案例】某上市企业的奖罚管理条例

以下内容来自某年营业额超过 100 亿元，员工数量超过 2 万人的大型零售连锁上市企业的员工奖罚条例。该员工奖罚条例适用于该企业全体员工，在该企业新员工上岗前的入职培训中，企业人事专员或专职培训师对新员工进行培训后，新员工签字确认，并须通过相应的考试。

该员工奖罚条例中，关于奖励的规定包括如下内容。

凡符合下列条件的员工，企业及门店给予表扬、表彰、奖品、奖金、培训、晋职等奖励。

（1）对门店及企业的经营发展做出较大贡献。

（2）在努力完成工作任务、提高工作（服务）质量、勤俭节约等方面成绩突出。

（3）在突发事件中，敢于挺身而出并采取有效措施，保护门店财产和员工生命不受损害。

（4）使本门店员工整体素质明显提高，工作成绩突出。

（5）在经营服务中受到顾客、新闻单位表扬，事迹突出。

（6）拾金不昧、见义勇为事迹突出。

（7）维护门店利益和形象，敢于举报他人的不良、违规行为，并查证属实。

（8）积极提出合理化建议，敢于改革创新，并在实践中取得成绩。

（9）为维护门店利益和形象，顾全大局，忍受顾客习难及其他不公正对待。

（10）参加培训，成绩优异。

（11）忠于企业，严守企业商业秘密。

（12）献计献策，在工作上有所创新，为门店或企业带来明显的经济效益。

（13）发现重大隐患和险情并及时消除，避免门店或企业遭受损失。

（14）利用个人关系，开发团购客户，提高门店销售额。

该员工奖罚条例中，关于处罚的规定包括如下内容。

企业对每一位员工的违规行为都会立足于帮助和教育，以帮助其认识和改正错误。但是对于在接受企业关于本规定的培训之后，仍出现如下行为的员工，企业将根据情节轻重给予相应处罚。

一、下列情形为 A 类过失，口头批评并负激励 10 元，造成损失的还要进行赔偿，同时责令立即改正，不改正者负激励 20 元。

（1）工作时间嚼口香糖、吹口哨、玩手机、打电话、抽烟、吃零食、随音乐唱歌并扭动身体。

（2）3人以上（含3人）聚众闲聊、打闹，擅自离岗去其他部门导致本部门岗位空岗。

（3）晚上下班不走卖场员工通道，不佩戴工牌，冒用他人工牌。

（4）仪容不整上岗，包括不穿工装，穿拖鞋、穿裙或短裤，两颗以上纽扣未扣，披头散发，男员工留过耳、过眉、过后颈衣领的长发及戴耳钉等装饰，浓妆艳抹，佩戴怪异饰品，留长指甲或涂抹非肉色指甲油。

（5）上班时牵手搂腰、勾肩搭背（吃饭时间除外）。

（6）在工作场所梳妆打扮，高声喧哗，尖叫，打瞌睡，扔烟蒂、纸屑、果皮，随地吐痰及下班未关闭设备开关。

（7）说不文明语言或禁语。

（8）正式文件、资料出现错别字或其他错误。

（9）未按采购部要求期限退货，每1件单品每延迟1天负激励10元。

（10）未在当天对缺货商品进行要货，每1件单品每延迟1天负激励10元。

（11）不补货或缺货不要货而造成货架出现"空洞"，每1件单品每延迟1天负激励10元。

（12）未按照商品先进先出原则执行，每1件单品负激励10元。

（13）单据的数据、内容填漏、填错或录入错误，每处错误负激励10元。

（14）不执行卖点广告（Point Of Purchase，POP）书写、张挂规定。

（15）不按商品保质期规定收进商品，每1件单品负激励10元。

（16）未建立商品保质期台账、预警台账或不在规定时间检查商品保质期，每1件单品负激励10元。

（17）违反保质期管理规定导致商品损失，每1件单品负激励10元。

（18）工作时间购物，坐、蹲、靠在商品或货架上。

（19）商品无价签、货签不符、价签内容错误或非特殊原因使用手工价签，每1件单品负激励10元。

（20）上班时间在办公室用计算机做与工作无关的事情（包含主管以上人员），非吃饭时间在员工休息室休息超过规定时间10分钟。

（21）非来货时在收货处随意进出，无客诉及退货的情况下从东门出入口及中厅出入口进出。

（22）员工及专柜人员上班期间未着工装、未佩戴工牌，不走员工通道及出入员工通道不按防损人员要求自检。

二、下列情形为 B 类过失，对责任人进行口头批评并负激励 20 元，造成损失的还要进行赔偿，同时责令立即改正，不改正者负激励 40 元。

（1）未按规定时间向总部有关部门报送资料、报表、单据，每超 1 天负激励 20 元。

（2）不传达或错误传达总部、值班店长的管理规定、工作任务。

（3）遗失有效档案、有效单据。

（4）不按规定进行设备、设施维护保养或重点设备无维护保养记录。

（5）利用门店设备处理私人事务或未经批准外借门店设备，如用公用电话打私人电话。

（6）不按规定时间及时存款，每超过 1 天负激励 20 元。

（7）营业场所广告位有明显污迹。

（8）购置办公用品、营业耗材、低值易耗品时徇私舞弊。

（9）未能按时完成价格要求、陈列要求、企划装饰要求及促销活动的要求而导致工作拖延。

（10）商品验收错误的，每 1 件单品负激励 20 元。

（11）工衣柜里存放易燃等危险物品、将工衣柜钥匙丢失、私自调换工衣柜。

（12）私留快讯商品广告（Direct Mail，DM）商品或促销品，或将已买单商品或外卖商品带入卖场。

（13）上班时间在工作场所、工作区域内争吵或影响他人正常工作。

（14）工作时间饮酒或带有醉态（业务招待除外）。

（15）严重违反服务规范遭到客人口头投诉。

（16）管理人员发现违纪违规现象视而不见或不敢制止、纠正、处罚。

（17）未经过主管部门同意私自改换班次。

（18）发现放行条填写错误、不规范仍放行或不按规定对放行条审查签字。

（19）交接班对现金未交接、交接本无交接内容、贵重商品未交接库存。

（20）发现安全隐患不及时报告。

（21）主管以上管理人员手机不能保持正常通话。

三、下列情形为 C 类过失，对责任人进行书面警告并负激励 50 元，造成损失的还要进行赔偿，同时责令立即改正，不改正者负激励 100 元并作下岗处理。

（1）清场后未关闭、锁好门窗。

（2）传播或散布谣言、小道消息对他人造成人身伤害，影响员工之间正常关系或扰乱正常工作秩序。

（3）不服从正常工作调动和安排，侮辱、谩骂、顶撞上级。

（4）隐瞒、协助、包庇他人偷盗门店商品、物资或侵害门店利益。

（5）拾到顾客财物占为己有。

（6）因管理不善、指挥失误，导致门店工作混乱。

（7）利用职权、职位、岗位便利打击报复他人。

（8）上班时间在工作场所、工作区域打架斗殴。

（9）在办公区域、仓库、经营场所存放易燃、易爆物品。

（10）无故停止录像监控或泄露、外借、删除监控录像资料。

（11）私配钥匙或加锁。

（12）上班时间与顾客吵架，导致顾客严重不满，遭到投诉。

（13）上班时间赌博。

（14）在员工餐厅乱扔剩饭等垃圾，水龙头、灯、保鲜库、冷冻库未及时关闭。

（15）模仿上级主管签字或盗用公章。

（16）伪造工牌，私自上岗。

（17）其他严重违反企业劳动纪律或规定的行为。

（18）采取不正当的促销手段，诋毁其他品牌的名誉。

四、下列情形为 D 类过失，对责任人进行负激励 100 元，管理人员降职、撤职，造成损失的还要进行赔偿，同时责令立即改正，不改正者负激励 200 元并作解除劳动关系处理。

（1）泄露门店或公司商业秘密。

（2）组织员工闹事。

（3）私存爆炸物品或非法宣传品。

（4）因管理不善、指挥失误造成人身伤亡。

（5）被发现或被举报有不道德行为或猥亵行为，且确认属实。

（6）"坐支"现金或"白条抵库"。

（7）上班时间在工作区域与顾客打架。

（8）打击报复他人造成人身伤害。

五、诚实是企业每位员工应具备的品德，以下任何不诚实行为都将导致员工被解除劳动关系。

（1）偷盗、挪用、私拿、私分、截流货款。

（2）利用职权、职位、岗位便利谋取私利或索贿、受贿。

（3）伪造、私自涂改数据（如盘点数据、财务数据等）。

（4）为了隐瞒事实真相而说谎，给公司利益造成严重损失。

（5）超越权限查阅、偷看公司文件、资料、数据。

（6）弄虚作假，多报费用。

（7）私自出售门店废旧物资并占为己有。

（8）滥用职权、玩忽职守、欺上瞒下。

（9）偷吃商品、偷拿商品或私分促销赠品。

（10）发生场外交易。

（11）对违反第二条的，解除劳动关系并不给予任何补偿；造成犯罪的，将移交司法机关处理。

六、旷工处理。

有下列情况之一者，按旷工处理。

（1）迟到、早退15分钟～4小时，按半天旷工处理；4小时以上按1天旷工处理；1个月内累计迟到、早退3次按旷工半天处理（以此累加）；迟到、早退5～15分钟，处罚10元。

（2）无正当理由拒不上班或在规定时间内拒不到新工作岗位者，按实际未上班时间计算。

（3）特殊情况下不能事先办理请假手续的，应通过电话或口信方式请假；假后回岗24小时之内未补办请假手续，按半天旷工处理。

（4）未经请假或请假未批准擅离岗位者，擅离岗位时间为旷工。

（5）未经批准续假或超假，无特殊理由者，未上班时间为旷工。

（6）事后请假无法证明是因急病、急事者，未上班时间为旷工。

（7）伪造疾病证明或用不正当手段骗取、涂改、伪造请假、休假证明者，按旷工处理。

（8）因打架斗殴或酗酒等原因不能上班的，按实际未上班时间计算。

（9）主管以上人员无故随意休假，通过电话、短信请假，按旷工处理。

第 **7** 章

如何实施绩效反馈

　　绩效反馈是绩效管理的末端环节，是考核人（上级）向被考核人（下级）反馈绩效评价的结果，并对绩效期间内取得的成绩、存在的问题、下一阶段的工作目标、未来的绩效提升计划进行双向交流的过程，是考核人和被考核人之间就当前绩效的总结和未来绩效的实现进行的有效沟通。

7.1　绩效诊断方法

绩效诊断是通过各种方法，查找、分析和发现引起各类绩效问题的原因的过程。通过绩效诊断，人们能够快速聚焦绩效问题的源头，从而形成有目的、有针对性的行动方案，更精准、快速地提升绩效水平。

7.1.1　绩效诊断的实用工具

比较简单有效的绩效诊断工具是吉尔伯特行为工程模型。

行为学家托马斯·吉尔伯特（Thomas F. Gilbert）曾研究影响企业绩效水平的因素，在调研了 300 多个企业以后，他形成了一系列的调研报告和著作。

其中，在 *Human Competence: Engineering Worthy Performance*（《人的能力：工程价值绩效》）一书中，托马斯·吉尔伯特提出了这个非常有价值的行为工程模型工具。通过这个工具，人力资源部可以更有针对性地进行绩效诊断，更有效地设置行动计划和优先级。

吉尔伯特行为工程模型的大意，是把影响企业绩效的因素分成两大因素，一个是环境因素，另一个是个体因素。环境因素主要来源于企业的内部或外部，个体因素来源于被考核人个人。

环境因素和个体因素又分别可以分成 3 个小的因素，所以影响绩效的因素一共可以分为 2 个大类、6 个小类，它们的分类及比例关系如表 7-1 所示。

表 7-1　吉尔伯特行为工程模型中影响绩效因素的分类及比例关系

类别	内容			
环境因素	分类	信息	资源	奖励（后续结果）
	影响	35%	26%	14%
个体因素	分类	知识（技能）	素质	动机
	影响	11%	8%	6%

在这 6 个小类中，影响占比排第一的因素叫"信息"。它的含义是绩效信息的通畅性，包括明确、清晰的工作行为标准和绩效目标、与此相应的明确又及时的绩效反馈，以及能及时获取所需信息的畅通渠道。

影响占比排第二的因素叫"资源"。它的含义是员工能够获取的资源条件，包括工具、系统、适当的流程、易于查阅的参考手册、充足的时间、专家或专家体系，以及充足、安全的附属设施。

影响占比排第三的因素叫"奖励（后续结果）"。它可以分为经济性的奖励和非经济性的奖励，包括有形的奖励和无形的奖励，如对员工的认可、员工可以获得的晋升或处罚。它不只是针对某个人的，而是针对整个企业中所有人的。

影响占比排第四的因素叫"知识（技能）"。它的含义是能够通过各种职业技能培训让员工获取到的，能够胜任本工作的知识和技能。

影响占比排第五的因素叫"素质"。它包括员工的个人特点、性格特质、行为偏向、生理特质、心理或情绪特质，以及员工的生活状况、生活方式、生活环境等因素造成的个人认知和习惯上的局限性。

影响占比排第六的因素叫"动机"。它包括员工在某方面的价值认知、员工把工作做好的信心、员工的情绪偏向，以及员工的其他能够被环境、文化、氛围等因素引发的主观情绪和能动性的变化。

通过吉尔伯特行为工程模型，可以得出一个结论——对绩效影响最大的是环境因素，影响占比的总和为 75%，而个体因素的影响占比仅为 25%。

但是大多数企业平常最经常、最习惯做的是，为了改善被考核人的绩效，坚持不懈地想办法诊断和改变被考核人个体，而不是从环境层面，或者说从信息、资源、奖励（后续结果）这些因素出发，在组织、流程、规范等层面去诊断和发现问题。实际上，改变环境往往对企业来说成本更低，效果也更好。

7.1.2　绩效诊断的具体步骤

吉尔伯特行为工程模型可以作为指导，启发企业的绩效管理人员通过提出问题，诊断和发现企业当前存在的绩效问题。

绩效管理人员在利用吉尔伯特行为工程模型问自己问题的时候，应当按照影响占比，依次从环境因素中的信息、资源、奖励（后续结果），到个人因素中的知识（技能）、素质、动机的顺序提出问题。如果发现企业在前面的各项中存在问题，那么就需要首先解决靠前的问题，也就是环境因素层面的问题。

1. 信息

绩效管理人员可以提出如下问题。

- 有没有明确企业要往哪个方向努力？
- 有没有制订企业要达到的具体目标？
- 有没有明确让员工知道目标是什么？
- 有没有明确让员工知道具体做什么？
- 有没有明确目标完成的标准是什么？
- 员工绩效结果怎么样？是否通知了他？

- 绩效反馈信息是否能够频繁且及时？
- 绩效反馈信息是否足够准确且明晰？
- 反馈信息是否与实际绩效密切相关？
- 员工是否有获得绩效信息的通畅渠道？
- 是否有强制体系保证绩效信息传播？
- 传播的绩效信息是否能够指导行为？
- 考核人是否能够提供相关的工作指导？

2. 资源

绩效管理人员可以提出如下问题。

- 制度、流程、规范是否清晰、明确？
- 这些资源是否已经按最佳方式组合？
- 是否形成了有助于完成工作的工具？
- 员工是否能够快速获取这些工具？
- 是否有足够的资源来支持目标达成？

3. 奖励（后续结果）

绩效管理人员可以提出如下问题。

- 有哪些事项是员工必须达成结果的？
- 有没有对员工完成工作的相应奖罚？
- 有没有针对员工表现优劣的相应激励？
- 该激励能否引导员工未来表现更优？
- 对员工的激励是否与员工的表现相关？
- 激励是否实施得当，能否防止员工丧失信心？
- 应当实施的激励是否都已经应用过？

4. 知识（技能）

绩效管理人员可以提出如下问题。

- 员工是否具备完成任务需要的知识？
- 员工是否具备完成任务需要的技能？
- 优秀者是否具备他人不具备的知识？
- 优秀者是否具备他人不具备的技能？
- 优秀者的知识和技能能否有效复制？

5. 素质

绩效管理人员可以提出如下问题。

- 员工的天赋或智商能否影响绩效？
- 员工的口才或体能能否影响绩效？
- 员工的其他各类素质能否影响绩效？
- 素质对绩效结果的影响是否有例外？

6. 动机

绩效管理人员可以提出如下问题。

- 绩效激励对员工来说是否足够诱人？
- 员工对于完成绩效是否有足够把握？
- 对员工是否有太多负激励，缺少正激励？
- 哪些动机会影响员工绩效？

7.1.3　绩效诊断的注意事项

绩效管理人员在进行绩效诊断时要特别注意如下事项。

1. 先客观再主观

在进行绩效诊断的时候，对于多类型的绩效指标，绩效管理人员应当本着先客观再主观的原则进行诊断。能够被数据和量化指标明确表示出来的绩效问题可以被绩效管理人员更精确地把握，这类绩效问题应当被优先进行诊断和处理；而偏主观感受的绩效问题，应当延缓处理。

案例

某部门 80% 的绩效指标是量化指标，20% 来自其他部门的 360 度主观评分。该部门上年度整体绩效结果较差，企业总经理为此非常生气，责令人力资源部协助这个部门的负责人，一起查找部门存在的问题，改善部门的绩效状况。

人力资源部在开展绩效诊断工作时，应当首先针对 80% 的量化指标，之后再针对 20% 的主观评价去询问各部门对这个部门的看法、意见或建议。

2. 先环境再个人

当绩效出现问题的时候，大多数人通常第一时间想到的是怎么教育被考核人，怎么给被考核人设置培训，怎么让被考核人听讲座或者怎么提高被考核人的素质。而实际上，往往改变环境的成本更低、见效更快，甚至可能会更容易。

所以如果某部门的绩效结果较差，企业的人力资源部在对该部门进行绩效诊断的时候，应当按照吉尔伯特行为工程模型，依次从环境因素中的信息、资源、奖励（后续结果），到个人因素中的知识（技能）、素质、动机，查找问题。

3. 先主要再次要

影响绩效结果的因素非常多，可能经过绩效诊断，绩效管理人员能够总结出几十项甚至上百项需要解决的问题。这时候，在企业资源有限的情况下，应当对问题进行分类判断，先解决主要的、重要的问题，再解决次要的、不重要的问题。

案例

某企业在绩效诊断之后，把绩效问题分成既重要又紧急、重要但不紧急、紧急但不重要、既不重要又不紧急4个类别。该企业采取的策略是首先处理既重要又紧急的问题，再处理重要但不紧急的问题，然后处理紧急但不重要的问题，最后处理既不重要又不紧急的问题。

4. 先总结再改进

各部门不能盲目地进行绩效改进，在这之前，一定要先进行绩效诊断的总结。参照吉尔伯特行为工程模型，在定义出问题之后，首先总结出优秀的经验，然后再通过对优秀经验的推广进行绩效改进。

案例

某企业销售团队整体的业绩比较差，总经理想通过培训提高销售业绩。但人力资源部没有直接展开培训，而是首先查找销售业绩比较好的销售人员，总结这些销售人员为什么做得好，然后把他们的优秀经验汇总，变成一个标准化的、大家都可以学习和应用的工具或者方法，最后进行培训推广。

7.2　绩效原因分析方法

绩效原因分析是绩效改进的前提。它是企业根据当前表现出来的绩效问题，找到绩效差距，深入探索，发现根本原因的过程。最常用的绩效原因分析方法是鱼骨图法和第3章中提到的绩效价值结构图法。在进行绩效原因分析的时候需要注意，进行绩效原因分析是为了解决问题，而不是为了分析而分析。

7.2.1 如何用鱼骨图法分析绩效问题

鱼骨图法是在 20 世纪 50 年代初由日本质量管理专家石川馨教授发明的，它可以用来分析问题和原因之间的关系。运用鱼骨图分析绩效问题，有助于各方对绩效问题达成共识，揭示问题的潜在原因，明确问题的根本原因。

绘制鱼骨图的过程需要多人参与。在绘制鱼骨图时，通常可以采用头脑风暴法，把参与者的意见和想法全部收集起来，并通过鱼骨图将其展示出来，具体步骤如下。

1. 明确问题

简明扼要地把待解决的绩效问题填入鱼骨图的"鱼头"中。

2. 因素类别

根据需要解决的问题，在鱼骨图中列出影响该问题的相关因素类别。

针对生产制造类问题，通常可以分成人员、机械设备、材料、方法、环境、测量 6 个相关因素，如图 7-1 所示。

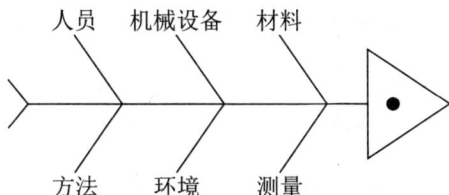

图 7-1 生产制造类问题的相关因素类别鱼骨图

针对管理服务类问题，通常可以分为人员、程序、政策、地点 4 个相关因素，如图 7-2 所示。

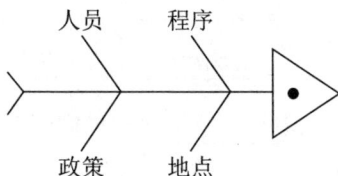

图 7-2 管理服务类问题的相关因素类别鱼骨图

3. 查找原因

利用头脑风暴法，把所有可能产生该问题的原因按照其不同的类别填入各分支中。根据需要，也可以在分支中继续列出分支，也就是进一步探讨和分析更深层次的原因。

4. 检查整理

对得出的鱼骨图进行进一步的检查和整理，对比较含糊的内容给予补充，对重复的内容进行合并。

5. 原因判断

通过小组讨论对原因进行充分比较和探讨，对引起问题的可能性最大的几个原因进行进一步的数据收集和整理，将其作为下一步问题分析和改进的重点内容。

案例

某生产制造企业近期连续接到3起由某产品质量原因引起的顾客投诉，经过调查发现，核心问题是该类产品的质量很不稳定。针对如何解决此问题，该企业人力资源部协同生产技术部门组成小组，以鱼骨图法为工具，进行了对产品质量不稳定问题的梳理。

因为是生产制造类问题，该企业从人员、机械设备、材料、方法、环境、测量6个因素出发，利用头脑风暴法，对可能造成该问题的原因进行梳理，经过检查和整理后，得出鱼骨图，如图7-3所示。

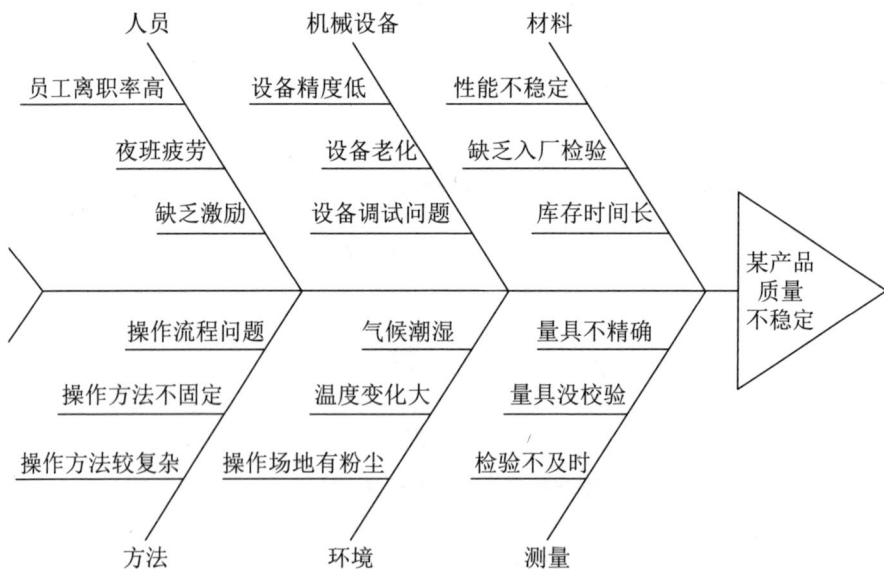

图7-3　某企业某产品质量不稳定鱼骨图

小组经过进一步的讨论，认为所有这些可能的原因当中，最可能影响该产品质量不稳定的原因有以下 3 点。

（1）操作方法不固定，且较复杂。

（2）操作场地有粉尘，且气候潮湿、温度变化大。

（3）原材料性能不稳定，缺乏入厂检验。

针对这 3 点原因，该小组决定进一步收集资料并查找问题。

7.2.2 绩效原因分析的关键控制点

除了运用鱼骨图进行绩效原因分析之外，还可以运用第 3 章中的绩效价值结构图进行绩效原因分析。在进行绩效原因分析的时候需要注意，绩效原因分析是一种手段，而不是目的。通过绩效原因分析梳理问题本身，对企业来说没有意义，绩效原因分析的核心目的是要帮助企业找到短板、机会和重点，而不是梳理问题。

只有找到了短板、机会和重点，企业下一步的绩效改进工作才能够找到方向，绩效改进工作才能够落实到有效的行动上。绩效改进之后，企业才有可能得到想要的结果。而如果企业的绩效原因分析没有指向痛点的话，那么很可能分析得出的结果最终是无效的。

案例

某个集大型机械设备的生产制造和销售于一体的集团企业，其主要客户是一些大型的生产制造企业。半年过去了，该企业分管销售的副总经理坐不住了，因为销售业绩只完成了全年目标的 40%。

销售副总经理的第一个想法是找总经理下调全年目标。

总经理见销售副总经理来找自己，反而先开口说："你来了，我正好要找你呢。半年过去了，企业的销售业绩只完成了 40%，但是竞争对手和同类行业的平均销售额都在以 15% 的速度增长。我们企业年初定的销售预算目标是增长 10%，现在看来，预算目标没问题，是我们自己的经营管理有问题，你赶快回去查找一下原因，今年年底无论如何都要完成销售目标！"

总经理这么一说，销售副总经理自然没法提下调目标的想法，只得回来召开专项会议，查找业绩下降的原因。

在人力资源部的帮助下，这位销售副总经理带领销售团队开始梳理产品业绩来源的价值结构图。一开始，销售团队画的价值结构图如图 7-4 所示。

```
                    ┌──────────────────┐
                    │  100%达成业绩目标  │
                    └──────────────────┘
             ┌────────────┼────────────┐
        ┌────────┐   ┌────────┐   ┌────────┐
        │  A大区  │   │  B大区  │   │  C大区  │
        └────────┘   └────────┘   └────────┘
             ┌────────────┼────────────┐
        ┌─────────┐  ┌─────────┐  ┌─────────┐
        │ 甲业务员 │  │ 乙业务员 │  │ 丙业务员 │
        └─────────┘  └─────────┘  └─────────┘
```

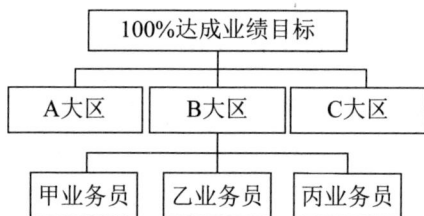

图7-4　某企业价值结构图第一次梳理

图7-4的价值结构梳理和绩效目标分解的原理一样。销售团队把目标分到了不同的大区、不同的业务员身上，这样梳理本身没有问题。但是，问题在于画完这张图以后，销售副总经理和销售团队讨论了半天，也找不出现在的问题和机会点在哪里。

后来，人力资源部的绩效专员突发灵感，说："我们试试按照另一种逻辑做价值结构梳理。"

于是，销售副总经理和销售团队又画了另一张图，如图7-5所示。

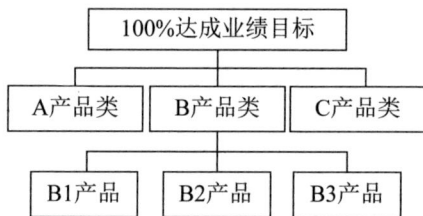

```
                    ┌──────────────────┐
                    │  100%达成业绩目标  │
                    └──────────────────┘
             ┌────────────┼────────────┐
        ┌─────────┐  ┌─────────┐  ┌─────────┐
        │ A产品类  │  │ B产品类  │  │ C产品类  │
        └─────────┘  └─────────┘  └─────────┘
             ┌────────────┼────────────┐
        ┌─────────┐  ┌─────────┐  ┌─────────┐
        │ B1产品  │  │ B2产品  │  │ B3产品  │
        └─────────┘  └─────────┘  └─────────┘
```

图7-5　某企业价值结构图第二次梳理

图7-5与图7-4的不同之处在于，对销售业绩目标的分解从大区和业务员变成了不同产品的大分类和小分类。销售团队按照产品的分类划分，期望能够找到机会点，结果讨论了一会，还是找不出机会点。

绩效专员又鼓励和引导销售副总经理和销售团队再次讨论，并画出了第三版价值结构图，如图7-6所示。

这一版的价值结构图根据客户来划分业绩目标。因为这次绩效原因分析和问题查找的目标是找到销售机会点，所以销售团队干脆把目标达成的下一级变成了存量客户和增量客户，也就是现有已经开发的客户和现在还没有开发的客户。

然后，销售团队再对没有开发的客户进行分级，对分级后的客户进行分类，对分类后的客户再进行细分。这时候，他们发现销售的机会点开始变得清晰了。A、B、C三大类客户中，全部未拓展的增量以及全部已拓展中未成交的客户都是销售团队的机会点和下半年努力的目标。

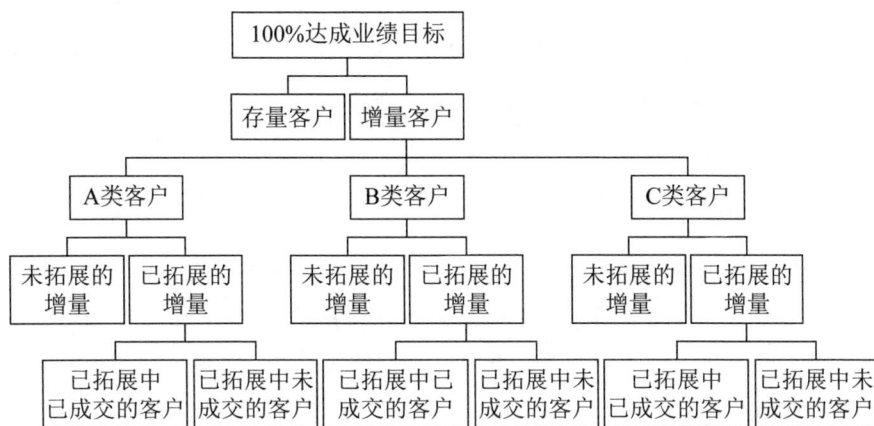

```
                    ┌─────────────────┐
                    │ 100%达成业绩目标 │
                    └────────┬────────┘
              ┌──────────────┴──────────────┐
         ┌─────────┐                  ┌─────────┐
         │ 存量客户 │                  │ 增量客户 │
         └─────────┘                  └─────────┘
     ┌────────────────┬────────────────┬────────────────┐
 ┌────────┐       ┌────────┐       ┌────────┐
 │ A类客户 │       │ B类客户 │       │ C类客户 │
 └────────┘       └────────┘       └────────┘
```

图 7-6　某企业价值结构图第三次梳理

7.2.3　如何解决客观和外部的绩效问题

在查找绩效问题的原因时，企业往往会发现很多种原因。经粗略划分，绩效问题的原因可以分成客观的原因和主观的原因，也可以分成外部的原因和内部的原因。

绩效问题的客观原因通常是事实，不因人的意志而改变。如企业产品的质量不稳定、客户的满意度低、企业的品牌影响力不够大、竞争对手的实力比较强等。

外部的原因通常来源于企业的合作方或者员工的协同方，不受企业内部的限制和管理或者不受员工主观意识的控制。如下属的能力不强、下属的执行力不强、别的部门不配合等。

实务中，在针对绩效问题进行小组讨论时，如果没有事先说明或对场面的把控能力较差，人们往往偏向于列出客观的原因和外部的原因，也就是从别人身上找原因；比较少列出主观的、内部的原因，也就是从自己身上找原因。

对于那些比较少被列出的主观的、内部的原因，企业往往可以比较容易、快速地做出改变；而对于客观的、外部的原因，企业虽然通常会列出很多，但却不知道如何分析，也不知道如何解决，最终很可能会不了了之。绩效原因分析变成了走形式，没有解决企业的实际问题。

企业在面临客观的、外部的原因时，应该如何应对呢？

有一种通用的解决客观的、外部的绩效问题的分析方法，企业可以通过问 3

个问题，从以下 3 个方面探讨解决方案。

（1）针对该问题，企业现在有没有明确的标准？

（2）针对该问题，企业现行的标准是不是有效？

（3）企业内部的操作人员有没有按照标准执行？

案例

某公司的员工餐厅在某次员工满意度调查中，评分比较低。该公司的绩效管理专员小王经过分析后发现，员工满意度低的主要原因是这个餐厅近期使用的食材不新鲜。经过进一步分析发现，餐厅供应商的供货存在问题，供应商最近提供的食材时好时坏，质量不稳定。

该供应商已经和这家公司的员工餐厅合作很久了，因为员工餐厅是大批量长期客户，供应商给这家员工餐厅的菜品价格比正常的批发价还要低。当地市场上再找不到第二家这样成规模、价格还如此低的供应商了。

这是个典型的因为外部原因而产生的绩效问题，要分析和解决该问题可把小王给难住了。

首先，外部供应商不能随意更换，因为更换成本很高。

其次，不能插手外部供应商的内部管理。

最后，如果放任不管，员工对餐厅的满意度依然不会有改善。

思来想去，小王决定利用通用的解决客观的、外部的绩效问题的分析方法。

小王首先从外部供应商的甄选环节入手，查找和分析 3 个方面的问题。

（1）公司的员工餐厅有甄选合格供应商的具体、明确的标准吗？

（2）如果有具体、明确的标准，该甄选供应商的标准有效吗？

（3）如果有标准且有效，该员工餐厅是按照标准甄选供应商的吗？

小王又从外部供应商的监管环节入手，按照同样的原理，查找和分析 3 个方面的问题。

（1）公司有供应商日常供货的具体、明确的监管标准吗？

（2）如果有具体、明确的监管标准，该监管标准有效吗？

（3）如果有标准且有效，公司按照监管标准执行了吗？

在采取这个方法之后，小王发现问题得到了很好的控制，该员工餐厅的员工满意度得到了有效的提升。

对这 3 个问题的探讨和运用，能够从根本上解决绩效问题。当企业不断地运用这 3 个问题来寻找绩效问题的原因、解决绩效问题的时候，会发现那些原本看似不太容易解决的或者企业员工原本觉得和自己关系不大的绩效问题跟企业产生了联系。在运用这种方法寻找解决方案的时候，企业的方案会更宽泛、更丰富、更有效。

7.3　绩效结果分析方法

绩效结果分析是企业对绩效结果进行的全面分析。常见的绩效结果分析可以分成企业层面的绩效结果分析、部门层面的绩效结果分析和员工层面的绩效结果分析 3 种。这 3 种分析之间的关系是由组织层面到个人层面，由宏观到微观的递进关系。

这 3 个层面的绩效结果分析根据需要可以分成许多类型，本书对企业层面的绩效结果分析重点介绍绩效管理在企业员工中覆盖情况的分析；对部门层面的绩效结果分析重点介绍部门绩效成绩结果分布的分析；对员工层面的绩效结果分析重点介绍员工绩效结果的比较分析。

7.3.1　企业绩效结果分析

绩效管理在企业员工中的覆盖情况分析代表了企业整体绩效管理的实施范围，从侧面反映了企业绩效管理的质量，它通常以绩效管理覆盖率为判断依据。

绩效管理覆盖率指的是在企业所有员工中，以考核人或者被考核人的身份，参与绩效指标分解、绩效计划、绩效辅导、绩效评价、绩效结果反馈和绩效结果应用的绩效管理全过程的员工占全体员工的比例。

绩效管理覆盖率分析在企业推行绩效管理工作的初期尤为重要。对于原本没有接触过绩效管理的各部门管理者来说，作为考核人，把绩效管理的全部流程做全是第一步，下一步才是把绩效管理做对、做细和做精。

案例

某企业绩效管理推行不到半年的时间。1 月时，人力资源部对绩效管理在企业员工中的覆盖率情况按部门划分进行了分析，如表 7-2 所示。

表7-2 某企业1月各部门绩效考核人数及覆盖率情况

部门	参与绩效管理的人数	总在编人数	绩效管理覆盖率
A部门	137	184	74%
B部门	245	421	58%
C部门	141	196	72%
D部门	487	616	79%
E部门	68	83	82%
全企业	1 078	1 500	72%

从表7-2能够看出，全企业的绩效管理覆盖率达到72%，说明有28%的人没有参与绩效管理工作。E部门的绩效管理覆盖率最高，达到82%；B部门的绩效管理覆盖率最低，只有58%。

5月时，该企业对不同部门绩效管理覆盖率的变化情况按月度时间段划分并进行了分析。其中，A部门1～4月的绩效管理覆盖率如表7-3所示。

表7-3 某企业A部门1～4月绩效考核人数变化及覆盖率情况

时间段	参加绩效管理的人数	总在编人数	绩效管理覆盖率
20××年1月	137	184	74%
20××年2月	134	181	74%
20××年3月	132	179	74%
20××年4月	132	182	73%

从表7-3中可以看出，A部门每月参与绩效管理的人数有减少的趋势。在这种情况下，企业进一步评估了A部门绩效管理覆盖率存在下降趋势的原因，以推进绩效管理在部门内部覆盖率的持续增加。

根据当前的绩效管理覆盖率情况，该企业可以进一步分析查找绩效管理没有覆盖的岗位都有哪些，查找这些岗位没有覆盖的具体原因，分析绩效管理覆盖率比较高的部门或者岗位绩效覆盖率高的原因，推动绩效管理覆盖率达到或者接近100%。

7.3.2 部门绩效结果分析

部门绩效成绩结果分布的分析从侧面反映了部门经营管理的质量。如果部门之间业务类似、资源相近、人才无较大差异的话，部门绩效成绩越高，代表部门管理者的经营管理水平越高。

如果部门之间业务类似、资源相近、管理者的经营管理水平相近的话，部门内部的绩效分数出现不同的结构，代表部门内部的人才质量有所不同。绩效分数较高者占比越高，代表部门人才的质量越高。

但如果部门之间的业务不同、资源不同、绩效目标的设定也有一定差异的话，那么这种比较可能就没有意义。

案例

某企业对 1 月各事业部的员工绩效成绩进行了分析，如表 7-4 所示。

对表 7-4 中的内容，该企业采取的分析逻辑可以包括如下内容。

（1）B 事业部 90 分以上的人数占比最少，同时部门绩效考核得分较低，原因是什么？

（2）D 事业部在部门绩效考核中得分最低，同时 70 分以下人数占比最大，原因是什么？

表 7-4　某企业 1 月各事业部的员工绩效考核成绩分布情况

部门	70 分以下		70 ～ 90 分		90 分以上		合计人数	部门绩效评估分数
	人数	占比	人数	占比	人数	占比		
A 事业部	46	33%	68	50%	23	17%	137	86.47
B 事业部	78	32%	155	63%	12	5%	245	79.12
C 事业部	47	33%	73	52%	21	15%	141	93.84
D 事业部	269	55%	135	28%	83	17%	487	69.53
E 事业部	18	26%	36	53%	14	21%	68	95.47
全企业	458	42%	467	43%	153	14%	1 078	

（3）E 事业部在部门绩效考核中得分最高，原因是什么？

（4）A 事业部比 C 事业部 90 分以上的人员比例多 2%，但 A 事业部绩效考核分数却比 C 事业部低，原因是什么？

（5）绩效考核成绩相对优秀的事业部好在哪里？相对较差的事业部差在哪里？

（6）绩效考核成绩较好的事业部是否可以总结经验？相对较差的事业部需要采取哪些行动？

5 月时，该企业按照时间段对不同事业部的绩效成绩变化情况进行了分析。其中，A 事业部 1 ～ 4 月的员工绩效成绩变化情况如表 7-5 所示。

表 7-5 某企业 A 事业部 1 ～ 4 月的员工绩效考核成绩分布情况

时间段	70 分以下		70 ～ 90 分		90 分以上		合计人数	部门绩效评估
	人数	占比	人数	占比	人数	占比		
20×× 年 1 月	46	33%	68	50%	23	17%	137	86.47
20×× 年 2 月	49	36%	65	49%	20	15%	134	80.62
20×× 年 3 月	39	30%	69	52%	24	18%	132	89.48
20×× 年 4 月	49	37%	64	49%	19	14%	132	79.41

对表 7-5 中的内容，该企业采取的分析逻辑可以包括如下内容。

（1）A 事业部的绩效考核分数的变化是否与部门内员工绩效成绩优劣呈正相关？

（2）2 月和 4 月 A 事业部的绩效考核分数较低，同时 A 事业部内员工的分数较低，原因是什么？

（3）3 月 A 事业部的绩效考核分数最高，原因是什么？

（4）当 A 事业部成绩较好时，是哪方面做得好？当成绩较差时，是哪方面做得不好？

（5）A 事业部下一步的行动计划是什么？

7.3.3 员工绩效结果分析

员工个体绩效成绩分析与结果应用是从员工个体层面分析绩效考核结果，通过员工之间的比较，查找问题并采取一定行动的过程。

对绩效成绩持续较好的员工，企业应当分析其绩效成绩好的原因。

对绩效成绩持续较差的员工，企业应当分析其绩效成绩差的原因。

对绩效成绩每月有所波动的员工，企业应当分析其绩效波动的原因。

对岗位类型差不多的员工，通过绩效结果的比较，总结绩效比较好的员工的经验、方法或工具，让绩效比较差的员工能够通过这些经验、方法或工具得到绩效结果的提升。

案例

某企业对某部门员工 1 ～ 4 月的绩效结果进行比较后，得出结果如表 7-6 所示。

对表 7-6 中的内容，该企业采取的分析逻辑可以包括如下内容。

（1）张三绩效考核成绩一直较好，但是在 3 月较差，原因是什么？

（2）李四每月的绩效考核成绩时好时坏，原因是什么？

（3）在 3 月和 4 月，王五的直接主管未与其做绩效面谈，原因是什么？

（4）对张三，是否要考虑给予其进一步的培养或晋升？

（5）对王五，是否要考虑让其轮岗、培训或者淘汰？

（6）张三是否有可以总结的经验，以帮助绩效较差者？

（7）王五的改进行动计划是什么？

表 7-6 某企业某部门员工 1～4 月绩效考核成绩变化情况

姓名	20×× 年1月	是否绩效面谈	20×× 年2月	是否绩效面谈	20×× 年3月	是否绩效面谈	20×× 年4月	是否绩效面谈
张三	96.12	是	95.47	是	86.53	是	94.78	是
李四	87.65	是	75.36	是	89.17	是	74.23	是
王五	76.39	是	74.96	是	78.12	否	75.61	否

7.4 如何实施绩效反馈面谈

绩效反馈面谈是绩效结果反馈中非常重要的环节，它是通过考核人与被考核人之间的沟通，就被考核人在考核周期内的绩效状况进行面谈和交流的过程。考核人应在肯定被考核人成绩的同时，找出被考核人绩效中的不足并让其加以改进。

7.4.1 绩效反馈面谈准备

与绩效辅导不同的是，绩效反馈面谈最好是以一对一面谈的方式进行。当然，考核人可以通过书面报告或者会议形式来进行绩效反馈，但是就绩效反馈的效果来说，其比一对一面谈的效果差一些。

在绩效反馈面谈前，考核人需要做好如下准备工作。

1. 时间

绩效反馈面谈的时间最好选择在员工情绪比较平缓、工作压力较小以及没有较紧急的工作任务时。一般来说，上午的 9：00～11：00 是最佳的时间段。如果上午时间不方便，可以安排在下午的 2：00～4：00。关于时间，考核人应当与被考核人一起提前确定。

2. 地点

绩效反馈面谈的地点最好安排在明亮的房间，周围不要有杂音，过程中不要有其他人打扰。如果面谈的地点选在公共的会议室，应当至少提前一天预订。考核人要提前安排好自己的面谈计划，以免过程中被打扰或打断。

3. 座位

常见的正确就座方法有 3 种：如果是圆桌，考核人和被考核人应挨着坐；如果是方桌，考核人和被考核人可以坐在方桌的同一侧，也可以相邻而坐。具体的正确就座方法如图 7-7 所示。

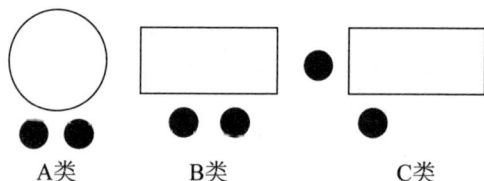

图 7-7   绩效反馈面谈考核人和被考核人的正确就座方法

尽量不要相对而坐，这样容易让考核人和被考核人之间产生距离感。绩效反馈面谈中圆桌和方桌的错误就座方法如图 7-8 所示。

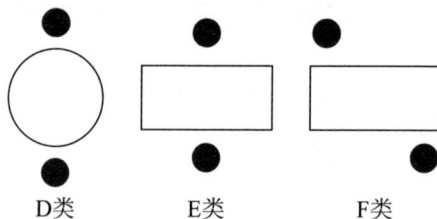

图 7-8   绩效反馈面谈考核人和被考核人的错误就座方法

4. 资料

考核人和被考核人都应当为绩效反馈面谈准备相关的资料，以便提前了解被考核人的工作目标以及目标完成情况。

7.4.2 绩效反馈面谈步骤

一套完整的绩效反馈面谈，可以分为 8 步。

1. 事先通知

这个环节的要点一是考核人要提前做好计划，确定面谈的目的和目标，为面谈的内容等做好充分的准备；二是考核人要提前告知被考核人面谈的时间、地点、目的以及需要被考核人准备的资料等。

2. 开场白

面谈的准备工作固然重要，但面谈的实施过程更加重要。所以，考核人一定要在面谈过程中注意方式、方法，让整个面谈在融洽的气氛中进行，这样才能达到帮助被考核人提高绩效的目的。

这个环节的要点是考核人要清晰、准确说明这次面谈的目的，确定被考核人了解企业的绩效规定。沟通过程中，考核人要保持一个相对正式和严肃的态度，不宜过于轻松，但也不需要太拘谨和死板。如"我们来随便聊聊""来说说你最近的工作吧"，这类开场白就很不正式。

案例

某企业绩效反馈面谈的开场白内容如下。

根据企业的绩效管理办法（如果被考核人不清楚，可做一定解释），企业在充分了解你考核期内工作成果的基础上，对你的工作绩效做了评估。我们通过本次面谈，想达到两个目的：一是与你沟通上一期的考核得分；二是针对你上一期的工作表现，我们一起来确定绩效改进的计划和步骤。我们现在开始好吗？

3. 认真倾听被考核人的自我评估

考核人在倾听过程中需要给被考核人一些简单的反馈，一种是无声的，如点头或凝视对方；另一种是有声的，如"嗯""哦"。面谈对象不同，考核人应掌握不同的技巧，才能取得较好的面谈效果，真正发挥绩效反馈的作用。

4. 告知被考核人绩效评估结果

这个环节的要点是简明、客观、真实、准确地表达出考核人的观点，在说明结果的过程中不需要做太多的解释，要围绕当初设定的目标展开，若中途有调整需要说明。在告知结果之后，请被考核人说明目标没有完成的原因、打算如何改进、具体的实施计划以及需要考核人给予的支持或帮助等。

5. 与被考核人协商有异议的部分

有异议是正常现象，异议不代表矛盾，不要因为有异议或异议太多而心情烦躁，也不要刻意逃避，要正面处理。处理的原则如下。

（1）求同存异，从彼此皆认可的地方着手。

（2）不要争论，多用事实和数据说明理由。

（3）就事论事，对事冷酷，对人温暖。

（4）注意措辞，不要用一些极端的字眼。

6. 制订计划

要明确具体完成的时间、具体改进的事项、计划中各方的责任、跟进的方式等，并且要形成书面文件。对赖皮型的人或经常不守约的人，必要时可以好言提醒；若他仍不信守承诺，考核人可以告知他企业可能会采取的行动以及他将要承担的后果。

7. 确定下次沟通的时间和内容

考核人不需要等每个考核周期结束后才与被考核人沟通，可以根据制订的改进计划中的跟踪时间持续跟进，达到过程中的监控、纠偏、推进的目的。

8. 肯定被考核人对公司的付出，以正能量结尾

不论过程中说了多少被考核人的不足，考核人在结束时都要把内容落在积极的方面，要让他感受到考核人的信心、期许、力量和希望。通过考核人对被考核人正面、积极的鼓励，激发被考核人做出行动，提高绩效改善的可能性。

7.4.3　绩效反馈面谈技巧

绩效反馈面谈的过程中，考核人要根据被考核人的特点，采取不同的面谈策略。最常见的被考核人的类型有 3 类，分别是上进型、迷茫型和推诿型。根据这 3 类被考核人的特点，考核人可以实施的绩效反馈面谈技巧如下。

1. 上进型

上进型的被考核人通常具备内升的动力，会自发地提升自身能力，绩效成绩通常不会太差，他们的自我评估偏向正面的居多。但这类人往往也会对物质奖励或晋升机会有较高的期望，他们有可能会高估自己，看不到自己的缺点和不足，听不进别人的劝告，可能会忽视自己的绩效改进计划。

对待这类被考核人，考核人应当继续鼓励其追求上进，不要对他们泼凉水、不要打击他们的积极性。考核人要充分肯定他们过去在岗位上做出的贡献，关心他们并站在他们的角度为他们出些主意，帮助他们变得更优秀。

如果考核人能够在他们的绩效水平达到某种程度后给予其期望的奖励，他们会得到鼓舞，会加倍努力。如果不能保证满足他们的需求，就不要对他们在这方面有任何的暗示或许诺。因为这有可能会引发他们强烈的期望，当他们绩效达标，公司却不能满足他们期望的时候，他们会有较强的负面情绪。

2. 迷茫型

迷茫型的被考核人通常是没有想法或主见、随大流的人，他们喜欢被动接受而不是主动思考。他们在考核人要求其做出自我评估的环节中往往话不多，基本是考核人提出什么他们就接受什么。

对待这类被考核人，考核人要给予他们应有的尊重，不使其自尊心受伤害。要耐心地启发他们，以提出问题或征询意见等方式，引导其做出积极的反应。有时候为了节省时间，考核人可以直接告诉他们该做什么、该怎么做，并给他们必要的指导。

为了确认这类被考核人能够完全接受并理解考核人的建议，在绩效反馈面谈的最后，考核人可以请这类被考核人重复自己刚才告诉他们的重点内容。通过这类被考核人的重复，如果考核人发现他们没有完全理解自己的意思，可以再次告知他们并要求他们再次重复。

3. 推诿型

推诿型的被考核人是最难沟通的，他们常常自以为是、胡搅蛮缠，喜欢把自己的绩效问题全部推给同事、企业或环境。他们只想听好话，不愿意让别人指出他们的不足。他们喜欢和同事比较薪酬待遇，却不愿意比较绩效水平，也不愿意做出改变。

考核人在对待这类被考核人的时候要耐心地倾听，有问题不要急于辩论和反驳，应开诚布公，让其意识到自己的不足。同时可以与其讨论他是否不太适合现在的岗位，他是否需要调换岗位。考核人要耐心地对其进行开导，阐明企业的绩效和奖罚规定，用事实说明他行为上的问题，激励其努力工作，说明水到渠成的道理。

7.5　如何实施绩效改进

绩效改进是企业、考核人和被考核人为了改善未来绩效，根据被考核人的绩效情况，结合绩效反馈中被考核人反映出的问题和优秀的绩效表现所具备的特质，而采取的一系列行动。

7.5.1　绩效改进的基本原则

企业、考核人和被考核人三者对绩效改进所做出的努力通常代表着企业、部门和员工 3 个层面的绩效改善。根据吉尔伯特行为工程模型的原理，对绩效改进最有效的方式往往来自企业和部门层面所做出的努力。

企业或作为考核人的各级管理者通过经营管理中的制度、流程、机制、体系的变化对信息、资源、奖励（后续结果）3 个环境因素的改变，往往是最有效的。因此，绩效改进的原则是先改进环境因素，再改进个体因素。

企业的各级管理者和人力资源部要持续运用这种思维来查找绩效问题的原因

和解决绩效问题，要努力建立一种不依赖于个体的素质、能力、动机的提升，就能够极大地提高员工工作绩效的工具，并将其作为员工绩效的支持工具。

管理者在绩效改进的过程中要以先改变环境、再改变个体为原则，不断探讨更多的绩效辅助支持系统，也就是利用工具的支持，来极大地提高被考核人的工作绩效结果。

在绩效改进过程中，可以改进的内容非常广泛。

1. 对企业或部门

对于企业或部门，常见的可以进行绩效改进的内容如下。

- 企业或部门内的文化氛围。
- 企业或部门内的人员配置。
- 企业或部门内的工作方式。
- 企业或部门内的工作重点。
- 企业或部门工作的先后顺序。
- 部门与协同部门间的关系。
- 企业或部门的形象或印象。
- 企业或部门能提供的资源。
- 企业或部门内的流程制度。

2. 对考核人

对于考核人，常见的可以进行绩效改进的内容如下。

- 考核人个人素质的提升。
- 考核人管理风格按需调整。
- 考核人管理方法相应改变。
- 考核人对业务的熟练程度。
- 考核人对被考核人的了解。
- 考核人与被考核人的关系。
- 考核人个人魅力的提升。

3. 对被考核人

对于被考核人，常见的可以进行绩效改进的内容如下。

- 被考核人工作环境的改变。
- 被考核人工作技能的提升。
- 被考核人工作方法的改变。
- 被考核人工作习惯的改变。

- 被考核人对待工作的态度。
- 被考核人的个人需求和欲望。
- 被考核人的职业生涯规划。
- 被考核人与同事的配合程度。

7.5.2　绩效改进的实施步骤

利用吉尔伯特行为工程模型解决问题的思路是要寻找亮点，找到把绩效工作做得更好的最佳实践，然后把最佳实践复制到相关领域。利用此模型的绩效改进的步骤一共可以分成 5 步。

1. 情况分析

对当前企业存在的问题做详细的分析，而不是盲目地采取行动。

2. 寻找最佳实践

找到在这个领域当中做得最好的人或者最成功的案例，也就是该领域当中绩效结果较好的情况。

3. 研究最佳实践

研究这个人为什么做得好或这个案例为什么成功，采取了什么方法或者秘诀是什么。

4. 提炼最佳方法

把最佳实践中运用的工作方法和秘诀提炼出来，变成其他人能够学得会的工具或者模板，并开始推广。

5. 持续推广改进

对最佳实践进行广泛推广，对过程中遇到的问题进行不断修正，以达到最终目标。

这套绩效改进的方法几乎适用于任何企业、任何行业、任何绩效问题。

案例

我所在的企业的招聘压力非常大，企业要在一个新的区域发展，总部派了 3 名招聘专员过去帮助开展这个区域的招聘工作，但招聘效果很差。这 3 个人进行了 3 个多月的招聘，招聘满足率却只有 30%。

在绩效分析的时候，这 3 位招聘专员都表示，在这个新区域招聘效果比较差的主要原因是本企业对于当地劳动者来说没有品牌知名度，大部分劳动者没有听说过本企业。在劳动者有就业需求的时候，他们会选择该区域的一些知名企业。

这时企业新聘请了一位招聘经理。我想试试他的能力，就把他派到了那个新区域，让他协助当地的人事专员继续开展人才招聘工作。由于其他的新区域还有招聘任务，我就把派去那个区域的 3 名招聘专员撤出来调配到新区域。

没想到的是，这位招聘经理到了那个区域以后，只用了 1 个月的时间，招聘满足率就达到了 90%。我很震惊，就要求这位招聘经理回总部进行交流，让他讲讲是怎么实施招聘任务的。这一步就是寻找最佳实践。

这位经理从招聘渠道、招聘方法和面试技巧 3 个方面讲了很多方法，我觉得这套方法非常值得推广。这一步就是提炼最佳方法。

我要求这位招聘经理把这些方法做成课程，第二天上午给其他招聘专员讲课，让他们学习这些方法。这一步就是持续推广改进。

这位招聘经理培训的效果非常好，培训后，企业整体的招聘满足率都有所提升。而且通过他的分享，企业也总结出了一套在新区域扩张时使用的招聘流程和方法。

事实上，利用吉尔伯特行为工程模型查找和解决问题的方法，不仅可以在企业改善绩效问题的过程中应用，还可以在政府、机构或者生活中任何存在问题的领域应用。接下来看一则经典案例。

案例

有位联合国的官员被派到了某国，其任务是改善当地儿童的营养健康状况。

这位官员下了飞机来到自己办公的地点，发现自己一没有经费、二没有团队。

一人远走他乡、孤军奋战，还没有经费的支持，他该怎么办呢？

如果按照其他很多人的做法，可能会写个报告报给联合国。报告里面说我已经做过详细调查了，要想提高当地儿童的健康状况，得先发展当地的经济；等当地经济发展起来了，再发展教育；等教育发展起来了，再发展营养。整个过程实施下来，大概得花 20 年的时间。

这类报告显然没有用，这位官员也没有这么做。

他买了把尺子就到当地最穷困的农村去了。到了那里之后，他把村里年龄相同的小孩子叫到了一起，给这些小孩子量身高。他把孩子中个头高、比较健康的归成一组，把其他的归为另一组。

这些年龄相同、个头长得高、比较健康的小孩子，他们的营养健康状况比较好。这里代表了他们的"绩效结果"较好。

官员询问了这些营养健康状况比较好的孩子的家庭状况，把当中家庭比较富裕的孩子剔除出去，剩下的就是穷人家的孩子了。作为穷人家的孩子，营养健康状况还能够做到比较好的，才是这位官员真正要找的最佳实践。

官员去这些孩子的家里走访调查，分别问他们的父母是怎么养育孩子的、给孩子吃的什么等。

结果，官员发现所有这些家里比较穷，但营养健康状况又比较好的小孩，他们的父母给孩子做的饭都有 3 个共同的特征。

（1）他们一天给孩子吃 4 顿饭，让孩子少食多餐。

（2）他们会到鱼塘里、水稻田里抓小鱼小虾，拿回来熬汤给孩子喝。

（3）他们把红薯叶榨成汁，淋到米饭上，给孩子蒸米饭吃。

到这里，这位官员已经完成了"研究最佳实践"和"提炼最佳方法"阶段，接下来就是"持续推广改进"了。

在了解了这个方法之后，官员首先把这个村里的人全部召集到一起，教村民运用这种方法改善自己孩子的营养健康状况。这一步完成之后，这个村里的孩子的营养健康状况都得到了明显的改善。

后来，这位官员就把这个方法推广到各个村，结果用了不到 1 年的时间，就改善了当地儿童的营养健康状况，而且影响了这个国家长达 20 年。

7.5.3 绩效改进计划的制订

如果绩效问题比较偏重员工个体，那么员工应当根据自身的绩效问题，制订书面的绩效改进计划。绩效改进计划表的格式如表 7-7 所示。

表 7-7 绩效改进计划表

被考核人姓名	部门	职位	考核人姓名	考核周期

绩效中存在的不足
原因分析与改进措施
绩效改进计划

绩效改进具体目标				
目标类	具体目标	目标结果	衡量标准	考核权重
业绩目标				
能力目标				
行为目标				

绩效改进完成时间

被考核人签字：　　　　日期：

考核人签字：　　　　日期：

人力资源签字：　　　　日期：

在填写绩效改进计划表时，需要特别注意如下事项。

（1）不是非要等到绩效结果出来之后再制订绩效改进计划，在绩效辅导的阶段就可以制订绩效改进计划。

（2）绩效改进计划的目标同样要遵循SMART原则。绩效改进计划的截止日期一般不超过下一个绩效周期的开始日期。

（3）企业可以要求被考核人对绩效改进计划完不成的情况，制订一定的自我负激励措施。

【疑难问题】绩效反馈和绩效辅导的差异

许多刚开始接触绩效管理的人力资源专员分不清楚绩效反馈和绩效辅导的关系，认为绩效反馈和绩效辅导是一回事。有的人力资源专员认为不需要区分，可以把两者结合在一起应用；有的人力资源专员隐约感到两者的不同，但却不知道差异在哪里。

绩效反馈和绩效辅导之间确实有一定的协同性。有时候考核人在进行绩效反馈的时候，可以一并进行绩效辅导；在进行绩效辅导的时候，也应当有一些绩效反馈。在两者的应用层面，考核人可以灵活运用，可以合并运用，也可以分别运用。

即使合并运用，绩效管理人员也应当了解，绩效反馈和绩效辅导的目的、意义和本质是完全不同的。

绩效反馈和绩效辅导的差异主要体现在如下 3 点。

1. 时机不同

绩效反馈一般是在绩效结果出来之后，绩效辅导应当贯穿绩效管理的全过程。

2. 作用不同

虽然绩效反馈和绩效辅导都有绩效改进的含义，但绩效反馈的侧重点在于反馈，也就是考核人把绩效结果告知被考核人，让被考核人清楚自己的绩效情况、差距，从而查找原因，改进绩效；而绩效辅导的侧重点在于辅导，也就是让考核人针对当前的问题对被考核人能力提升、资源需求等提供支持或帮助，其侧重点在于考核人对被考核人的协助。

3. 范围不同

绩效反馈过程涉及的人员一般只有考核人和被考核人两个人；绩效辅导过程涉及的人员可以只有考核人和被考核人两个人，也可以包括其他需要在资源上、工作上提供帮助的人员。

【疑难问题】绩效反馈过程的注意事项

没有经验的考核人很容易把绩效反馈面谈变成一次达不到绩效管理效果的谈话。失败的绩效反馈会让被考核人对企业的绩效目标设置和评价结果摸不着头脑，让被考核人对绩效管理失去信心。

因此，在实施绩效反馈面谈的过程中需要注意如下事项。

（1）绩效评价结果一定要反馈给被考核人，如"考核人认为考核是自己的事，与被考核人无关，所以没必要公开"或"考核人担心考核结果会引起非议，激发矛盾，所以不愿意公开"都是错误的观念。

（2）不论企业规定的绩效评价期限有多长，考核人对被考核人的绩效反馈应该是适时的，不是非要等到一段时期的绩效评价结果出来后才进行。延迟的绩效反馈面谈往往更容易引起被考核人的反感和抵触。

（3）绩效反馈面谈过程中要营造融洽的沟通交流氛围，沟通态度要坦率，沟通内容要具体。面谈过程中考核人要先表扬被考核人的成就，给予被考核人真心的肯定，然后再指出被考核人需要改进的地方。

（4）考核人应将绩效反馈面谈视为一个管理过程，而不是单纯地告知被考核人绩效评价的结果。考核人在沟通过程中不要空泛地只谈结果或过程，要描述事实，不要轻易地判断，要多用数据说话。

（5）不要给被考核人一种责怪他的过错或者追究他的责任的感觉，不要表达威胁的意思或用教训的口吻。即使被考核人已经达成目标或绩效结果相对较优秀，也要有技巧地告诉被考核人当前还存在的差距。

（6）绩效反馈面谈的过程中要时刻保持双向沟通，避免被考核人只听不说。在回顾过去时要对事不对人，在展望未来时可以既对事又对人，但对人时不要涉及对被考核人人格的评判。考核人既要帮助被考核人找出缺点，又要诊断出原因，以便其改进，并最终落实到具体的、可实施的行动目标和计划上。毕竟，对于绩效管理而言，被考核人的成长才是最重要的。

【实战案例】绩效诊断改进的案例分析

美国有一家大型的交通客运公司，其主营业务是城市公交车和地铁的运营。该公司曾经遇到过一个很大的问题。

很多乘客为了方便，乘坐公交车或者地铁喜欢买月票，但是售票员的售票速度实在是太慢了，每到月初或者月底的时候顾客集中购买月票，售票窗口处都会排起很长的队。而且售票员经常出错，如算错票价、找错钱，这家公司曾经也因为类似的事件遭到顾客投诉而产生了负面新闻，还为此上过当地的报纸。

这家公司一共有 400 多个售票员，绝大部分是以前的公交车司机，因为年龄偏大、健康状况不佳等原因不能再开公交车了。他们的平均年龄在 55 岁，售票员的岗位是公司为照顾他们特意安排的。因为和工会有协议，公司不能轻易辞掉他们。

现在的情况是，在不能换人的前提下，怎么改善这种情况呢？

该公司曾经为此组织了大量的内部培训，教这些售票员怎么准确、快速地售票，怎么做顾客服务，但是培训完了之后情况没有得到明显改善。公司觉得一定是自己在组织培训的方式或培训内容上出了问题。

无奈之下，公司找来了一位人力资源管理方面的咨询专家，想让这位专家开发一套培训体系或者制订一个培训计划，给这些售票员好好培训一下。

专家了解了整个情况后没有马上给售票员做培训，他问："是不是所有的售票员速度都很慢？或者都经常出错？有没有做得比较好的呢？"

公司经理说："大部分都不行，只有一个叫'圣利奥站'的车站做得不错，那个站基本没有被投诉过。"

这位专家来到"圣利奥站"，然后就在售票窗口边上站着默默地观察。

他看到一位乘客来到售票窗口，说想要买一张儿童月票、一张老人月票和两张成人月票。

售票员几乎是马上回答说："您好，一共 136 美元。"

交通公司是这样设置票价的：儿童票和老人票属于优惠月票，1 张 26 美元；成人月票 1 张是 42 美元。

这位专家心算了一下，他大概也得用半分钟的时间计算和确认这个数字，可这位售票员怎么算得这么快呢？

他觉得有些不可思议，于是后面就观察得更仔细了。又来了一位买票的乘客，该售票员也是几秒钟就搞定，而且迅速、准确。

这位专家惊讶又好奇地走上前去，以便更加仔细地观察到底是怎么回事。这时候，他发现原来在售票员的工作台上放着一张硬纸板，上面是手工画的一张表格，如表 7-8 所示。

表 7-8　案例演示表

优惠月票数		普通月票数								
		0	1	2	3	4	5	6	7	8
优惠月票数	0		42	84	126	168	210	252	294	336
	1	26	68	110	152	194	236	278	320	362
	2	52	94	136	178	220	262	304	346	388
	3	78	120	162	204	246	288	330	372	414
	4	104	146	188	230	272	314	356	398	440

这张表的顶端横向是数字 0～8，代表正常票价购票数量；左端纵向是数字 0～4，代表老人票和儿童票这种优惠票的购票数量。表格里面的每一个格都有一个数字，代表买 X 张正常票、Y 张优惠票一共需要支付的钱数。

假如有位顾客要买 2 张儿童票、2 张老人票、3 张成人票，一共应付多少钱呢？

售票员可以在这个表格的左端纵向找到 4，在顶端横向找到 3，表格里面对应的数字是230。只用几秒的时间，就能算出总数。

专家惊喜地发现原来这件事情可以这么简单地解决！接下来要做的，就是以这个表格为模板，把它做得更耐用、更大，印刷成彩色版本，塑封好了之后分发给每个车站，然后把使用方法教给售票员。

结果，解决这个问题前后一共花了500美元左右的材料费，仅用了几天时间的指导，售票速度整体提升了70%。而且从此以后，售票员的出错率几乎变成了零。

【实战案例】失败的绩效反馈面谈案例

某日下午快下班时，某企业人力资源部总监李总匆匆忙忙地把下属小明找到办公室。

小明："李总，您找我有急事吗？我正跟销售部的苏总谈明年的招聘计划呢，刚谈到一半，您看我先把那边的事儿谈完再来找您可以吗？"

李总："不行，快下班了，我明天要出差，一周以后才能回来。你先跟我谈吧，那边的事先放一放再说。月初了，你也知道上个月的绩效成绩快出来了，咱们人力资源部得带头做好绩效反馈面谈啊。"

小明："哦，好吧，不过李总，我的工作您应该也都知道呀。您看我平时也挺努力的，您说什么我干什么，您可不能给我打低分呀。"

李总："知道是知道，但还是要走个程序嘛！来吧，谈一下你上个月的工作吧。"

小明："您这冷不丁一说我也没准备，就想到哪说到哪吧！我上个月……总之啊，我上个月有成绩也有不足，这个月我会更加努力！"

李总："小明啊，不是我批评你，你的成绩我确实看到了，但是你的不足还是很明显的呀！比如，有一次采购部张总让你帮忙协调的事，你不了了之；财务部王总跟你要的报表，已经过了一个月你也没给人家发过去。最近企业绩效管理工作效果很不好，你作为主管都为此做了什么？"

小明："李总，您说的前两个事是因为我工作太忙给忘了，您也看到我的工作清单了，一大堆的事，我以后一定注意。您说的绩效管理的事，别的部门不重视，那也不是我一个人能左右的啊。我该说的说了，该催的催了，我还能怎么办呢？别的部门的领导也不听我的啊！"

李总："哎，一说你就一大堆理由在那等着。我让你写的周报呢？怎么写了两周就没影儿了？我说话你都当耳旁风吗？还有，我听说你最近工作状态很有问题，上班玩手机，你这是工作忙啊？我看你该忙的没忙，不该忙的倒没闲着！就你这个状态还想绩效考评拿高分？我不给你把分扣光就不错了！"

小明："李总，您要是这么说我也没辙，毕竟您是领导。"

李总："好了！就这样吧！你自己回去好好想想吧！"

小明气冲冲地走出李总办公室，心里想着："有什么好想的，你们这些领导只会听小道消息、凭感觉做事！我这一个月忙上忙下，结果只换来一顿埋怨！什么绩效管理，最后还不都是走形式！"

案例分析

这是一个典型的失败绩效反馈面谈案例，具体有如下问题。

（1）绩效反馈面谈前双方都没有准备。李总和小明在面谈前显然都没有准备，而且双方从思想上对这件事都没有给予足够的重视，只是把这个过程看成走过场、走形式。

（2）没有营造良好的沟通氛围。李总在沟通过程中没有很好地控制自己的情绪，让谈话变成了考核人对被考核人的训话。

（3）绩效反馈面谈的方法不专业。考核人反馈给被考核人的信息应是对事不对人，而李总对小明的反馈显然更关注小明的为人。

（4）缺乏绩效改进的建议。绩效反馈面谈结束后，双方没有就绩效问题产生的原因达成一致意见，都不清楚该如何努力才能够改变现状。

（5）缺乏必要的激励。李总只是一味地训斥小明，打击了小明工作的热情和积极性，没有给小明任何正面的激励。

【实战案例】成功的绩效反馈面谈案例

某个周一晨会过后，企业分管销售的副总经理王总留下了分管某产品线的销售经理李经理，并说："小李啊，我想和你就这一季度你的绩效评价结果聊一聊，不知道这周内你的时间是否方便？"

李经理："王总，我从今天到周三的行程都排满了，时间不好调整，您看周四上午可以吗？"

王总："可以，我正好周四也还没安排事情。周四几点合适？咱们 10：00 开始怎么样？就在我办公室可以吗？"

李经理："好的，没问题。"

周四前，王总准备了一些本次绩效反馈面谈可能会用到的资料，并仔细思考了面谈过程中可能出现的问题。李经理也反思了自己这一季度以来绩效目标的达成情况，并初步拟出了一份对当前工作的总结、自我评价以及对未来工作的计划书。

到了周四上午 10：00，李经理拿着自己准备好的资料准时来到了王总的办公室。王总的办公室宽敞而明亮，并有一张圆形会议桌。王总请李经理坐下，自己坐到了李经理旁边，并把手机调到静音状态，放在了上衣口袋里。

王总："小李啊，今天我们用大约一个小时的时间聊一聊这一个季度以来你的工作情况，你看好不好？"

李经理："好的，王总，您看咱们怎么开始？"

王总："这样吧，你先对照自己的绩效考核表，逐项做自我评价，我会在你做完每一项评价之后给出我的评价，然后我们再讨论，看咱们能否达成一致意见，你说好吗？"

李经理："好，那我开始了。上一季度，我的首要目标是开发 3 个新的供应商。在这一项上，我做了很大的努力，但还是觉得自己做得不够好。到目前为止只开发了 2 个新的供应商，没有完成任务，这一项我对自己的评价是 C（合格）或者 D（不合格）。"

王总："在这一项上，你和你团队付出的努力是大家有目共睹的，是值得肯定和鼓励的。据我所知，你为了开发 3 个新的供应商，经过筛选比较之后，已经拜访了近 30 家可能的供应商。有一些潜在的供应商不熟悉我们，对我们的了解是有过程的，短时间内不考虑合作这可以理解。但通过不断地接触，能够为将来埋下合作的种子。我相信你们继续努力之后，一定会有一个好的结果。这一项，我会给你 B（优秀）。"

李经理："感谢王总对我们工作的支持和理解，我们一定会加倍努力的！"

王总："好吧，咱们继续。"

李经理："下一项，在收集市场信息上，我觉得我们做得还是不错的。我们团队按照企业要求把所有同类产品的价格、竞争对手、市场状况摸了个遍，信息掌握得很全。这一项，我会给自己 A（卓越）。"

王总："你们做的市场信息调查表我看了，信息确实很全，有一些企业设计表格时没想到的信息你们也都放进去了，这一点非常好，说明你们很用心。不过，我觉得你们还是有一些改进空间的。

"比如，我上周末参加一个会议，会议上有家权威的第三方机构公布了一组数据，公布的这组数据与你们部门的市调结果有多处不符，我多次核对后证实是我们的数据有问题，这件事我正准备找你说。另外，我们市场调查报告的时效性不强，竞争对手已经变化了，而我们还在用旧的信息。这项工作我觉得你还可以做得更好，所以我认为目前还达不到 A（卓越），我给你 B（优秀），你觉得呢？"

李经理："您说的是，我回去要好好评估一下这项工作。"

…………

王总："汇总前面所有指标，我给你的综合评价是 B（优秀），你觉得呢？"

李经理："谢谢王总，我觉得这个评价很客观，我会加倍努力的！"

王总："那我们再讨论一下你做得比较好的地方以及需要改进的地方，你怎么看呢？"

李经理："我觉得我的优点是敢想敢干，工作热情高；缺点是在与下属的沟通上还有待提高。我非常想成为一名优秀的考核人！"

王总："你谦虚了，你的优点有很多啊！对待工作认真、负责，比如……培养下属的能力强，比如……懂得有效地授权工作，比如……不过，在工作授权后的监督管理方面，你还需要再提高，比如……"

李经理："您说的是。"

王总："最后，咱们来聊聊下一步的工作计划吧！你有什么打算？"

李经理："我想……在……方面，还需要您的支持；在……方面，还需要其他部门的配合。"

王总："嗯，很好，我再给你补充几点……你觉得呢？"

李经理："您补充得很对。"

王总："好了，这次谈话就到这里吧，我觉得你比以前更进步了。你已经是个优秀的考核人，非常有潜力，加油干！你未来的工作能力不可限量！"

李经理："好的，谢谢王总！"

李经理从王总办公室出来以后，浑身充满了干劲。

案例分析

这是一个典型的成功绩效反馈面谈的案例，做得比较好的方面有以下几点。

（1）绩效反馈面谈前双方都做了充足的准备工作。

（2）王总充分表现出对下属李经理的尊重，整个沟通过程在良好的氛围下进行。

（3）王总采用问句的形式，听取对方的意见，加强了彼此间的交流互动。

（4）王总的谈话内容习惯以事实为依据，更有说服力。

（5）王总和下属李经理之间最后能够愉快地达成共识。

（6）王总在整个谈话过程中时刻注意对李经理的激励。

第8章

如何应用绩效结果

　　绩效结果的应用，是把绩效评价的最终结果应用到其他管理方式中的过程。根据"目标—承诺—结果—应用"的原则，得出绩效评价结果之后，根据绩效管理制度和绩效结果，企业可以根据相关规定，进行相应的应用。绩效结果的应用主要包括员工和组织两个层面。

　　对绩效结果的评估和分析能够帮助企业准确查找、快速发现和精确定位整个企业及各部门管理过程中存在的各类问题，以便于企业根据绩效结果反映出来的问题，制订绩效改进计划以及企业管理或制度的改进计划。

8.1 绩效结果在员工层面的应用

绩效结果与员工的切身利益密切相关，其在员工层面的应用主要可以分成两个层面：一是物质激励层面，根据绩效结果的不同，对绩效工资、年度奖金、员工调薪、股权激励以及员工福利等的影响；二是精神激励层面，根据绩效结果的不同，对员工晋升、员工发展计划、员工荣誉等的影响。

8.1.1 绩效结果在薪酬发放中的应用

比较常见的绩效结果应用是利用绩效结果发放绩效工资。与基本工资、岗位津贴、福利等保障性收入不同，绩效工资属于激励性收入。保障性收入主要根据岗位工作的重要性、责任大小、能力要求高低等按照企业的规定执行，与业绩挂钩的激励性收入一般以企业的绩效考核结果为基础。

绩效结果可以对员工的月工资产生影响，具体用法可以参考如下案例。

案例

某企业规定某岗位员工每月的绩效工资是月基本工资的 20%。员工月度绩效结果对应的月绩效工资的系数如表 8-1 所示。

表 8-1 某企业某岗位月度绩效结果对应的月绩效工资系数

	等级				
	A	B	C	D	E
系数	120%	100%	80%	50%	0

某月在该岗位的张三月度绩效评级为 C，张三的月基本工资为 6 000 元，该月正常出勤，则张三该月的绩效工资计算方式如下。

张三该月绩效工资 =6 000×20%×80%=960（元）

绩效结果也可以对员工的年终奖金产生影响，具体用法可以参考如下案例。

案例

某企业的年终奖金以员工月薪的基本工资为基准，同时参考员工所在部门的年度绩效结果、员工个人的年度绩效结果以及个人年度的出勤情况，计算和发放员工的年终奖，计算公式如下。

年终奖 = 员工月基本工资 × 员工所在部门年度绩效结果对应系数 × 员工个

人年度绩效结果对应系数 ×（员工年度实际出勤天数 ÷ 企业规定员工年度应出勤天数）

其中，员工所在部门的年度绩效结果对应系数如表 8-2 所示。

表 8-2　员工所在部门年度绩效结果对应系数

	等级				
	A	B	C	D	E
系数	1.8	1.4	1	0.8	0

员工个人年度绩效结果对应系数如表 8-3 所示。

表 8-3　员工个人年度绩效结果对应系数

	等级				
	A	B	C	D	E
系数	3	2	1	0.5	0

该企业的某员工张三的月基本工资为 5 000 元，某年度张三所在部门年度绩效结果评定为 A，张三本人的年度绩效结果评定为 B。该年度张三实际出勤 200 天，企业规定的员工年度应出勤天数为 240 天。

则张三的年终奖金计算结果如下。

张三的年终奖金 =5 000×1.8×2×（200÷240）=15 000（元）

8.1.2　绩效结果在薪酬调整中的应用

绩效结果在薪酬调整中的应用主要是根据员工的绩效考核结果对其基本工资进行调整，调薪的比例根据绩效考核结果的不同也应当有所区别。一般员工绩效考核结果评分越高，调薪的比例也就越高。调薪的周期一般是以年为单位进行的，根据不同需要也可以以半年度或季度为单位。

利用绩效结果进行薪酬调整时，一般对绩效水平越高的员工，调薪的幅度或者量也越高；对绩效水平越低的员工，调薪的幅度越低或者不进行调薪；对绩效特别差或者长时间处在低水平的员工，还可以考虑降低其基本工资。

对于岗位的薪酬等级比较规范，严格按照岗位薪酬等级进行薪酬调整的企业来说，绩效结果在薪酬调整中的应用可以参考如下案例。

案例

某企业每年根据员工前 2 年的绩效评定结果给员工进行基本工资的调整。根据员工前 2 年绩效结果的不同，基本工资根据企业规定的基本工资等级规则分成

4种情况，分别是薪酬上升两级、上升一级、不变和下降一级，如表8-4所示。

表8-4　某企业员工年度绩效评定结果与年度基本工资等级调整规则

本年度绩效评定结果	上年度绩效评定结果	基本工资薪酬调整
A	A	上升两级
	B	上升一级
	C或D	不变
B	A或B	上升一级
	C或D	不变
C	A或B或C或D	不变
D	A或B或C	不变
	D	下降一级

对于岗位薪酬没有严格的等级，或者可以不完全参照岗位薪酬等级调整基本工资的企业来说，绩效结果在薪酬调整中的应用可以参考如下案例。

案例

某企业每年根据员工前2年的绩效评定结果给员工进行基本工资的调整。根据员工前2年绩效结果的不同，规定员工年度基本工资的调整可以分成5种情况，分别是20%、15%、10%、5%、0，如表8-5所示。

表8-5　某企业员工年度绩效评定结果与年度基本工资调整规则

本年度绩效评定结果	上年度绩效评定结果	基本工资调整幅度
A	A	20%
	B	15%
	C或D	10%
B	A或B	15%
	C或D	5%
C	A或B	10%
	C或D	5%
D	A或B或C或D	0

有的企业为了避免由员工间原本的基本工资不同造成的相同绩效水平内的员工在调薪后薪酬差距拉大，或者考虑薪酬成本，在实际进行调薪时，会让原本基本工资较低员工的绩效调薪的幅度或者量较高，原本基本工资较高员工的绩效调薪的幅度或者量较低。对于这种情况，薪酬结果在薪酬调整中的应用可以参考如下案例。

案例

某企业每年根据员工当年的绩效评定结果给员工进行基本工资的调整。但是由于员工原本的基本工资不同，为了防止相同绩效水平间的员工工资差距越来越大，该企业引入薪酬均衡指标来调节员工年度基本工资的调整比例。

薪酬均衡指标可以衡量员工当前的工资水平与企业的中位水平之间的差距。薪酬均衡指标的计算公式如下。

薪酬均衡指标=（员工基本工资 ÷ 基本工资的中位值）×100%

薪酬均衡指标大于 100%，代表员工的基本工资大于全企业员工基本工资的中位值。这时候薪酬均衡指标的值越大，代表员工基本工资离基本工资的中位值越远，代表员工的基本工资相对越高。

薪酬均衡指标等于 100%，代表员工的基本工资等于全企业员工基本工资的中位值。

薪酬均衡指标小于 100%，代表员工的基本工资小于全企业员工基本工资的中位值。这时候薪酬均衡指标的值越小，代表员工基本工资离基本工资的中位值越远，代表员工的基本工资相对越低。

该企业根据员工绩效评定结果等级和薪酬均衡指标的不同，对员工年度基本工资调整幅度的规定如表 8-6 所示。

表 8-6　某企业员工年度绩效评定结果与年度基本工资调整规则

本年度绩效评定等级	薪酬均衡指标90% 以下基本工资调整幅度	薪酬均衡指标90% ~ 110%基本工资调整幅度	薪酬均衡指标110% 以上基本工资调整幅度
A	20%	18%	16%
B	15%	13%	11%
C	10%	8%	6%
D	5%	3%	1%
E	0	0	0

8.1.3　绩效结果在股权激励中的应用

股权激励是企业为了激励员工、平衡企业的长期目标与短期目标而采取的一种长期激励形式。激励对象一般是以企业战略目标为导向，对企业战略和未来发展有较大影响和长期价值的关键岗位人员。

股权激励可以创造企业和个人的利益共同体、激发员工的内在驱动力、有效地吸引和留住人才。尤其是初创企业，在早期无力吸引和留住高端人才以及支付高薪水时，股权激励计划可以有效缓解这一问题。

绩效结果可以作为股权激励的重要依据。股权激励的行权方式一般都与企业的经营业绩挂钩，一是与企业的整体业绩状况有关，二是与个人考核的结果有关。具体考核指标，可以视不同企业的具体情况制订。

股权激励的形式多样，与绩效管理比较相关的一般包括以下7种形式。

1. 股票期权

股票期权是指企业给激励对象一种权利，让其可以在规定的时期内以事先约定的价格购买一定数量的本企业流通股票。当然如果到了那个时期，激励对象发现行权并不合适，也可以选择不行权。

股票期权的行权条件一般包括以下3个方面。

（1）时间方面。需要等待一段时间，如2～3年。

（2）企业方面。需要达到企业的某项预期，如企业业绩达标。

（3）激励对象方面。需要满足某项条件，如通过企业的绩效考核。

2. 限制性股票

限制性股票是指企业事先给激励对象一定数量的股票，但对于这部分股票的获得和出售等会有一定的限制。比如，只有当激励对象在本企业服务满5年，才能获得这部分股票；5年后企业的经营业绩提升1倍，激励对象才可以卖出这些股票变现。具体的限制条件，可以根据不同企业的实际需要进行设计，灵活性较强。

3. 虚拟股票

虚拟股票是指企业向激励对象发放虚拟股票，事先约定如果企业业绩较优或实现某项目标时，激励对象可以按此获得一定比例的分红。但如同它的名字一样，虚拟股票其实不属于法律意义上的股权激励，不具备实际的所有权，不能转让或出售，通常也不享有表决权。在激励对象离开企业时，虚拟股票将返回企业，由企业保留或再分配。

企业通过虚拟股票向激励对象兑现的奖励可以是现金、福利、等值的股票，也可以是可选的组合套餐。因为其本质只是以股份的方式计算员工奖金的一种方法，不涉及真实的股票授予，所以相对于以真实股票为标的物的方式虚拟股票的激励效果较弱。

4. 直接持股

直接持股是指当激励对象达到某项条件时，企业直接将股票转让给激励对象，在股价提高或降低时，账面价值会相应增加或减少；激励对象在股票溢价时卖出股票，获得收益。转让的方式可以是直接赠予，可以是企业补贴购买，也可以是激励对象自行购买。

5. 年薪虚股制

年薪虚股制是指将企业中高端人才年薪中的奖金划出一部分以虚拟股票的形式体现，规定一定的持有期限，到期后，按照企业业绩一次性或者分批兑现。这种方式将激励对象和企业的利益捆绑，将收益的时间战线拉长。激励对象可能会因为企业业绩持续增长而获得巨额的奖金，也可能因为业绩的持续下降而赔光当时的奖金。

6. 账面价值增值权

账面价值增值权是指激励对象在期初按照每股净资产购买一定数量的企业股份，在期末时，再按照每股净资产的期末值回售给企业。在实务中可以有两种操作方式：一种是激励对象真实购买；另一种是虚拟购买，过程中激励对象甚至不需要支付资金，期末由企业直接根据每股净资产的增量计算收益。

7. 股票增值权

与账面价值增值权的原理类似，通过股票增值权的方式，激励对象可以从期初认购股票的价格与期末股票市价之间的增值部分中获益。当然，为了避免股票价值降低的风险，采用这种方式时，激励对象并非实际购买股票，而是获得了这部分股票增值后的收益权。股票增值权行权的方式同样可以是现金、福利、实际股票或几种方式的组合。

通常用到最多的股权激励形式是股票期权、限制性股票和虚拟股票 3 种。其中股票期权和限制性股票在上市企业中应用较为普遍，虚拟股票在非上市企业中应用比较普遍。

8.1.4　绩效结果在员工福利中的应用

员工福利通常可以分成两类：一类是法定福利；另一类是非法定福利，也叫作企业福利。

法定福利是相关法律法规明文规定的福利。这类福利具有强制性的特点，是所有政策覆盖范围内的企业都应当遵守并执行的，如社会保险、住房公积金、法定节假日、带薪年休假、关于各类假期的休假时间和工资支付、某类特殊时期的津贴、某些特殊环境的津贴、某种特殊岗位的津贴等。

企业福利是企业根据自身情况自行规定的福利。这类福利具有激励性的特点，通常是企业用来激励员工的一种方式。如为员工购买商业补充保险、允许员工带薪培训学习、节假日发放的钱或物、加强员工休闲娱乐的设施建设等。不同企业由于经营状况、运营特点和管理方式等实际情况不同，所采取的企业福利通常具有较大的差异性。

企业福利按照受众对象的不同可以分成全员性福利和特殊群体福利。全员性福利是企业中不分职位和岗位，全员都享受的福利；特殊群体福利是企业中某类特殊群体享受的福利，如高管人员、技术团队、残疾人群体等。

企业福利的设置体现了企业管理的艺术化和创新性，是企业吸引人才、留住人才和激励人才的重要方式。企业福利将影响人才在求职时的选择、工作投入的积极性以及对自己是否愿意继续留在企业的判断。

绩效结果在员工福利中的应用主要是在企业福利中的应用，而非法定福利。企业福利通常是以企业对绩效达到一定程度的优秀员工发放的额外福利的形式出现的。

案例

某企业规定连续2年绩效评定结果为A的员工，可以享受企业集体组织的出国旅游1次；连续5年绩效评定结果为A的员工，企业可以给员工发放一部分子女教育的学费补贴；连续8年绩效评定结果为A的员工，企业将奖励员工1份大额的终身医疗和意外保险。

如果企业设计了自助餐式的福利计划，可以将各种额外福利分配确定为福利分数值，然后由员工用获得的绩效分数兑换需要的福利项目。

案例

某企业规定员工每年的绩效结果可以兑换成员工个人的福利积分，具体兑换规则如表8-7所示。

表8-7　某企业员工年度绩效结果兑换个人福利积分规则

	年度绩效结果			
	A	B	C	D
员工福利积分（分）	100	80	50	0

员工个人福利积分可以兑换的福利如表 8-8 所示。

表 8-8　某企业员工个人福利积分可兑换的福利

	福利类别				
	购物卡	补充 商业保险	体检卡	出国旅游	……
需要积分（分）	50	100	150	300	……

8.1.5　绩效结果在员工晋升中的应用

绩效结果同样可以应用在员工晋升中。如果企业缺乏有效的基于绩效结果的员工晋升体系，将导致企业员工的工作热情、创造力、执行力大打折扣，将直接影响员工的满意度和流失率。

员工的职位晋升一般要满足 3 个前提条件。

1. 企业发展需要

企业发展需要是员工晋升的前提。企业有关键职位的要求，有对员工能力进一步提升的要求，员工才能有职位上的晋升。如果企业本身在发展上、组织机构上、岗位设置上没有对中高级职位的需要，那么员工也将没有晋升至中高级职位的机会。

2. 员工能力到位

员工能力到位是员工晋升的必要条件。当员工的能力达到某职位要求时，员工才能在该职位上发挥价值。对于能力不达标的员工，即使企业硬性将其晋升到某职位，也会因为员工不胜任该职位而造成企业和员工双方的损失。

3. 员工绩效达标

员工绩效达标同样是员工晋升的必要条件。如果企业晋升一位绩效没有达标的员工，即使该员工能力再优秀，也会给其他员工造成一种企业不仅可以容忍低绩效，而且即使低绩效也可以得到企业奖励的误解，降低其他员工追求绩效的动力。

当员工的绩效、能力都达标，且企业有发展需要时，员工可以得到晋升，其流程如图 8-1 所示。

1. 提出晋升申请

员工本人或者员工本人所在部门管理者提出员工晋升的申请，填写员工晋升申请单，写明员工当前职位情况、拟晋升的职位、以往的绩效情况以及员工本人的自我评价等关键内容，如表 8-9 所示。

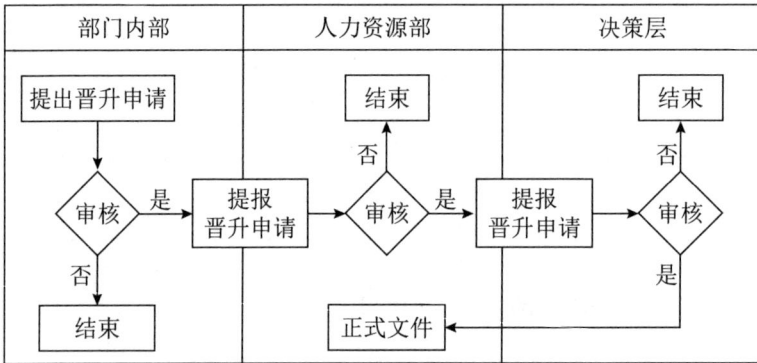

图 8-1　员工晋升流程

表 8-9　员工晋升申请单

员工姓名	工号	部门	现职位或职级	申请晋升职位或职级	申请日期

绩效情况

自我评价

签字：　　　　日期：
员工直属上级意见

签字：　　　　日期：
部门负责人意见

签字：　　　　日期：
人力资源部意见

签字：　　　　日期：
总经理意见

签字：　　　　日期：

2. 部门内部审核调整

员工晋升的审核首先由部门内部进行。部门的负责人根据员工情况，可以调整、修正或延迟晋升申请。若部门内部对晋升申请有异议，则晋升流程关闭；若对晋升申请无异议，则在部门负责人给予详细、明确的批复意见后提报人力资源部。

3. 人力资源部审核调整

人力资源部收到员工晋升申请单后应对拟晋升的员工做充分的考察，确保员工的绩效、能力、品行等达到岗位晋升的要求，并形成详细的员工考察书面报告，附在员工晋升申请单后面，并给出最终的批复意见。

若人力资源部对该员工的晋升有异议，则晋升流程关闭；若对晋升无异议，则将批复后的员工晋升申请单和晋升申请人的书面考察报告一起提报决策层审批。

4. 决策层审核调整

决策层根据材料进行审批，必要时可以约谈晋升申请人，给出最终的晋升意见，并将批复后的员工晋升申请单交到人力资源部，由人力资源部遵照执行。

5. 通知结果

不论员工的晋升申请最终是否审批通过，人力资源部都应及时把最终的审批结果反馈给员工及其所在部门。对于审批通过的晋升申请，人力资源部要形成晋升通知书或干部任命书等正式的书面文件。

8.1.6　绩效结果在员工发展中的应用

绩效结果在员工发展中应用的主要表现形式是 IDP。IDP 是一个帮助员工进行职业生涯规划的工具，是一张描绘员工未来职业生涯发展的地图。

IDP 能够协助员工确定自身的优势、兴趣、目标、待发展能力及相应的发展活动，帮助员工在企业和个人都认可的时间内获取需要的技能，以实现员工个人的职业目标。随着知识生命周期的缩短，越来越多的员工关心自己的 IDP。企业在面临优秀人才流失的问题时，IDP 也成为提升企业整体人力资本的重要方式之一。

实施 IDP 的好处包括如下内容。

● 有助于员工增强对工作的把握能力和控制能力。

● 有助于员工持续不断地实现自身的价值。

● 有助于提高员工工作的积极性和自发的创造力。

● 有助于员工较好地处理工作和生活的平衡关系。

IDP 应用示意如图 8-2 所示。

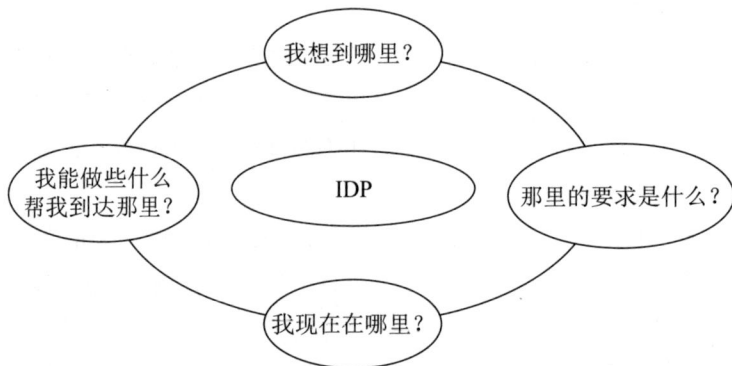

图 8-2　IDP 应用示意

员工在应用 IDP 时，可以分成如下 4 个步骤。

（1）员工要考虑"我想到哪里"，也就是员工个人的职业发展目标是什么。

（2）员工要思考"那里的要求是什么"，也就是实现个人职业发展目标需要什么样的能力素质基础。

（3）员工要关注"我现在在哪里"，也就是评估自身当前的能力和经验状况，思考要实现职业发展目标还需要提升哪些能力、弥补哪些不足。

（4）员工要思考"我能做些什么帮我到达那里"，也就是制订详细的学习和发展的行动计划，提高自身的能力，以期实现未来的职业发展目标。

员工的直属上级、部门负责人或者人力资源部根据员工的绩效考核结果，可以与员工一起制订员工 IDP，实施步骤可以分成 3 步。

1. 员工过往发展的回顾

员工根据对 IDP 的应用原理，实施自己职业发展方面的回顾。回顾时要注意总结对自己的个人通用能力（包括沟通能力、时间管理能力等）、个人管理能力（包括项目管理能力、激励下属能力等）以及个人专业能力（包括岗位技术能力、专业应用能力等）的整体回顾。

2. 员工未来发展的建议

员工对自己职业发展的想法经常是不客观或存在偏差的，这时候企业应当根据员工对自己职业的初步想法，给员工意见或建议，和员工一起讨论并形成员工短期的业绩改进计划和长期的职业发展规划。

3. 员工未来发展的需求

在与企业讨论并形成员工 IDP 的过程中，员工可以提出为实现自己职业发展的必要需求，包括个人需要的通用能力、管理能力、专业能力的补充方式。在与企业沟通后，员工可以通过培训、轮岗或者自学等多种多样的形式提升能力。

要帮助员工制订和推进 IDP，企业各方的职责包括如下内容。

1. 被考核人的职责

- 制订个人发展计划，并按企业规定提报。
- 参照已沟通确定的 IDP 执行。
- 定期回顾和反思 IDP 执行情况。
- 主动与直属上级汇报沟通并听取其意见。

2. 考核人的职责

- 辅助被考核人制订 IDP。
- 协助被考核人执行 IDP。
- 定期与被考核人回顾 IDP。
- 积极主动地提供反馈、辅导或支持。

3. 人力资源部的职责

- 在全企业计划、组织实施 IDP。
- 推动 IDP 在各部门的实施。
- 向有需要的部门员工提供必要的培训机会。
- 提供多种多样的员工学习和发展的方式。
- 协助员工一起制订其个人的能力成长计划。

8.1.7　绩效结果在员工荣誉中的应用

对员工的激励离不开荣誉激励，物质层面的激励能够满足员工的基本生活需求，但是各类的奖项、奖状、证书、奖杯等这些企业内部的荣誉满足了员工的精神层面的需求，能够更好地激发出员工的创造力和积极性。

绩效结果可以和员工的荣誉管理相关联。绩效结果在员工荣誉管理中最常见的应用是把员工的荣誉与绩效结果相关联。绩效结果越好，员工评优的机会就越多；绩效结果越差，员工评优的机会就越少。

绩效结果在员工荣誉中最常见的应用包括但不限于如下 6 项。

（1）发放奖状、证书或荣誉称号时根据绩效考核结果的高低排序。

（2）对为企业做出某项特殊贡献、绩效比较突出的员工给予通报表扬。

（3）选拔内训讲师做经验分享时，选拔绩效水平较高的员工。

（4）由某员工主持发明创造出的产品或技术，以该员工的名字命名。

（5）企业定期举办员工技能比赛，绩效达到一定标准的员工可参加。

（6）在绩效公示中，绩效好的员工获得好标识，绩效不好的员工获得差标识。

案例

　　某生产型上市企业，在每年年底会评选出一批优秀团队和优秀员工。优秀团队和优秀员工的评选会参考当年绩效评定结果或绩效考核中的某些量化指标的评定得分，将评定分数由高到低排序后，得出优秀评选的最终结果。

　　其中，该企业对优秀团队的评选制订了如下规则。

　　（1）生产管理优秀团队的评选规则如表 8-10 所示。

表 8-10　生产管理优秀团队的评选规则

绩效指标	权重
上年度客户索赔金额	30%
生产计划完成率	30%
产品一次性合格率	20%
投入产出比	20%

　　（2）技术开发优秀团队的评选规则如表 8-11 所示。

表 8-11　技术开发优秀团队的评选规则

绩效指标	权重
上年度产品开发一次性通过率	30%
上年度开发有效样品数量	25%
上年度开发样品成交金额	25%
开发样品按期完成率	20%

　　（3）产品销售优秀团队的评选规则如表 8-12 所示。

表 8-12　产品销售优秀团队的评选规则

绩效指标	权重
上年度销售增长比例	60%
销售货款回收率	20%
库存周转率	20%

优秀团队的评选样表如表 8-13 所示。

表 8-13 优秀团队的评选样表

优秀团队		优秀团队负责人	
团队主要业绩			
推荐部门意见		签字： 年　　月　　日	
分管领导意见		签字： 年　　月　　日	
评选小组意见		签字： 年　　月　　日	
总经理意见		签字： 年　　月　　日	
备注			

其中，对优秀员工的评选制订了如下规则。

（1）连续两年绩效评定结果为 A 或 B。

（2）无任何违纪行为。

…………

优秀员工的评选样表如表 8-14 所示。

表 8-14 优秀员工的评选样表

姓　名		性　别		出生年月	
入职时间		所在单位		工作岗位	
学历		专业职称			
主要业绩及 推荐理由					
推荐部门意见			签字： 年　　月　　日		
分管领导意见			签字： 年　　月　　日		
评选小组意见			签字： 年　　月　　日		
总经理意见			签字： 年　　月　　日		
备注					

8.2　绩效结果在组织层面的应用

绩效结果在组织层面的应用最常见的是通过绩效结果对组织问题进行诊断、制订绩效改进的计划、制订员工的培训计划，将其作为员工调配与职级变动的依据以及人才招募和选拔的依据。

8.2.1　绩效结果在组织问题诊断中的应用

组织绩效问题的诊断可以分成两种，一种是直接绩效诊断，另一种是间接绩效诊断。

直接绩效诊断指企业对绩效管理活动中所有相关因素进行诊断、分析并改正，以提升企业的绩效管理水平；间接绩效诊断指企业通过绩效诊断的活动，能够在发现绩效管理问题的同时，及时发现企业除绩效管理外其他经营和管理方面存在的问题。

组织问题的诊断对象一般包括如下内容。

- 对企业组织机构和经营管理模式的诊断。
- 对企业绩效管理制度和管理体系的诊断。
- 对企业绩效评价指标和评价标准的诊断。
- 对绩效管理过程中考核双方行为的诊断。

组织问题诊断前，企业应当对绩效问题进行详细的分析。

1. 横向比较

分析人员可以针对具体的员工，分析员工绩效计划和绩效目标的完成情况、员工每项指标对个人绩效结果得分的贡献情况以及个人绩效指标完成的均衡情况。对于不同类型的员工，分析人员可以计算不同类型被考核人单项指标的平均水平、综合比较不同类型被考核人各组绩效指标以及分析不同类型被考核人之间的相互影响。

2. 纵向比较

分析人员可以针对同一考核人，如某位特定员工、某个部门、某类别员工或者某个指标，进行不同考核周期的对比分析。内容可以包括某项指标总体的平均情况以及与每月、每年的水平比较，或者每月、每年的变化趋势。

3. 综合分析

分析人员必须具备丰富的经验，并对实际情况有深刻了解。分析内容一般包括企业所有人员的绩效考核结果和地位、绩效管理的环境以及绩效管理中出现的重点问题。针对这些分析内容，分析人员提出总体看法、进行偏差调整、划分绩效等级、分析绩效原因并提出改进措施，提高绩效结果的可信度。

组织问题诊断的具体操作步骤如下。

1. 找出差距

分析人员通过对绩效的预计情况和实际情况进行对比，对本期绩效情况和上一期或去年同期的绩效情况进行对比，对企业内部不同单位之间进行对比，与同行业或竞争对手进行对比，找出企业、部门或个人的绩效差距。

2. 找出线索

分析人员根据绩效目标的设置情况查找问题的源头，评估该问题是企业目标的问题、部门目标的问题，还是个人目标的问题。如果是个人层面的原因，还要确定是个人的态度、知识、能力、经验中哪方面出了问题。

3. 聚焦问题

分析人员应当聚焦绩效问题的类别、对企业的影响程度以及解决该问题的难易程度，并把绩效问题划分成以下 5 个类别。

A 类问题：根据绩效问题的范围，绩效问题可以分成企业层面的问题和子企业或部门层面的问题。

B 类问题：根据影响问题的因素，绩效问题可以分成物质、技术以及人与企业之间的关系问题。

C 类问题：根据解决问题的方法，绩效问题可以分成能够通过管理技术解决的问题和目前还不能通过管理技术解决的问题。

D 类问题：根据绩效问题的来源，绩效问题可以分成企业内部产生的问题和企业外部产生的问题。

E 类问题：根据解决问题的需要，绩效问题可以分成能够通过自身解决的问题和必须依靠外部解决的问题。

根据绩效问题的 5 个类别，企业可以制订出绩效诊断问题分类表，如表 8-15 所示。

表 8-15　绩效诊断问题分类表

问题分类及描述		问题 1	问题 2	问题 3
A 类问题	企业层面的问题			
	子企业或部门层面的问题			

问题分类及描述		问题 1	问题 2	问题 3
B 类 问题	人与企业关系的问题			
	物质层面的问题			
	技术层面的问题			
C 类 问题	管理技术可以解决的问题			
	现有管理技术不能解决的问题			
D 类 问题	企业内部产生的问题			
	企业外部产生的问题			
E 类 问题	企业内部能解决的问题			
	依靠企业外部才能解决的问题			
问题对企业的影响程度				
解决问题的难易程度				

8.2.2 绩效结果在绩效改进计划中的应用

绩效改进计划是考核人与被考核人经过充分地沟通和讨论后制订的行动计划。绩效改进计划的制订要本着切合实际、具体明确、固定时间的原则。绩效改进计划的内容包括绩效改进的项目、绩效改进的原因、当前的绩效水平、期望的绩效水平、绩效改进的方式、绩效改进的期限等。

考核人协助被考核人制订绩效改进计划可以按照如下步骤进行。

1. 设定优先级

考核双方首先应当沟通和讨论绩效改进计划中的问题的优先程度，优先解决相对比较紧急且容易改进的问题。对于不容易改进且不急需改进的问题，考核双方可以暂时记录，但暂不列入绩效改进计划。

绩效改进计划中问题的优先级顺序如图 8-3 所示。

2. 解决问题的方法

（1）组织层面的问题。

对于企业氛围问题，考核人

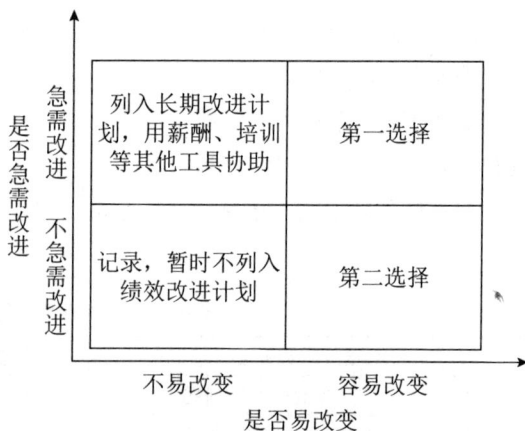

图 8-3 绩效改进计划中问题的优先级顺序

可以增加部门内部的岗位人员之间的交流，改善部门内部的人际关系和工作氛围。对于工作环境问题，考核人在条件允许的情况下，可以根据需要改善部门内的工作环境和工作条件。对于一些特殊问题，考核人也可以调整部门内部的岗位分工。

（2）考核人的问题。

通过绩效诊断，人力资源部如果发现是考核人存在问题，可以利用内部或者外部的资源，组织绩效管理的相关培训，或者组织绩效管理的分享交流，让企业内比较成功的考核人分享绩效管理的操作经验。

（3）被考核人的问题。

如果是被考核人的问题，考核人应当做好绩效辅导工作，通过日常工作中的辅导、支持以及提供被考核人学习、研讨、培训等的机会，提升被考核人的能力。

3. 制订绩效改进计划

通用的绩效改进计划表如表 8-16 所示。

表 8-16　绩效改进计划表

被考核人 姓名	被考核人 工号	被考核人 部门	被考核人 职位	考核人 姓名	考核人 职位
上个绩效周期被考核人的绩效情况					
上个绩效周期被考核人的整体评价					
绩效改进 项目	绩效改进 原因	当前 绩效水平	期望 绩效水平	绩效改进 方式	绩效改进 期限

本计划制订时间

本计划实施周期

本计划中需要的考核人的支持

本计划中需要的其他部门的支持

被考核人签字：　　　　日期：

考核人签字：　　　　日期：

4. 实施绩效改进计划

绩效改进计划实施的过程中，考核人应当通过持续的绩效信息监控、绩效反馈和绩效辅导，持续进行绩效沟通，实现对绩效改进计划的过程监控管理。对绩效改进计划的过程监控管理的质量决定了绩效改进计划能否有效完成。

考核双方在绩效改进的过程中如果发现绩效改进计划有需要修改的事项，可以在沟通和讨论后，根据实际情况进行修改和调整，并进行下一轮的绩效过程监控管理。

5. 绩效改进计划评价

绩效改进计划在上一个绩效评价周期结束后、下一个绩效评价周期开始前进行。绩效改进计划虽然是对正常绩效计划的补充，但是同样需要绩效评价、绩效反馈或绩效辅导。如果被考核人在下一个周期的绩效评价中的结果显著提高，则在一定程度上说明了绩效改进计划的成效。

8.2.3　绩效结果在员工培训实施中的应用

通过绩效结果，企业能够发现员工的培训需求。一般某部门的绩效结果明显下降的时候，人力资源部应当检查该部门绩效结果下降的原因，判断该部门员工是否需要相应的培训。比如，当销售部门业绩下滑时、生产部门产品质量降低时、技术部门新产品研发延期时，人力资源部都应当关注。

绩效结果同样也可以作为培训成果的检验。培训结果的评估中有一项是绩效层面的评估，就是检验培训前后参训人员绩效结果的改变情况。如果参训人员绩效明显提升，则在一定程度上说明培训实施是有效果的；反之，如果绩效没有明显提升，则说明培训实施是没有明显效果的。

绩效结果在培训中的应用流程如图8-4所示。

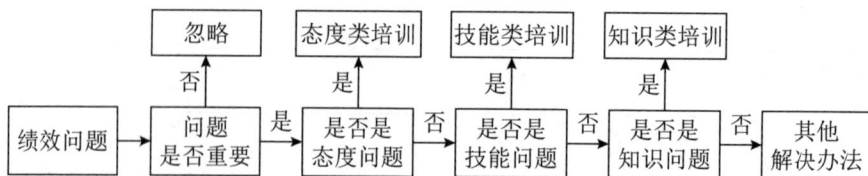

图8-4　绩效结果在培训中的应用流程

图8-4的应用流程实际上是基于绩效考核结果而实施的培训决策过程，该决策过程提供了运用绩效考核结果确定培训需求的具体过程。基于对绩效考核结果的分析，找出绩效问题的原因，如果是态度、技能或知识层面的问题，可以拟订

出员工的培训计划和方案。

当出现某类绩效问题时，首先应判断该问题是否重要，如果不重要则可以忽略。如果重要，则应当判断该问题是否是态度问题。

如果是态度问题，企业可以进行态度类培训，建议企业采取脱产培训的形式或根据企业需要采取适合的其他培训形式。

如果不是态度问题，则需要判断是否是技能问题。如果是技能问题，企业可以进行技能类培训，或视情况实施各种能够解决问题的培训。

如果不是技能问题，则需要判断是否是知识问题。如果是知识问题，企业可以进行知识类培训，同样可视情况实施各种能够解决问题的培训。

如果不是知识问题，则需要寻找其他的解决办法。

一般针对绩效问题，对企业各级管理人才的通用管理类培训课程参考如表 8-17 所示。

表 8-17　通用管理类培训课程参考

层级	通用管理类培训课程参考
高层管理	战略管理、组织机构设计、企业文化、品牌管理、风险控制、领导艺术、人才的选用育留
中层管理	团队建设、沟通技能、企业文化、员工激励、执行技能、人才的选用育留、情绪管理、目标管理、非财务人员的财务管理、非人力资源管理者的人力资源管理
基层管理	选择与决策、目标与计划、团队建设、沟通技能、如何快速解决问题、执行技能、会议管理、情绪管理、员工关系管理

对企业不同岗位人才可以采取的专业技能类培训课程参考如表 8-18 所示。

表 8-18　不同岗位专业技能类培训课程参考

岗位类别	专业技能类培训课程参考
营销技巧	电话销售技巧、客户服务技巧、渠道销售技巧、经销商管理、专业销售技巧、大客户销售、顾问式销售、客户关系管理、销售呈现技巧、双赢商务谈判
生产运营	生产计划、现场管理、安全管理、品质控制、成本控制、设备管理、工艺管理、流程管理、订单管理
人力资源	岗位管理、招聘管理、培训管理、素质模型、薪酬管理、绩效管理、劳动关系、人才测评、职业生涯、战略人力资源管理
财务管理	统计核算、报表编制、现金管理、成本管理、资产管理、税务筹划、预算管理、财务预测、管理会计
技术研发	创新意识、产品知识、研发项目管理、研发项目管理沙盘、产品需求分析、产品中试管理、研发成本控制、研发质量管理

续表

岗位类别	专业技能类培训课程参考
采购管理	诚信意识、报价方法、谈判技巧、采购预算管理、供应商管理、合同管理、市场调研
质量管理	品质控制流程、质量检验方法、全面质量管理、质量控制的数理基础、统计质量控制的常用工具和方法、产品生命周期质量分析和控制技术、质量可靠性分析
仓库管理	仓储管理流程、仓库系统使用、供应链计划、库存管理、仓库数据分析
物流管理	物流质量管理、报检流程、报关流程、物流系统、商品包装管理、物流运筹管理、物流成本管理
客户服务	客户关系管理、客户服务原则、沟通技巧、电话礼仪、接待礼仪、如何有效地提问、服务用语、肢体语言
个人成长	自我认知、人生规划、时间管理、压力管理、情绪管理、团队意识、沟通技巧、人际关系、个人知识管理、个人品牌管理、身体品质管理、心态塑造、如何处理问题、文书写作、办公软件使用

对企业各岗位各级人才可以采取的通用知识类培训包括如下几项。

（1）国家政策方针、国内外局势的研究和解读。（一般针对高层）

（2）在职教育（MBA、EMBA）、学历教育、执业资格培训。

（3）参观学习同行业优秀企业或者上下游企业，借鉴经验。

8.2.4　绩效结果在员工岗级调配中的应用

绩效结果是企业对员工实施职位或岗位调配的重要依据。员工的岗级调配不仅包括纵向职位上的晋升或者降职，还包括横向岗位上的调岗或工作轮换。

对员工岗级调配的判断可以用到"能力绩效九宫格"工具。能力绩效九宫格工具是把员工的能力水平和绩效水平分别作为纵轴和横轴，并划分成高、中、低3 个层级，根据员工的具体情况采取有针对性的岗级调配策略的工具。能力绩效九宫格如图 8-5 所示。

通过能力绩效九宫格能够判断，处在"绩效水平高、能力水平高"象限中的这类人才是企业的"明星"员工，企业可以根据具体情况考虑给他们提拔和晋升，给予他们更多的奖励和激励。企业同时要做好相关的人才保留工作，采取措施留住这部分人才。

需要注意，对于处在"能力水平低、绩效水平低"象限中的员工，企业不一定要淘汰掉这部分员工。比如，许多应届生一开始作为新员工入职的时候，其能力水平比较低，绩效水平一般也比较低，基本都会处在这个象限。

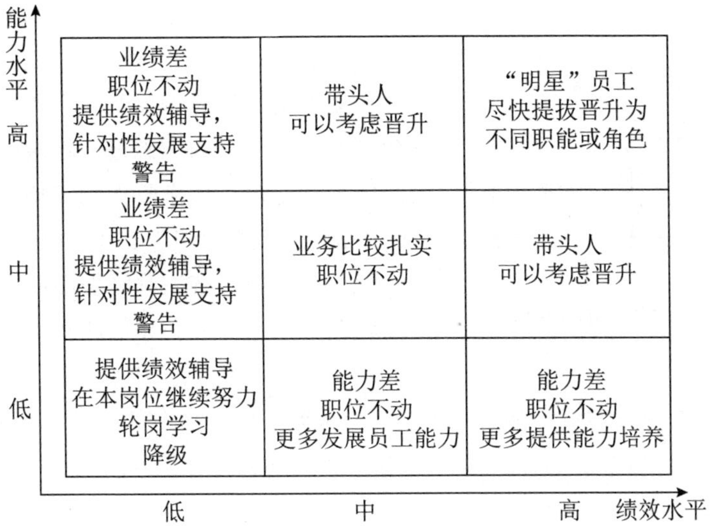

图 8-5　能力绩效九宫格

对于处在"能力水平低、绩效水平低"象限中的员工，企业应评估他们的工作态度。如果员工的工作态度没有问题，那么绩效水平低的直接原因可能是因为员工的能力水平比较低，所以考核人可以对这类员工加强绩效辅导，人力资源部可以提供培训，或者采取轮岗的方式。如果这类员工的工作态度有问题，人力资源部可以采取降级的方式。

在能力绩效九宫格工具中，对企业来说，比较异常和难以处理或把握的是处于"能力水平高、绩效水平低"和"能力水平低、绩效水平高"这两个象限的员工。

对于"能力水平高、绩效水平低"象限中的员工，企业可以考虑员工的能力和绩效是否匹配，是不是员工从事的岗位不能发挥其能力优势。如果是的话，企业可以考虑对这类员工进行岗位调整。也有可能是员工的工作方式和方法有问题，或者是员工没有掌握某些技巧，这时候企业需要给这类员工提供绩效辅导。还有一种可能性，就是员工的工作态度有问题，其有能力却不愿意发挥。如果是这种情况，企业也应该具体了解原因，可以尝试在绩效或者制度上再做出一些努力，或者给这类员工一定的警告。如果通过企业的努力，这种情况仍不可逆转，那么可以考虑对员工进行降级。

对于"能力水平低、绩效水平高"象限中的员工，企业应当评估原因。产生这种情况的可能性很多，可能是员工所在的岗位绩效和能力的相关度不大，也可能是绩效指标的设置出了问题，还可能是能力体系的评估出了问题，企业同样需

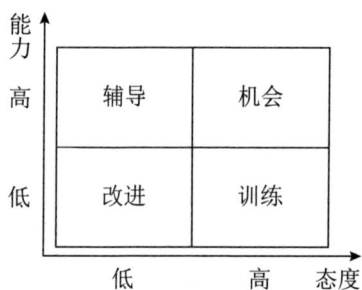

图 8-6   能力态度四宫格

要根据具体问题采取具体的应对策略。

除了能力水平和绩效水平之间的关系外，企业在采取员工岗级调整的策略前，还应当观察和判断员工的能力和态度。针对被考核人不同的能力和态度，采取不同的策略。这里可以用到"能力态度四宫格"工具，如图 8-6 所示。

能力态度四宫格工具是按照能力和态度两个维度把员工划分成高和低两种层级进行比较的工具。

工作积极性比较高、能力比较强的被考核人是企业的宝贵财富，是企业发展的中流砥柱。可以说，在推动企业发展、为企业创造价值方面，绝大多数的贡献都是由这部分人才做出的。

对于这类比较杰出的人才，企业应该给予他们更多的机会，包括给他们晋升和发展的机会、给他们更丰富多样的工作或者更有挑战性的工作、给他们提供一些特别的福利或者特殊的培训。

如果企业持续对这类比较优秀的人才不闻不问的话，那么他们很可能因为无法感受到来自企业的关心而降低忠诚度。当外部的诱惑足够大时，这类人才很可能最终会选择跳槽。

拥有较高的工作积极性，但是在工作能力上有所欠缺的人才具备成为企业中坚力量的潜力。对于这类人才，企业应该给他们提供一些必要的能力训练，想方设法提高他们的能力，让他们在能力提升后，能够成为态度积极、能力强的核心人才。

对于能力比较强，但是工作积极性比较差的人才，企业要对他们进行态度上的辅导，要加强管理，通过完善的规章制度和科学的绩效管理来评估、规范和引导他们的行为，让他们也能够最终成为态度积极、能力强的核心人才。

工作积极性比较差，工作能力也比较弱的人才对企业来说价值比较低。对于这类人才，企业通常应先具体了解和分析他们的情况，进行必要的轮岗或者降级，然后继续观察和锻炼他们的能力，并且给予必要的关注和培训，帮助他们持续改进。

8.2.5   绩效结果在人才招聘选拔中的应用

绩效结果可以作为人才招聘和选拔的重要依据，主要体现在以下方面。

1. 招聘计划的制订

企业、部门的绩效结果情况将直接影响企业的战略，进而影响人力资源策略和招聘策略，从而影响招聘计划的制订。

案例

　　某企业某年度业绩完成情况较好，经过绩效评估分析，发现是该企业某类产品的市场状况较好，该产品的市场需求得到释放。经企业测算，未来 5 年该产品的市场需求将以每年 50% 以上的速度增长。

　　企业决定下一年提高该产品所在子公司的绩效指标的目标值，同时加大对该子公司的经营投入，增加人员。人力资源部根据这个计划，修改了年度的人力资源规划和招聘计划，增加了该子公司人才招聘的数量。

　　2. 人才选拔的参考

　　绩效结果可以作为人才选拔的重要依据。通过了解人才过去的绩效情况，可以预判人才未来的绩效状况。所以在人才选拔的过程中，人力资源管理者可以了解候选人过去的绩效状况，以判断其未来是否能够更好地适应本公司岗位的需求。

案例

　　某机械设备销售企业招聘业务人员。在该企业现有的业务员中，业绩最高的业务员每年销售额是 1 000 万元，业绩最低的业务员每年销售额是 200 万元。

　　据此，该企业制订销售业务人员的招聘要求如下。

　　（1）具备同类产品 2 年以上的销售经验。

　　（2）以往每年产品销售额不能低于 200 万元。

　　（3）对以往每年产品销售额高于 1 000 万元的业务员，优先录用。

　　3. 招聘效果的检验

　　通过了解新招聘员工绩效结果的情况，企业可以判断新招聘员工与岗位能力要求的匹配程度，从而检验人才的招聘质量，进而说明招聘工作的质量。通过考察新员工试用期的绩效结果，企业可以判断和决定新员工是否能够顺利转正以及薪酬的高低。

案例

　　某保险企业规定销售岗位员工的试用期为 3 个月。试用期过后，当员工的销售业绩达到企业规定的最低值时，员工才有资格转正；如果员工的销售业绩达不到企业规定的最低值，则证明员工试用期不合格，企业将与员工解除劳动关系。

该企业招聘负责人的绩效指标及权重如表 8-19 所示。

表 8-19　该企业招聘负责人的绩效指标及权重

绩效指标	权重
员工满足率	40%
新员工转正率	30%
员工入职满一年的绩效水平	30%

8.3　如何操作和处理绩效申诉

在实施绩效管理的过程中，难免会出现考核人与被考核人之间对绩效考核结果的意见有分歧，或者被考核人认为企业的绩效管理体系或流程存在问题的情况。这时候，企业需要有一套绩效申诉机制，保证有关绩效管理的意见或建议能够快速被企业接收，以便企业及时做出相应的调整。

8.3.1　绩效申诉渠道建设

绩效管理中的申诉渠道是员工表达绩效管理意见的重要方式。一个健康的企业有绩效申诉是正常现象，如果完全没有绩效申诉，反而不能判断出该企业的绩效管理是正常的。因为有可能是员工有意见却无处表达，或者企业的文化氛围不允许员工表达，还有可能是绩效申诉机制对表达意见的员工的未来发展不利。

建立绩效申诉机制是有一定难度的，因为员工的绩效申诉大部分针对的是自己的直属上级。大多数情况下，员工害怕得罪领导，使自己以后不容易开展工作，所以不会公开申诉，但是在私底下，可能会发许多牢骚。这样长期下去，不利于健康企业文化氛围的建设。

企业在建设绩效申诉渠道时，要重点解决员工不敢申诉、不愿申诉或者不能申诉的问题，在企业树立绩效管理和绩效考核的公信力。

1. 明确部门

建设绩效申诉渠道的第一步是明确企业内部绩效申诉的对口管理部门及其权责。一般来说，人力资源部是绩效申诉的受理和调查部门，绩效管理委员会下设的绩效管理团队作为绩效申诉的裁决部门。

2. 丰富渠道

有了方便、快捷的绩效申诉渠道，当员工有绩效管理的相关问题时，员工才愿意说出来。绩效申诉渠道应该多种多样，而不要拘泥于一种，如邮箱、社交软件、内网平台、员工意见箱或者直接到人力资源部诉说等任何能够方便员工传递信息的渠道都可以作为绩效申诉渠道。

3. 宣传引导

企业在建立绩效申诉渠道时，要在内部给予正确的宣传、引导。企业的最高管理层要向各级管理层宣导员工维护自身权益是员工本身就具有的权利，是一件很正常的事，管理层要以平常心对待。

绩效管理过程出现问题在所难免，关键是如何修正。各部门的管理者作为考核人也应当在部门内部建立起绩效申诉渠道、机制，营造积极的氛围，争取在部门内部解决绩效申诉问题。营造被考核人敢于直接向考核人提出异议的氛围，而不是仅依靠企业的绩效申诉渠道。

常见的绩效申诉事件有以下几类。

- 绩效指标没有按照预定的项目进行。
- 客观环境的变化导致工作条件发生变化。
- 绩效评价结果较差是因为受其他员工的影响。
- 绩效考核的评价依据存在争议或主观性。
- 绩效管理的流程体系运行存在不公平性。

8.3.2　绩效申诉处理流程

一般通用的绩效申诉处理流程如图 8-7 所示。

图 8-7 中员工对绩效结果产生异议，指的是被考核人针对绩效目标的设定、绩效过程的运行、绩效考核的结果等各类与绩效管理相关的问题，与考核人持有不同意见而产生的争议。

为了保证企业绩效管理运行的效率，绩效申诉应当有一定的时间限制。一般来说,绩效申诉人应当在知道绩效考核结果的 7 日内提出申诉意见,否则申诉无效。

（1）当被考核人对绩效考核结果有异议时，最理想的做法是首先和考核人或者本部门负责人沟通，尝试在部门内部解决分歧。

（2）考核人或部门负责人听取被考核人的意见，确认绩效申诉的分歧点，进行沟通。如果沟通后没有得到处理，那么至少要再进行第二次沟通。若有必要，也可以进行第三次、第四次甚至更多次沟通。

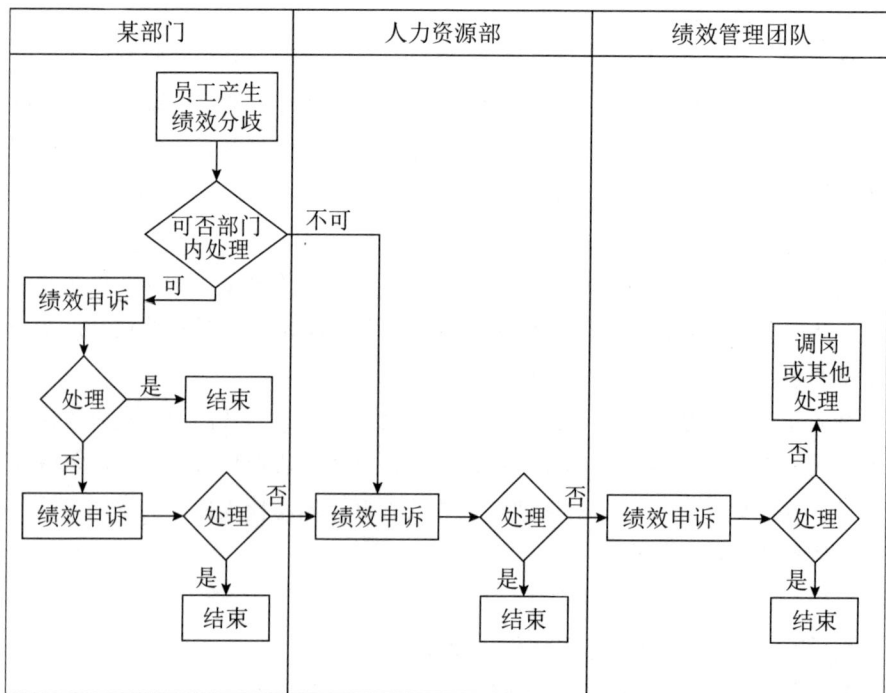

图 8-7　绩效申诉处理流程

（3）如果考核人或部门负责人无法处理被考核人的绩效分歧，或者被考核人认为该绩效分歧不便于在部门内部申诉解决，也可以直接找到人力资源部进行绩效申诉。人力资源部接受绩效申诉后，应立即开展申诉调查，掌握绩效申诉人提出申诉的证据，了解绩效分歧的具体情况，评估并给出判断、结论或意见。

在调查过程中，人力资源部应当与绩效申诉人保持沟通。如果发现更多的是绩效申诉人的情绪问题，则应劝说绩效申诉人。如果人力资源部能够与绩效申诉人达成一致意见，则绩效申诉流程关闭；如果不能，则需要绩效管理团队做最终评判。

（4）人力资源部应当把绩效申诉的全部资料和处理意见报给绩效管理团队。绩效管理团队为了慎重起见，可以约谈绩效申诉人，听取他的陈述，并根据资料和证据，经过讨论后形成最终的意见。

绩效管理团队的意见代表了企业最终的处理意见。在绩效管理团队形成最终意见后，如果绩效申诉人仍然对处理结果不满意，企业可以考虑对绩效申诉人调岗或者采取其他的处理方法。

员工的绩效申诉，应当形成书面的员工绩效申诉表，如表 8-20 所示。

表 8-20　员工绩效申诉表

申诉人	申诉人所在部门	申诉人职位	申诉人上级	申诉时间

绩效申诉事件

绩效申诉理由

本部门处理意见

签字：　　　　日期：

人力资源部处理意见

签字：　　　　日期：

绩效管理团队处理意见

签字：　　　　日期：

申诉人最终意见

签字：　　　　日期：

填写员工绩效申诉表时需要注意如下事项。

（1）对"绩效申诉事件"的描述应简明扼要，有多个绩效申诉事件的，在一张表中列举清楚。绩效申诉事件并不一定是与绩效申诉人直接相关的事件，也可以是绩效申诉人发现的绩效管理中的其他不公正事件。

（2）"绩效申诉理由"处填写绩效申诉人对绩效事件申诉的具体原因以及相关的事实证据。写不下的事实证据可以附在绩效申诉表后，并在此项中注明附件都包含哪些内容。

（3）如果绩效申诉人没有经过本部门而直接找到人力资源部，则"本部门处理意见"处可以不填。如果绩效申诉人是先经过本部门内的沟通再找到人力资源部的，则"本部门处理意见"处应当注明本部门的具体意见。

（4）员工绩效申诉表一式三份，第一份由人力资源部存档，第二份由绩效申诉人直属上级存档，第三份由绩效申诉人存档。

8.3.3　绩效申诉处理技巧

人力资源部在处理绩效申诉事件时，要注意如下技巧。

1. 注意保密性

为了对绩效申诉事件和绩效申诉人进行保密，人力资源部在进行绩效申诉调查时应调查一类事件而不是一个事件。有时候为了避免绩效申诉调查给部门管理者带来的心理冲击，人力资源部可以借随机抽查或检查绩效评价的名义开展绩效申诉事件的调查。

案例

某部门共有 15 名员工。某次绩效考核结束后，员工小王直接到人力资源部提出绩效申诉，说该部门的管理者李总对他的绩效评价不客观，李总偏袒部门内部另外一位同事小刘。据他了解，小刘和李总之间存在亲属关系。

这种情况下，人力资源部在调查时，不能就事论事地仅调查李总对小王的绩效评价是否客观，而是要调查李总对整个部门所有人的绩效评价是否客观，李总与小刘之间到底是否存在亲属关系，这种关系是否影响了李总绩效评价的客观性。

2. 多种渠道求证

人力资源部在进行绩效申诉调查时，应当先与绩效申诉人进行面谈，了解具体的情况，再与其同事面谈，从侧面了解事实情况。同时，应了解绩效申诉人的直接领导的相关意见和看法。必要时，可以将调查范围拓展到供应商、经销商或客户等外部人员。

人力资源部对绩效申诉的调查应主要集中于对事实和对申诉项目的核查，结合绩效申诉人的意见和调查实际情况，对问题发生的具体原因进行分析，并综合调查结果，与相关人员再次面谈。

案例 ————————————————————————

　　某企业销售部的业务员小张在某次绩效考核结果出来后到人力资源部申诉，说销售部管理者孙经理对他的某一项主观评价的分数过低。

　　该项绩效考核指标的定义是客户对业务员的评价情况。据小张的描述，孙经理没有了解过客户的情况，仅凭个人对员工的主观感受进行评分，小张因为某个事件得罪了孙经理，孙经理是故意给小张低分的。

　　人力资源部对整个销售部的绩效评价展开调查，分别约谈了该部门的所有员工和管理者孙经理。为了进一步验证小张描述的该项绩效指标评价的公正性，人力资源部还通过电话访谈的形式与一部分客户进行了交流，最终掌握了事实情况。

3. 多种处理方式

　　有时即使企业做得再好，绩效考核中也难免会有一定的主观因素。有时候员工只是因为考核人对自己的主观评分比较低而情绪失控。很多情况下，员工进行绩效申诉的目的并非真的需要一个明确的说法，只是情绪上比较激动，借此渠道进行发泄而已。

　　人力资源部在经过调查后发现考核人的主观评价具有公正性，绩效申诉人的理由并不充分时，要对绩效申诉人进行思想开导，向他说明事实情况，以取得绩效申诉人的理解。

案例 ————————————————————————

　　小王是某企业某部门的员工，该部门一共有 5 名员工。在年终绩效考评中，该部门负责人在工作表现这一项上给小王的评价是 C。小王对此非常气愤，直接找到了人力资源部进行绩效申诉。

　　经过人力资源部的详细调查和多方了解之后，发现小王日常的工作态度、积极性、主动性和团队凝聚力都比较差。好几次部门集中攻克项目，需要整个部门人员加班时，小王都找理由拒绝，后来有同事发现他并没有要紧的事，只是去看电影或玩游戏了。

　　在调查出结果后，人力资源部的绩效专员小周约谈了小王，向他说明了所掌握的他日常工作的一些行为。小周对小王做了一番思想工作之后，小王渐渐意识到了是自己的工作态度有问题。

后来，小周安排小王与企业的其他几名工作态度存在问题的同事一起参加了一次职业教育和心态调整的系列培训课程，取得了较好的培训效果。这次培训不仅解决了绩效申诉，也解决了绩效问题。

8.3.4　绩效申诉注意事项

企业在建立和健全绩效申诉机制、处理绩效申诉时，要注意如下事项。

1. 保持信息对称

绩效分歧和绩效申诉常常是由于信息不对称造成的。可能是考核人在对被考核人评价的时候没有沟通、没有反馈，绩效管理运行过程中也不做绩效辅导，导致被考核人要想知晓自己绩效结果评判的来源和依据只能靠猜测和想象。

因此，在建立绩效管理体系时，要注意绩效相关信息的通畅性，强化绩效沟通，保证考核人与被考核人之间信息的对等性。为此，企业也可以在内网中建立信息交互的平台，以保证被考核人能够随时监测自己的绩效情况。

2. 以事实为依据

被考核人不接受不以事实为依据的绩效评价，这种评价造成的绩效申诉也在情理之中。即使是绩效结果中的主观评价，也应当以事实为依据。利用被考核人的关键事件，可以实现对被考核人基于客观事实的评价。

3. 及时反馈沟通

人力资源部或者考核人在处理绩效申诉时，应及时给予绩效申诉人反馈，及时告知绩效申诉人处理进展或者处理结果。对于企业其他员工可能存在的误解，可以形成书面的通知或说明并及时向企业员工传达。

4. 及时反省改进

对于绩效申诉过程中反映出来的企业经营上、管理上、流程上、制度上的问题，人力资源部应当反馈给企业相关管理层，及时进行改进和修正。

【疑难问题】绩效管理应重视过程还是结果

很多企业的管理者最常对下属说的一句话是："我不管你怎么做，我只要结果！"这就造成了以结果为导向的理论体系的快速形成。该理论体系强调结果的力量，一切以结果为主。

然而，有人说以结果为主不对，如果没有过程，哪里来的结果？如果企业把精力都放在追求结果上了，对过程不管不问，那么必然会使得管理者采取不考虑未来的短视行为。管理者可能为了结果而不惜牺牲未来长远的发展。而且没有过程中的调整、纠偏、修正等一系列管理行为，很可能最后的结果并不是企业想要的，所以过程的管理才是重要的。

那么，绩效管理到底应该重视过程，还是应该重视结果呢？其实这个问题并没有标准的答案，但如果只是过分强调一方面而忽略另一方面，那肯定就是错的。

案例

某大学生研究生招考信息公布后，甲某对自己的儿子说："孩子，好好准备一下！你一定要考上这个学校的研究生！你要是考不上，就不要回来见我！"然后甲某就不再干涉自己儿子备考的事了。甲某的这种管理方式就是结果管理。

乙某也希望自己的孩子能考上这所大学的研究生，于是他给儿子报了一个考研辅导班，每天给儿子做好吃的，每天都关心和询问儿子的学习进展，和儿子一起研究这所学校研究生考试的考点。乙某的这种管理方式就是过程管理。

可是最后甲某和乙某的孩子都没有考上该校的研究生。

甲某过分强调结果，对儿子平时的学习不闻不问，缺失了过程管控。儿子其实并没有认真备考，甲某却全然不知。

乙某过分注重过程的准备，缺乏对儿子结果意识和目标意识的培养，儿子觉得自己只要努力就好了，结果似乎并没有那么重要。

其实，在绩效管理中，结果和过程是相辅相成的，谁也离不开谁，没有谁比谁更重要，两者都不能被刻意忽略或轻视。好的结果需要好的过程来支持，好的过程也需要好的结果来证明。所以在绩效管理过程中，既要重视过程，也要重视结果。

对绩效管理过程，主要体现在对以下方面的审视和重视。

- 企业文化氛围是否和谐，是否有利于员工的成长。
- 组织机构、岗位设置的安排是否有利于完成任务。
- 员工工作过程中的积极性、努力程度和工作态度如何。
- 员工工作的技能水平和熟练程度以及工作方法如何。
- 员工工作中用到的流程、工具等是否具备有效性。
- 员工的工作环境和工作条件是否有利于完成任务。
- 对员工素质和能力的评判是否具备客观性和有效性。

- 绩效管理过程中是否有足够的绩效辅导和沟通。

对绩效管理结果，主要体现在对以下方面的审视和重视。

- 企业文化氛围中，员工是否对结果足够重视。
- 企业是否明确表示了对绩效结果的充分重视。
- 绩效结果是否会对员工的切身利益产生足够的影响。
- 绩效结果表现差的员工是否能获得相应的负激励。

绩效管理从来都不是目的，而是手段，是企业实现自身经营目标的一种方法。企业在实施绩效管理的过程中应更重视过程还是更重视结果，需根据企业所处的阶段、想要营造的价值观和企业当前的具体情况决定。有利于企业发展的、有利于企业战略目标实现的，就是适合的绩效管理方式。

【实战案例】绩效结果在股票期权中的应用

股票期权是上市公司最常见的长期激励方式之一。股票期权是公司授予员工的，股票来源主要是定向发行，员工可以在未来一段时间内按约定价格行权。

股票期权的行权价格，接近于股权激励计划公布时公司股票的市场价格。激励对象达成预先设定的某种考核条件后，即可获得行权的权利。

1. 股票期权激励的优点

股票期权激励的优点主要包括以下 4 点。

- 公司股价上涨空间越大，激励对象的潜在收益越高。
- 激励对象获得的收益来源于市场，公司无财务压力。
- 公司在激励对象行权前无须支付成本。
- 审核风险小。

2. 股票期权激励的缺点

股票期权激励的缺点主要包括以下 3 点。

- 不适合当前估值水平偏高的上市公司（行权价格为股权激励计划草案公布时的股票市场价格）。
- 激励对象行权后不能立即抛售股票，如果股价下跌，激励对象将遭受损失。
- 如果股票市场缺乏有效性，股价不能真实反映企业的价值，则股权激励计划可能会以失败告终。

3. 股票期权激励的关注重点

股票期权激励的关注重点主要包括以下 3 点。

（1）股票来源。

一般上市公司的股票期权计划的股票绝大多数来源于定向发行。同时，股票期权的适用面更广，对公司的限制条件较少，能够为公司融入资金。

（2）行权价格。

《上市公司股权激励管理办法》（证监会令第 148 号，2018 年 8 月 15 日修订）的规定如下。

第二十九条　上市公司在授予激励对象股票期权时，应当确定行权价格或者行权价格的确定方法。行权价格不得低于股票票面金额，且原则上不得低于下列价格较高者：

（一）股权激励计划草案公布前 1 个交易日的公司股票交易均价；

（二）股权激励计划草案公布前 20 个交易日、60 个交易日或者 120 个交易日的公司股票交易均价之一。

上市公司采用其他方法确定行权价格的，应当在股权激励计划中对定价依据及定价方式作出说明。

（3）授予及行权。

股票期权的授予、锁定、行权等时间安排应结合公司的实际经营情况，使激励对象能够在公司绩效较好、股价较高的时间段内转让股票。

授予、行权的业绩考核条件一般包括 2 ～ 3 个业绩指标，业绩指标应当结合公司和市场的实际情况合理制订，同时考虑公司股东的接受程度。

案例

某主营业务包括高科技、影视剧制作、投资管理、互联网金融的上市公司采取的股权激励计划内容如下。

1. 基本模式

授予激励对象 1 252 万份股票，占公司总股本的 5.59%。其中预留 125 万份，占本次股权激励计划总数的 9.98%。

2. 股票来源

向激励对象定向发行股票。

3. 有效期

自首次授予股票期权的授予日起不超过 5 年，每份股票期权有效期为 4 年。

4. 激励对象

首次授予共 199 人，包括高级管理人员、核心业务及技术人员；预留部分包括公司新进核心业务及技术人员与管理骨干。

5. 行权和考核条件

首次授予部分（预留部分）各行权期前一年度加权平均净资产收益率分别不低于 7.43%（7.87%）、7.87%（8.30%）、8.30%（8.70%）。

各年度扣除非经常性损益后的净利润增长情况如下（括号为预留部分的条件）。

第一个行权期前一年度公司经审计的净利润较期权授予日前一年度公司经审计的净利润增长率不低于 15%（32.25%）。

第二个行权期前一年度公司经审计的净利润较期权授予日前一年度公司经审计的净利润增长率不低于 32.25%（52.08%）。

第三个行权期前一年度公司经审计的净利润较期权授予日前一年度公司经审计的净利润增长率不低于 52.08%（74.90%）。

【实战案例】绩效结果在限制性股票中的应用

限制性股票是另一种上市公司比较常见的长期激励方式。

对于股票来源为回购股票的限制性股票激励计划，一般是公司从二级市场中回购股票，并无偿赠予或折价转让给激励对象。对于股票来源为定向发行的限制性股票激励计划，一般是公司以一定的价格向激励对象定向发行股票。

对于两种不同股票来源的限制性股票，激励对象达到预先设定的考核条件后，方可出售该限制性股票。

1. 限制性股票激励的优点

对于股票来源为回购股票的限制性股票激励计划，优点包括如下内容。

- 授予价格无特别限制，增大了激励计划的灵活性和操作空间。
- 若采取无偿赠予，则激励对象不需要付出成本。
- 激励对象的资金压力较小，激励效果较好。
- 激励方式可以不改变公司的股本结构，不摊薄原股东权益。

对于股票来源为定向发行的限制性股票激励计划，优点包括如下内容。

- 基准价格较低，激励对象需要支付较少的资金成本，激励效果较好。

- 激励收益来源于市场，公司无财务压力。

2. 限制性股票激励的缺点

对于股票来源为回购股票的限制性股票激励计划，缺点包括如下内容。

- 回购股票对公司的财务压力较大。
- 回购股票的资金成本由股东共同承担。
- 影响公司的业绩数据。

对于股票来源为定向发行的限制性股票激励计划，缺点包括如下内容。

- 激励对象需要在计划实施时出资认购，但同时承担锁定期后股价下跌的风险。
- 股份来源于增发，对公司原有股权有一定的稀释作用。

3. 限制性股票激励的关注重点

（1）股票来源。

市场上常见的限制性股票激励计划中，股票来源少量为大股东转让（存量），主流形式为公司提取激励基金回购股票（存量）和定向发行（增量）。

（2）授予价格。

若股票来源为回购股票（存量），需按照《中华人民共和国公司法》关于回购股票的相关规定执行，授予价格并没有特殊限制。

若股票来源为定向发行（增量），则需要根据以下规定确定授予价格。

《上市公司股权激励管理办法》（证监会令第 148 号，2018 年 8 月 15 日修订）的规定如下。

第二十三条 上市公司在授予激励对象限制性股票时，应当确定授予价格或授予价格的确定方法。授予价格不得低于股票票面金额，且原则上不得低于下列价格较高者：

（一）股权激励计划草案公布前 1 个交易日的公司股票交易均价的 50%；

（二）股权激励计划草案公布前 20 个交易日、60 个交易日或者 120 个交易日的公司股票交易均价之一的 50%。

上市公司采用其他方法确定限制性股票授予价格的，应当在股权激励计划中对定价依据及定价方式作出说明。

（3）授予及行权。

由于限制性股票通常为一次性授予，分期解锁，股票一旦授予，激励对象可以享受持有期（含锁定期和解锁期）内分红派息的收益及股东大会投票权，且股票套现时间的自主性较强，因此锁定期和解锁期等时间安排比股票期权的灵活。

授予、行权的业绩考核条件应当在考虑股东接受程度的前提下，结合公司和市场的实际情况确定。

📖 案例 —————————————————————

某国资上市公司推行限制性股票激励计划，于2014年3月接连推出非公开发行预案，拟募集资金11亿元，开始新一轮扩张计划。

1. 基本模式

该上市公司共授予激励对象725.4万份限制性股票，占公司股本总额的0.88%。

2. 股票来源

向激励对象定向发行股票。

3. 股票价格

5.46元/股，为授予价格基准的50%。

4. 有效期

有效期为5年，包括锁定期2年和解锁期3年。禁售期结束后，激励对象可在解锁期内按每年40%、30%、30%的解锁比例分批逐年解锁，实际可解锁数量应与激励对象上一年度绩效评价结果挂钩。

5. 激励对象

激励对象共涉及114人，包括公司董事，高级管理人员，对公司经营业绩和未来发展有直接影响的核心业务、技术和管理岗位的骨干员工。

6. 行权和考核条件

在第一个解锁期内，扣除非经常性损益后的加权平均净资产收益率不低于6.5%，2013—2015年度营业收入三年复合增长率不低于20%，2015年度扣除非经常性损益后的净利润不低于14 527万元，肉和肉制品收入占营业收入的比例不低于55%。

在第二个解锁期内，扣除非经常性损益后的加权平均净资产收益率不低于6.8%，2014—2016年度营业收入三年复合增长率不低于20%，2016年度扣除非经常性损益后的净利润不低于16 560万元，肉和肉制品收入占营业收入的比例不低于58%。

在第三个解锁期内，扣除非经常性损益后的加权平均净资产收益率不低于7.0%，2015—2017年度营业收入三年复合增长率不低于20%，2017年度扣除非经常性损益后的净利润不低于18 827万元，肉和肉制品收入占营业收入的比例不低于60%。

【实战案例】绩效结果在虚拟股票中的应用

虚拟股票是非上市公司中比较常见的长期激励方式。

虚拟股权因不涉及公司真正股权的变更，操作时又具备实际股权的权益，行权和除权比较灵活，所以被许多企业采用。尤其是随着华为的崛起，华为的虚拟股权计划被越来越多的企业了解并认可。

企业在设置虚拟股权时，可以按照如下步骤执行。

1. 确立激励对象范围

企业首先要明确虚拟股票准备发放和激励的对象是哪类人群，是企业的某类范围的核心人才，还是司龄达到一定年限的人员，或者是全体员工。

除了人员较少的创业期企业，一般不建议人数规模超过 100 人、进入成长期的企业将激励对象定为全体员工，或根据司龄划分享受人员的范围。即使是一直强调自己 100% 由员工持有的华为，其准确的表达是华为股份 100% 为员工持有，不是 100% 的员工持有华为股份。

和短期激励的原理一样，股权激励的目的也同样应聚焦于结果，以结果为导向。对于个体员工来说，结果一般指的是绩效，而不是工作年限、资历长短、学历高低、综合素质高低或者其他与绩效不直接相关的事项。

2. 明确持股数量变化规则

虚拟股票的持股数量变化应有一定的规则，如当员工达到什么条件时，应持有多少虚拟股票。确定持有虚拟股票的数量都与哪些因素有关，最常见的相关因素有绩效和职位。如果企业考虑员工的稳定性，也可以加入司龄因素。

📖 **案例** ————————————————————————

某企业规定，根据员工的绩效和职务，员工每年可购买的虚拟股票的数量上限的规则如表 8-21 所示。

根据表 8-21 所示的规则，每年随着员工职务、绩效的变化，员工可购买的虚拟股票的数量上限也会随之变化。

一般来说，员工离职后，其享受的虚拟股票也自动消失。对于员工的正常离职，企业设置的规则可以是将虚拟股票折算成现金发放，也可以按照员工上一年的出勤时间，以年终分红的形式折算成分红奖金发放；对于员工的非正常离职，如在任职过程中出现重大错误或者违反企业规章制度行为的，可以另行规定。

表8-21　某企业员工可购买的虚拟股票数量上限与绩效和职务的关系规则　　单位：股

职务	绩效			
	A	B	C	D
副总经理	15 000	10 000	5 000	0
总监	12 000	8 000	4 000	0
经理	9 000	6 000	3 000	0
主管	6 000	4 000	2 000	0
员工	3 000	2 000	1 000	0

3. 确定股权分红办法

企业内部应先设立股权分红基金，根据企业业绩的完成情况，参照分红基金，制订股权提取和分红计划。一般来说，分红基金提取与净利润和年终奖有关。

案例

某企业年终虚拟股权分红基金方案的测算方法是根据企业上一年度的年终奖金和净利润，用1～2的调整比例，测算分红基金的比例和分红额，再呈报企业的决策层决定。

该企业某年度的净利润为1亿元，当年发放员工的年终奖金为1 000万元，年终奖金与净利润的比值为0.1。

则该年度分红基金比例的最高值为0.1×2=0.2。

分红基金比例的中间值为0.1×1.5=0.15。

分红基金比例的最低值为0.1×1=0.1。

呈报决策层的虚拟股权分红基金方案如表8-22所示。

表8-22　虚拟股权分红基金方案

类别	最低值	中间值	最高值
分红基金比例	10%	15%	20%
分红基金额（万元）	1 000	1 500	2 000

实务中，企业为了减少每年经营业绩的波动对员工分红的影响，平滑员工每年的总收入，可以适当延期分红。如每年发放分红基金的80%，剩下的20%结转到下一年发放。每年按此方式滚动计算实际发放的分红基金。

4. 确定每股分红金额

虚拟股权的每股分红金额计算公式如下。

虚拟股权的每股分红金额 = 当年拟发放的分红基金 ÷ 拟参与分红的虚拟股权总数

不同员工应发分红的计算公式如下。

员工应发分红 = 员工持有参与分红的虚拟股权总数 × 虚拟股权的每股分红金额

案例

某企业年终拟发放分红 100 万元，参与分红的虚拟股权总数为 10 万股，张三拥有虚拟股权 0.8 万股，则张三当年应发的虚拟股权分红 =100÷10×0.8=8（万元）。

5. 确立虚拟股权制度

按照以上 4 步的思路，根据企业的年终奖制度和对企业业绩的预估模拟计算后，进一步细化形成可操作实施的流程，形成虚拟股权制度草案，报企业决策层决定。虚拟股权制度审核通过后，要传达给整个企业的员工。在制度实施的过程中，保证员工知悉并持续参与，做好评估改进工作。

第 9 章

VUCA 时代的绩效管理

随着世界经济形势的风云变幻，互联网、大数据、人工智能等技术的迅猛发展，全球的商业环境正在发生着迅速而深远的变化。宝洁公司（Procter & Gamble）首席运营官罗伯特·麦克唐纳（Robert McDonald）曾经描述这一新的商业世界格局："这是一个 VUCA 的世界。"

9.1　VUCA 时代绩效管理的特点

VUCA 是 4 个英文单词首字母的缩写。

V（Volatility，易变性），可以理解为变化是时代的主题，经济环境、市场环境和企业之间不断发生的一系列变化反而会成为一种常态现象，而且由变化引发或催化出的变化将会更加迅速地产生新的变化。

U（Uncertainty，不确定性），可以理解为经济环境、市场环境和企业由于变化引发的一系列事件，将会越来越难以被预先发现和提前准备。人们越来越难以预测未来市场一定会朝哪个方向发展，难以预测某个产业或企业未来一定会发生什么。

C（Complexity，复杂性），可以理解为经济环境和市场环境将会变得非常复杂，企业可能会受到来自不同类型、不同领域、不同因素的各类事件的影响。企业将面临的许多问题，可能是从来没有想象过或发生过的。

A（Ambiguity，模糊性），可以理解为经济环境和市场环境中事件发生的因果关系已经变得越来越模糊，不那么容易被推测。同时，行业或产业的边界也将会变得越来越模糊不清，不像工业时代那样泾渭分明。

传统时代的产品开发过程是调研、设计、验证、量产再推向市场，整个过程通常漫长而持久，有的产品从设计到最终形成需要长达 10 年的时间。许多产品在还没有上市之前就宣布夭折，即使是最终能够上市的产品，也很难保证产品的成功率。

在 VUCA 时代，产品的开发设计理念要变换，企业需要去寻找和创造最小化可行产品（Minimum Viable Product，MVP），进行产品的快速迭代。通过 MVP，企业可以更快速地进入市场，更快速地接触客户，并得到客户的反馈。通过市场和客户提前的反馈，在产品还没有上市之前，就不断修改产品的设计，并不断地进行迭代开发，从而极大地降低了企业的试错成本。

VUCA 时代的企业，将会是全职员工、自由职业者和机器人之间相互协作的企业。工作岗位可能会被分解成不同的工作内容模块，工作岗位本身也将发生快速的变化，不断地会有工作岗位消失，同时也会不断地产生一些新的岗位。

市场的 VUCA 造成企业的 VUCA。企业的 VUCA 造成企业人力资源工作的

VUCA。企业的人力资源管理将变得更加复杂、更加开放。这对于人力资源管理者来说，既是难题，又是挑战，更是机遇。

变化的新常态造成了传统绩效管理中制订企业的 1 年计划、3 年规划和 5 年方向的做法已不适用，企业可能不到 1 年就要重新审视市场变化，重新制订新的战略和策略。在这种情况下，绩效管理也不能再刻板地坚持简单的量化指标而不变化。

绩效管理中的目标要变得更加有弹性，绩效管理过程中的沟通、辅导、反馈应当变得更加频繁。传统"年初定目标，年底看结果"的落后绩效考核思想和模式已不适用于 VUCA 时代。

VUCA 时代的绩效管理与传统的绩效管理方式的变化如表 9-1 所示。

表 9-1　VUCA 时代的绩效管理与传统的绩效管理方式的变化

分类	VUCA 时代的绩效管理	传统的绩效管理
管理逻辑	市场需要员工做的事	企业需要员工做的事
管理导向	导向产出	导向结果
管理结果	不直接与薪酬奖罚挂钩	直接反映在薪酬奖罚上

传统的绩效管理是企业需要员工做某类事情，这些事情来自自上而下的指标和工作分解。即使过程中有自下而上的沟通，但最终的目标通常也会以上层的意见为准，员工个人的自主权很小。

在 VUCA 时代，瞬息万变的市场环境让人难以预料，今天朝这个方向走还是康庄大道，明天就有可能变成万丈深渊。这时候，来自企业顶层的决策和变化将会是缓慢的，等来自顶层的变化传递给员工时，可能为时已晚。最好的方法是让员工掌握一定的主动权，根据市场的变化及时调整、修正工作内容和结果。

2006 年，华为在苏丹的项目惨败，输在竞争对手的解决方案充分考虑了为客户降低运营成本（为客户创造价值）。然而，华为客户线的人员本来在与客户的交流中获取了这点信息，但却没有把信息有效传递给产品人员，而错失良机。

痛定思痛，华为苏丹代表处在随后的工作中慢慢总结出了"铁三角"运作模式，并推广到全公司。"铁三角"运作模式也就是由客户经理、解决方案的专家和交付专家共同组成工作小组，深度了解客户需求，有效提高客户信任，形成良好的客户服务、产品交付和回款能力。

"铁三角"的精髓是华为为了达成目标，打破部门的壁垒，形成以项目为中心的团队运作模式。"铁三角"存在于华为的各领域、各环节，"三角"只是一个形象的说法，不能简单地理解为三方。为了形成以客户和产品为中心的模式，四角、五角、N 角都是可能的。

华为总结出自身的问题之后，2009 年 1 月，总裁任正非在一次讲话中指出：让听得见炮声的人呼唤炮火！"应该在前线一发现目标和机会时就能及时发挥作用，提供有效的支持，而不是拥有资源的人来指挥战争、拥兵自重。"

传统绩效管理中的企业更注重结果的输出，一切以结果为导向，并且为了实现企业想要的结果，把员工绩效管理的结果直接反映在薪酬或奖罚上。绩效管理变成了一种对员工行为的束缚，而不是对员工意愿的激发。

VUCA 时代的绩效管理并不是不重视结果，而是把仅重视结果，变成更重视岗位的产出和实际为企业创造的价值。在 VUCA 时代，企业对优秀人才的竞争会变得异常激烈，对人才的绩效激励已经不是单纯地与薪酬或奖罚挂钩，而更多的是在精神层面上。

9.2 从绩效管理到绩效引导

在 VUCA 时代，自由人的价值将会被迅速地扩大。在每个领域中，处在上层的顶尖人才将会成为所有企业竞相争抢的宝贵资源。这些人才也将有可能同时为不同的企业服务，实现自己的价值。

对于企业来说，招聘不到优秀的人才、优秀人才的离职或者优秀人才不受企业的控制可能会成为企业人力资源管理最大的问题。在 VUCA 时代，企业管理者和人力资源管理者可能不禁要问，人才还能够被管理吗？

事实上，员工之所以能够被管理，是因为员工心中的"怕"，怕丢掉工作、怕没有收入、怕工作不稳定、怕没有安全感。基于员工的"怕"，让员工接受企业的各类制度，接受企业的各项管理。

人才将很难被管理，取而代之的是被激发、被说服和被引导。激发、说服和引导人才靠的不是传统企业中的上下级关系，而是管理者的领导力和影响力。因此，在 VUCA 时代，对企业管理层的领导力和影响力的培训变得格外重要。

据不完全统计，员工离职的原因中，有超过 30% 的原因来源于员工的直属上级。其中最大的原因是直属上级缺乏与员工的沟通，这种沟通包括工作上的指导、对下属的培养以及一些必要的信任和授权。

在未来的绩效管理中，管理者不仅要做绩效的评价人，更应当变成绩效改进的教练。教练是能够引导下属成功的人，而不是只想着怎么管理下属的人；教练应当让优秀的下属脱颖而出，而不是压制他们的发展；教练应当把自己的所知、所学、所得的经验无条件地传授给下属，而不是隐藏能力，不教下属。

成年人学习和成长的特点决定了他们不会在听别人讲一些大道理之后就轻易改变自身的行为。要让成年人改变行为，需要从思想上进行引导。所以在绩效沟通的过程中，部门管理者或者人力资源管理者不应过多地陈述道理，而应当通过提出问题，提高员工的积极性、主动性和参与感，让员工能够认知到自身的优势、劣势以及待改进的方面，激发员工主动改变行为的意愿。

在管理者角色的转变过程中，人力资源管理者的角色也应当由原来的管理者、服务者转变为咨询师。在当下许多企业的绩效管理实务中，人力资源管理者更多的是充当管理者和服务者的角色，负责解决绩效管理的相关问题、信息整理、数据计算、数据分析等工作，而未来绩效管理更需要的是人力资源管理者能够成为内部的咨询顾问。

人力资源管理者要能够引导高层管理者、中基层管理者和员工认清绩效管理的价值；要能够提供适合企业的、有效的绩效管理工具，并引导该工具的实施落地；要能够帮助和引导各层级管理者转变为教练的角色。

总之，在 VUCA 时代，绩效管理的关键不在于管理，而在于引导。

9.3　绩效管理的游戏化转变

不论是新兴产业还是传统产业，未来都会开始追求游戏化的管理，同样，绩效管理也会向游戏化转变。企业管理游戏化的转变，首先是企业与外部顾客之间的游戏化，其次是企业与内部员工之间的游戏化。

企业与外部顾客之间的游戏化，是让顾客像玩游戏一样主动购买企业的产品或服务，产生重复购买，或者推荐其他顾客购买；企业与内部员工之间的游戏化，是企业让内部员工像玩游戏一样对工作产生黏性。

企业对外部顾客的游戏化，可以采用客户管理系统（Customer Relationship Management，CRM），该系统的关键是以客户为中心；企业对内部员工的游戏化，可以采用角色扮演系统（Role-playing game，RPG），该系统的关键是以员工为中心。

不论是企业对外部顾客的游戏化，还是对内部员工的游戏化，都将用到游戏化的基本框架原则，即 GAME 法则。

G（Goal），指的是具有明确的目标。

A（Allow），指的是具有明确的规则。

M（Medal），指的是过程中具有一定的嘉奖和荣誉。

E（Echo），指的是即时的反馈、强烈的互动和心理上的共鸣。

在企业对外部顾客的游戏化中，GAME 原则可以做如下应用。

（1）给顾客设定经验值或等级（G）。例如，顾客一共可以分成多少个等级，满级的经验值一共是多少。

（2）顾客的经验值或等级提升有明确的规则（A）。例如，顾客每消费 N 元，奖励 N 点经验值，每 N 点经验值就可以晋升 1 级。

（3）不同的顾客等级对应着不同的客户特权（M）。例如，铂金会员可以享受 8 折优惠，黄金会员可以享受 9 折优惠，白银会员可以享受 9.5 折优惠，非会员只能全价购买。

（4）与顾客之间深度互动，顾客的分享或者建议可以提高经验值（E）。例如，顾客每分享 N 次，奖励 N 点经验值；企业社群定期推出各类顾客可以参与的交流活动；顾客推荐其他顾客注册，双方可以享受某次优惠活动等。

在企业对内部员工的游戏化中，同样可以参考对外部顾客的游戏化，实施 GAME 原则，内容如下。

（1）制订岗位的经验值和岗位等级，或者制订岗位的日常工作任务、月度任务、年度任务或者加分任务等任务体系（G）。例如，企业的所有岗位一共分成 N 个等级，每个等级对应不同的经验值；或者每个岗位对应不同的任务。

（2）制订获得经验值和晋升的具体规则和条件限制（A）。例如，某岗位在完成某工作任务后，加 N 点经验值；当拥有多少点经验值之后，岗位升 1 级。

（3）不同的员工等级对应不同的员工薪酬或福利标准（M）。例如，5 级的员工薪酬水平可以达到每月 1 万元，6 级员工的薪酬水平可以达到每月 1.5 万元；员工拿 N 点经验值可以换取某份员工福利。

（4）鼓励员工之间相互协作（E）。例如，当员工提升等级或经验值的时候，直属上级同样会提升经验值；某员工可以分享负责的任务的经验值来寻求同事的帮助；直属上级接到企业的某大型项目时，可以自由分配一部分经验值给团队成员。

9.4 绩效沟通形式丰富多彩

在 VUCA 时代，绩效管理过程中的沟通显得更加重要，绩效计划过程的沟通、绩效辅导过程的沟通、绩效结果阶段性反馈的沟通更深刻地影响着绩效管理最终能否获得成功。沟通的质量对员工绩效质量起着前所未有的关键作用。

随着移动互联方式的进一步发展，管理层领导力和影响力的提升，绩效沟通的形式将会变得越来越多样、越来越非正式。沟通已经不限于开会或者一对一的交流，在社交媒体、移动互联、企业社群这些非正式的沟通中，绩效管理的沟通处处可见。

绩效沟通可以与科技的发展衔接，随着云技术的发展，绩效沟通的全过程可能会实现随时互联、随时记录、云端提取。甚至有人说，区块链技术（Blockchain Technology）将会改变绩效管理中信息的传输方式，让沟通变得更加直接和纯粹。

使用区块链技术的去中心化后，绩效管理天然就具备 360 度测评的特点。每个人都可以通过查看他人的绩效信息对他人进行绩效沟通和评价，最终通过计算机算法来综合得出每个人的绩效结果，这时候的绩效管理成绩就是相对公平的。

使用区块链技术后，对应的绩效薪酬也将是完全根据员工的贡献度发放的。和岗位工作相关的每个人都可以根据绩效信息给对方定义绩效薪酬，最终通过算法自动确定员工的绩效薪酬。当然，这要求每名员工的绩效信息能够体现其工作的价值和难度。

在一些科幻题材的影视作品中，已经出现了许多未来世界万物互联之后，人与人之间可以互相评价、互相打分的情景。好比客户对网约车或者对外卖送餐人员的即时评价变成了全社会每个有关联的人之间可以相互进行的行为，在工作行为中更是这样。

下属小王上岗后，直属上级陈经理与其沟通确定工作任务和标准之后，小王开始当下的工作。当工作过程中小王超出预期、达到比较好的结果时，陈经理会立刻给予其行为的正面评价或者对应分数的奖励；当小王的行为在纠正多次仍有偏差时，陈经理也会对其行为做出一定的负面评价或者对应分数的扣减。不论是正面评价还是负面评价，都配有具体的记录和说明。

因为这一过程是通过发达的信息系统完成的，所以相对于还在用纸媒记录和沟通的企业来说，并不需要直属上级为此付出太多的行为成本，就能够即时实现对员工绩效结果的沟通和反馈，让员工的行为得到更快的改善，同时让绩效过程得到更简单、更快速和更准确的记录。

9.5　能力培养将会成为主题

关键岗位的胜任问题和继任问题在未来应当成为人力资源管理重点关注的方向，对人才能力的快速培养将成为改善企业绩效水平的有效方式。把人才的培养体系、发展体系与绩效管理相结合，将会大大提高员工的表现，提升企业的人才效率和运营效率。

企业可以向足球俱乐部学习人才的培养方式。足球俱乐部每过几年，就会诞生出一批球星，同时也会有一批球星退役。有的足球俱乐部孕育球星、盛产球星，但是不依赖球星。而有的足球俱乐部可能聘请了很多球星，却无法取得比赛的胜利和获得球迷的认可。

亚历克斯·弗格森爵士（Sir Alex Ferguson）在 1986 年成为英格兰曼彻斯特联足球俱乐部（以下简称"曼联队"）主教练。在之后长达 27 年的时间里，弗格森率领曼联队共参加 1 500 场比赛，取得 895 场胜利，夺得 13 次英超联赛冠军、2 次欧洲冠军联赛冠军、5 次英格兰足总杯冠军等 38 项冠军。

在 1998—1999 赛季时，弗格森率领曼联队实现"三冠王"的伟业，其个人在 1999 年被英国皇室授予下级勋位爵士。2012 年，弗格森爵士被国际足球历史和统计联合会（International Federation of Football history and Statistics，IFFHS）评为"21 世纪前十年最佳教练"。2013 年 5 月 19 日，72 岁的弗格森爵士在2012—2013 赛季英超联赛结束后正式退休。

在 2011 年，有一项全球性的调查显示，曼联队在全世界的球迷总数超过 3.5 亿人，约是英国人口总数的 5 倍，是当时世界上球迷最多的足球俱乐部。如果论赢球，尤文图斯、拜仁慕尼黑、阿贾克斯、切尔西等许多球队都不比曼联队差；论球星，像皇家马德里这类的球队更是大牌球星云集。

那么，曼联队是靠什么赢得了这么多球迷呢？

弗格森领导的曼联队，其影响力来源于在充满不确定性的足球运动项目中，给球迷一种确定性。这种确定性，不是曼联队一定会赢，而是曼联队在比赛 0 比 2 落后的情况下，总是有可能逆转，赢得比赛；曼联队在输掉一次比赛之后，总是有可能在下一次比赛中再赢回来，这给了球迷充分的信心。

弗格森率领的曼联队从不依赖球星，即使是大牌球星相继离开，他依然可以让曼联队在赛场上展示出竞争力。不管面临什么困境，不论遇到什么情况，曼联队都能让它的球迷相信，它永远是一支有能力冲击冠军的球队！

曼联传奇博比·罗布森（Bobby Robson）说："弗格森的秘诀是对队员们一视同仁。他证明了，无论是多好的球员，都不会在曼联拥有特权。"弗格森强调，足球竞技绝非靠引入球星来取得胜利那么简单。他说："我总是认为，如果你没有一支优秀的队伍，就不可能踢出一场优秀的比赛。"

弗格森有个外号叫"弗格森吹风机"。这个外号来源于他在中场休息的时候会冲进更衣室，像吹风机一样对着球员劈头盖脸地狂喷。即使是像大卫·贝克汉姆（David Beckham）、韦恩·鲁尼（Wayne Rooney）、瑞恩·吉格斯（Ryan Giggs）这样的知名球星，弗格森对他们的态度也完全一样。

2003年2月，在曼联队0比2不敌阿森纳后，弗格森在更衣室勃然大怒，严厉地批评了曼联队球员。当时弗格森与贝克汉姆在第二个丢球上起了争执，弗格森一脚踢飞了地上的一只球靴，这只球靴刚好击中了贝克汉姆的左侧眉骨，顿时血流如注。这一事件，被球迷称为"飞靴门"。

赛季结束后，贝克汉姆就到了皇家马德里队。虽然弗格森和贝克汉姆不欢而散，但当贝克汉姆谈起弗格森时，依旧充满了尊重地说："没有弗格森，就没有今天的我。在我十六七岁时，他就给了我机会，这些年我欠他太多。"

弗格森带给曼联队的最大成就，不仅是率领曼联队获得过的冠军头衔，更重要的是他为曼联队建立了一套完备的青年球员的训练体制。这些青年球员在后来的10年间，全都成了大牌球星。

在弗格森率领的曼联队，球员全都是他培养出来的。他非常重视对年轻人的培养，他把新秀培养成球星，很多更是成为了世界知名球星。对于那些通过外部引入的年轻球员，弗格森也能给他们最好的保护和引导，确保这些年轻人能够顺利成长为真正的球星。

9.6　绩效管理核心本质不变

绩效管理人员需要特别注意，不论是有人口中已经过时的KPI，或被一些人奉为未来绩效管理方向的OKR，还是被一些人叫作"经典永不过时"的MBO，又或者最近出现的一些新兴绩效管理工具，这些其实都是绩效管理工具层面的变换。

这些工具分别适用于不同的具体情况，如果能够得到正确的运用，它们的核心思路和运用逻辑都不会脱离绩效管理的基本框架，也不会影响到绩效管理的核心理念，更不会改变绩效管理的核心本质。

　　"治大国如烹小鲜"，企业绩效管理的过程就如同烹饪菜品的过程，不同的绩效管理工具就好比是不同的烹饪工具。

　　如烹饪时，烹饪者可以用电磁炉炒菜，也可以用天然气灶炒菜；可以用不粘锅炒菜，也可以用铁锅炒菜；可以用铁铲子炒菜，也可以用木铲子炒菜。烹饪者选择用什么工具炒菜，与当时所处的具体情况、用餐人员的接受程度以及成本或效率等多种因素相关。

　　炒菜工具在一定程度上会影响菜品的口味，但是不会影响炒菜的基本流程，炒菜要经历洗菜、切菜、炒制、调味、装盘等过程。不论用什么工具，都不会改变炒菜的最终目的——吃。

　　不论是传统的工业时代还是 VUCA 时代，绩效管理的本质和核心理念不会变。其最终的目标都是在实现企业目标的同时，实现员工的个人目标或个人成长，让企业和员工双方都能够获得价值，带来双赢的结果。

第 10 章

AI 时代的绩效管理

在人工智能（Artificial Intelligence，AI）时代，绩效管理领域发生了深刻的变化。绩效管理的核心任务不再只是局限于传统的目标设定、考核与奖惩，而是不断变得更加智能化、动态化和个性化。拥抱AI，企业可以不断创新和优化绩效管理模式，以适应时代发展和市场需求。同时，企业可以更关注员工的个人发展和成长，为员工提供更加公平、公正、有效的绩效管理环境。

10.1 AI 帮企业设定绩效目标

绩效目标关乎企业资源的合理配置，还影响着员工的动力与企业的长期战略方向。然而，随着市场环境日益复杂，传统的设定绩效目标的方法已逐渐显得力不从心。AI 凭借其强大的数据分析能力和模式识别技术，为企业设定绩效目标这项工作带来了全新的解决方案。

设定绩效目标的传统方法往往依赖于历史数据和经验判断。这种方法虽然简单易行，但在面对快速变化的市场环境时，其局限性逐渐显现。

它难以准确预测市场的未来发展趋势，也无法全面反映企业内部运营的实际情况。这导致企业在设定绩效目标时，往往只能根据过去的经验进行粗略估计，难以设定出既符合市场需求又能够激发员工积极性的目标。

AI 通过大数据分析能力和模式识别技术，为企业设定绩效目标这项工作提供了全新的思路和方法。具体来说，AI 在设定绩效目标这项工作中的应用主要体现在以下几个方面。

1．实时数据收集与分析

AI 能够实时收集和分析市场数据、竞争对手信息及企业内部运营数据。通过对这些数据的深入挖掘和分析，AI 能够发现市场潜在的机会和威胁，预测市场的未来发展趋势，从而使企业设定的绩效目标更加合理、科学。

2．智能化预测与模拟

AI 通过构建预测模型和模拟场景，能够对企业未来的运营情况进行预测、模拟和推演。通过这个过程，企业可以了解不同目标设定下可能出现的结果，识别潜在的风险和问题，从而设定出更加稳健、可行的绩效目标。

3．个性化目标设定

AI 还能够根据员工的个人能力和企业需求，为每个员工设定个性化的绩效目标。这种个性化的目标设定方式可以激发员工的积极性和创造力，提高企业的整体运营效率。通过 AI，企业可以更加精准地把握员工的需求和潜力，从而设定出更加符合实际、具有挑战性的绩效目标。

相比设定绩效目标的传统方法，AI 在设定绩效目标这项工作中具有以下优势。

（1）实时性与准确性

AI 能够实时收集和分析市场数据和企业内部数据，确保企业设定的绩效目标具有实时性和准确性。这有助于企业及时应对市场变化，调整战略目标，确保企业的长期发展。

（2）科学性与合理性

AI 通过大数据分析能力和模式识别技术，能够为企业设定更加科学、合理的绩效目标。这种绩效目标更符合市场需求，能激发员工的积极性和创造力，从而提高企业的整体运营效率。

（3）个性化与灵活性

AI 能够根据员工的个人能力和企业需求，为每个员工设定个性化的绩效目标。这种个性化的目标不但有助于提高员工的满意度和忠诚度，还能够提高企业的灵活性和适应性，使企业在竞争激烈的市场环境中保持竞争优势。

总之，AI 在设定绩效目标这项工作中的应用为企业带来了新的绩效管理方法。通过充分利用 AI 的优势，企业可以更加准确、科学地设定绩效目标，激发员工的积极性和创造力，提高企业的整体运营效率和市场竞争力。

10.2　AI 助力绩效监控和评估

除了在设定绩效目标这项工作中的应用外，AI 也可以被应用在绩效监控和评估等工作中。AI 的引入，可以极大地提升绩效管理的效率和准确性，进而为企业的发展提供强大的数据支撑和决策支持。

绩效监控和评估的传统方法往往依赖于人工收集和整理数据，这不仅耗时耗力，而且容易出错。通过引入 AI，数据的收集和分析将会实现自动化。

1. 实时收集和自动分析数据

通过智能化的绩效管理系统，企业可以实时收集员工的工作数据、业务成果及市场反馈等信息，并对这些数据进行深度分析和挖掘。

这种实时收集和分析数据的能力，使得管理者能够及时了解员工的工作状态和业务进展，发现问题并采取相应的措施。

同时，通过对大量数据的分析，管理者还能够发现潜在的市场机会和竞争态势，提早做出相应部署。

2．自动生成绩效报告

在 AI 的助力下，绩效管理系统可以自动生成各种绩效报告和数据分析结果。这些报告可以包含员工的绩效评分、排名和优缺点等信息，还可以提供详细的业务数据分析和市场趋势预测。

这些报告会以直观、易懂的方式呈现给管理者和员工，使得管理者和员工能够清晰地了解绩效状况和业务成果。

自动生成绩效报告可以减轻管理者的工作负担，让绩效管理更加透明公正。员工可以通过查看绩效报告，了解自己的优点和不足，从而制订更加明确的工作目标和计划。

同时，管理者也可以通过绩效报告，对员工的工作表现进行客观、全面的评价，为员工的晋升、奖惩等提供科学依据。

3．个性化辅导与反馈

AI 在绩效监控和评估这项工作中的应用，使得个性化辅导和反馈成为可能。

通过对员工的工作数据和业务成果进行深度分析，绩效管理系统可以识别出员工的优点和不足，并为其提供个性化的辅导和反馈建议。

这些建议不仅针对员工的个人特点和工作需求，还结合了企业的战略目标和市场环境等因素。员工可以根据这些建议，调整自己的工作状态和提升工作效率。

同时，管理者也可以通过个性化辅导和反馈，加强与员工的沟通和互动，提高员工的工作积极性和满意度。

4．优化管理流程

AI 的引入，使得绩效管理流程得到了优化。

传统的绩效管理往往需要多个部门和大量人员参与，流程烦琐且容易出错。智能化的绩效管理系统，则可以实现流程的自动化和智能化处理。

例如，在绩效计划制订阶段，绩效管理系统可以根据企业的战略目标和员工的能力特点，自动生成个性化的绩效计划。

在绩效执行阶段，绩效管理系统可以实时收集员工的工作数据和业务成果，并进行自动分析和评估。

在绩效反馈和辅导阶段，绩效管理系统可以根据员工的绩效表现，自动生成个性化的辅导和反馈建议。

这些优化后的管理流程不仅提高了工作效率和准确性，还降低了管理成本和风险。

5．促进员工发展

AI 助力绩效监控和评估的最终目的是促进员工的发展。

通过对员工的绩效表现进行实时监控和评估，管理者可以及时发现员工的优点和不足，并为其提供相应的支持和帮助。

员工也可以通过查看绩效报告和接收个性化辅导和反馈建议，了解自己的绩效状况和业务成果，从而调整工作状态和提升工作效率。

这种双向互动的机制，有助于提升员工的个人能力和职业素养，还有助于加强员工之间的合作和沟通，提高整个团队的凝聚力和战斗力。因此，AI 助力绩效监控和评估既是一种技术手段的革新，更是一种管理理念的创新和升级。

总之，AI 通过智能化的绩效管理系统，可以让企业实时监控员工的工作表现和业务成果，自动生成各种绩效报告和数据分析结果。

这些数据和报告能够为管理者提供决策支持，能够帮助员工更好地了解自己的绩效状况，从而调整工作状态和提升工作效率。随着 AI 的不断发展和完善，相信它在绩效管理领域的应用将会越来越广泛和深入。

10.3　AI 提供个性化激励方案

在 AI 的推动下，绩效管理正在发生着深刻的变化。传统的绩效管理模式往往采用一刀切的方式，缺乏对员工个体差异的关注和尊重。

然而，在 AI 时代，绩效管理更加注重个性化和人性化，通过深入挖掘和分析员工的个性、能力、兴趣等信息，AI 能够为企业制订更加符合员工个人特点的绩效计划和激励方案。

1．全面收集员工数据

AI 首先会全面收集员工的各项数据，包括工作表现、能力评估、兴趣爱好、职业目标等多方面的信息。

这些数据可以来自员工自评和上级评价，还可以来自员工的日常工作行为、社交媒体互动、在线学习记录等多个渠道。通过对这些数据进行整合和分析，AI 能够形成对员工全面而深入的了解。

2．智能分析员工特点

在收集到足够的数据后，AI 会运用先进的算法和技术，对员工的特点进行深入分析。这些分析不仅包括员工的职业能力、工作态度等显性因素，还包括员工的性格特点、兴趣爱好、价值观等隐性因素。

通过对这些因素的综合考量，AI 能够准确把握员工的优势和不足，为制订个性化的激励方案提供有力支持。

3．制订个性化绩效计划

基于对员工特点的深入分析，AI 会为企业制订个性化的绩效计划。这些绩效计划将考虑企业的战略目标和业务需求，还将考虑员工的个人特点和职业发展需求。

通过设定符合员工能力和兴趣的工作目标，AI 生成的绩效计划能够激发员工的工作积极性和创造力，提高员工的工作满意度和忠诚度。

4．提供多元化激励方案

除了制订个性化的绩效计划外，AI 还能够为员工提供多元化的激励方案。

这些激励方案不仅能包括传统的薪酬和奖金激励，还能包括晋升机会、培训机会、职业发展指导等多种形式的激励。

AI 会根据员工的个人特点和职业发展需求，为其推荐最适合的激励方案。这种多元化的激励方式能够更好地满足员工的不同需求，提高激励效果。

5．持续优化激励方案

AI 不是一成不变的，它会根据员工的反馈和绩效表现，不断优化和调整激励方案。

例如，当员工在某一领域表现出色时，AI 会及时给予认可和奖励；当员工遇到困难或问题时，AI 会提供必要的支持和帮助。

通过不断优化和调整激励方案，AI 能够确保激励方案始终与员工的需求和期望保持一致。

6.促进员工与企业共同成长

AI 提供个性化激励方案的最大价值在于，它能够促进员工与企业共同成长。

通过深入了解员工的个人特点和职业发展需求，AI 能够为员工制订符合其个人发展规划的绩效计划和激励方案。

这能够激发员工的工作积极性和创造力，还能够为员工提供良好的职业发展机会和空间。同时，通过实现员工与企业的共同成长，企业也能够获得更加稳定和可持续的发展动力。

总之，通过全面收集员工数据、智能分析员工特点、制订个性化绩效计划、提供多元化激励方案及持续优化激励方案等步骤，AI 能够为企业制订更加符合员工个人特点的绩效计划和激励方案。这种个性化的绩效管理方式能够激发员工的工作积极性和创造力，为企业创造更大的价值。

【实战案例】AI 让制造业在设定目标时更加智能化

某公司是全国领先的智能制造业公司。随着生产线的自动化和智能化程度不断提高，该公司管理层意识到设定绩效目标的传统方法已经无法满足现代制造业的精细化和高效化需求。

为了进一步提升生产效率、优化产品质量，并激发员工的工作潜力，该公司决定引入 AI 来帮助企业设定更加精准、科学的绩效目标。

该公司主要生产高精度机械零部件，拥有多条自动化生产线和数百名技术工人。由于生产过程的复杂性和多样性，设定绩效目标的传统方法往往基于历史数据和平均水平，难以考虑到不同生产线、不同岗位之间的差异性和动态变化。

管理层希望通过引入 AI，实现绩效目标的精准设定和动态调整。

1．生产线数据分析

AI 首先对公司的生产线数据进行全面收集和分析。这些数据涉及生产线的实时运行状态、生产效率、产品合格率、设备故障率等多个维度。通过对这些数据的分析，AI 能够了解不同生产线的运行情况和生产瓶颈。

2．岗位能力评估

除了生产线数据外，AI 还将对技术工人的能力进行评估。通过收集和分析员工的工作记录、技能证书、培训经历等信息，AI 能够评估出每个员工的技术水平和工作能力。

3．精准设定目标

基于生产线数据分析和岗位能力评估的结果，AI 为每条生产线和岗位设定了精准的绩效目标。

这些目标既考虑了公司的整体战略目标，还结合了生产线的实际情况和员工的能力水平。例如，对于生产效率较低的生产线，AI 可能设定"提高生产效率 X%"的目标；对于技术水平较高的员工，AI 可能设定"降低产品不合格率至 X% 以下"的目标。

此外，AI 还能对内部运营数据进行深度挖掘和分析，对公司的销售、库存、物流、财务等各环节的数据进行全面梳理和整合，识别出运营中不同部门的瓶颈和短板，以及潜在的优化空间。

例如，AI 发现，公司在物流配送环节存在效率低下的问题，这直接导致了订单处理时间过长，用户满意度下降。针对这一问题，AI 提出了优化物流配送路径、提高配送效率等建议。

对于销售团队，AI 设定了提高销售额、降低退货率等目标；对于物流部门，则设定了缩短订单处理时间、提高配送准确率等目标。

4．动态调整与优化

AI 还具有动态调整和优化绩效目标的能力。它可以根据生产线的实时运行情况和员工的工作表现，对绩效目标进行实时调整。

例如，当某条生产线出现设备故障时，AI 可以立即调整该生产线的绩效目标，并通知相关员工采取相应措施。

5．可视化展示与反馈

为了方便管理层和技术工人了解绩效目标的设定情况，AI 还提供了可视化展示和反馈机制。

管理层可以通过 AI 界面查看各个生产线和岗位的绩效目标设定情况，以及目标的实时完成情况。技术工人也可以通过 AI 界面了解自己的绩效目标和完成情况，并获取相应的反馈和建议。

通过引入 AI 帮助公司设定绩效目标，该公司取得了以下成果。

- 提升了生产效率：由于绩效目标更加精准和科学，技术工人能够更加明确自己的工作方向和重点，从而提高了生产效率。
- 优化了产品质量：通过设定"降低产品不合格率"的绩效目标，技术工人更加注重产品质量的控制，从而提高了产品的合格率。
- 激发了员工潜力：个性化的绩效目标能够激发员工的工作积极性和创造力，使他们更加努力地投入工作中。
- 增强了管理效率：AI 的自动化和智能化功能大大减轻了管理层的工作负担，使他们能够更加专注于战略规划和团队管理。同时，AI 提供的实时数据和报告也为管理层提供了有力的决策支持。
- 提升了公司效益：根据由分析内部运营数据所得到的绩效目标，该公司优化了产品销售的各个关键环节，从而提高了销售业绩。

【实战案例】AI 对员工激励与销售业绩的推动作用

在一家快速发展的科技公司中，销售团队一直是企业增长的重要引擎。然而，随着市场竞争加剧和客户需求日益多样化，如何准确评估销售团队成员的绩效，并为其提供有效的激励和改进建议，成了管理层面临的一大难题。

该公司的销售团队由数十名销售人员组成，他们负责推广公司的产品和服务，并与潜在客户建立联系。

然而，由于销售团队的规模较大，且每个人的工作方式、技能和经验各不相同，绩效监控和评估的传统方法已经无法满足管理层的需求。为了应对这一挑战，该公司决定引入 AI 来助力绩效监控和评估。

1. 实时收集与分析数据

AI 首先与公司的 CRM（客户关系管理）系统进行了集成。集成后的系统能实时收集销售团队成员的工作数据，包括销售线索数量、拜访客户次数、销售额、客户满意度等指标。通过对这些数据的分析，新系统能够全面了解销售人员的工作表现和市场反馈。

2. 个性化绩效目标设定

基于实时数据和市场趋势预测，新系统为每个销售人员设定了个性化的绩效目标。这些目标考虑了公司的整体战略目标，也结合了销售人员的个人特点和能力水平。

例如，对于新入职的销售人员，新系统可设定较低的销售额目标，并注重培养其客户沟通能力和产品知识；而对于经验丰富的销售人员，则可设定较高的销售额目标，并鼓励其拓展新的市场领域。

3. 智能评估与反馈

在绩效周期结束时，新系统会根据销售人员的工作数据和绩效目标，自动进行绩效评估。评估结果包括销售人员的绩效得分和排名，也包含了详细的评估报告和反馈建议。

这些反馈建议基于新系统对销售人员工作表现的分析，旨在帮助销售人员发现自身的优点和不足，并制订改进计划。

4. 持续学习与优化

新系统还具有持续学习和优化的能力。它可以根据销售人员的反馈和市场变化，不断调整和优化绩效评估模型和算法。

同时，新系统还可以定期向管理层提供关于销售团队整体绩效的报告和建议，帮助管理层更好地了解销售团队的工作状况和市场需求。

通过 AI 助力绩效监控和评估，该公司取得了显著的成果。

- 提升了评估准确性：新系统基于实时数据和算法分析，能够准确评估销售人员的工作表现和绩效水平，避免了传统评估方法中的主观性和误差。

- 优化了激励机制：新系统为每个销售人员设定了个性化的绩效目标，并根据其工作表现提供了相应的激励和奖励。这种激励机制更加公平、公正和有效，能够激发销售人员的积极性和创造力。

- 提高了管理效率：新系统的自动化和智能化功能大大减轻了管理层的工作负担，使他们能够更加专注于战略规划和团队管理。同时，新系统提供的实时数据和报告也为管理层提供了有力的决策支持。

- 促进了团队发展：通过新系统的反馈和建议，销售人员能够更好地认识自己的优点和不足，制订改进计划并不断提升自己的能力和水平。这种持续的学习和改进过程有助于促进销售团队的整体发展。

【实战案例】AI 优化知识岗位个性化激励

某在线教育平台拥有数千名讲师，这些讲师有着不同的学科背景及教学经验。由于每位讲师的讲学风格、学员评价和教学成果各不相同，传统的激励方案往往难以做到全面、公平和有效。

因此，该在线教育平台的管理层希望通过引入 AI，根据每位讲师的特点和需求，提供个性化的激励方案。

1. 讲师数据分析

AI 首先收集每位讲师的基本信息、教学记录、学生评价等数据。通过对这些数据进行系统、全面的分析，AI 能够了解每位讲师的教学风格、教学效果和学生满意度等关键指标。

2. 个性化需求分析

在了解每位讲师的基本情况后，AI 进一步分析每位讲师的个性化需求。这些需求可能包括职业发展、提升教学技能、增强学生互动等方面。通过问卷调查、在线交流和数据分析等手段，AI 能够准确地捕捉每位讲师的个性化需求。

3．制订个性化激励方案

基于对讲师的数据分析和个性化需求分析结果，AI 可以为每位讲师制订个性化的激励方案。这些方案可能包括职业发展培训、教学技能提升课程、学生互动平台优化等方面。

同时，AI 还会根据每位讲师的实际情况，设定不同的激励目标和奖励措施，确保激励方案公平有效。

4．动态调整与优化

随着讲师团队发展和变化，AI 能够实时跟踪每位讲师的绩效表现和学生评价，对个性化激励方案进行动态调整和优化。

例如，当某位讲师的教学质量得到显著提升时，AI 可以为其提供更加丰富的职业发展机会和更高的奖励措施；当某位讲师遇到教学困难时，AI 可以为其提供针对性的教学支持和辅导。

5．可视化展示与反馈机制

为了方便管理层和讲师团队了解个性化激励方案的实施情况，AI 提供了可视化展示和反馈机制。

管理层可以通过 AI 界面查看每位讲师的激励方案、绩效表现和学生评价等信息；讲师团队也可以通过 AI 界面了解自己的激励方案、教学进度和学生反馈等信息，并随时与 AI 进行互动和交流。

通过引入 AI 提供个性化激励方案，该在线教育平台取得了以下成果。

- 提高了教师团队的积极性：个性化的激励方案能够满足每位讲师的不同需求，激发他们的工作热情和创新精神，使他们更加积极地投入教学工作中。
- 提升了授课质量：在个性化激励方案的激励下，讲师们更加注重授课方法的创新和教学效果的提升，从而提高了授课质量和学生满意度。
- 增强了团队凝聚力：个性化的激励方案让每位讲师都感受到了平台的关心和重视，增强了讲师们的归属感和忠诚度，进而增强了整个讲师团队的凝聚力。
- 优化了管理效率：AI 的自动化和智能化功能大大减轻了管理层的工作负担，使他们能够更加专注于战略规划和团队管理。同时，AI 提供的实时数据和报告也为管理层提供了有力的决策支持。